权威·前沿·原创

皮书系列为

“十二五”“十三五”国家重点图书出版规划项目

中国社会科学院创新工程学术出版项目

河南省社会科学院哲学社会科学创新工程试点经费资助

河南经济发展报告（2018）

ANNUAL REPORT ON ECONOMY OF HENAN (2018)

推动高质量发展

主　编／张占仓　完世伟

社会科学文献出版社
SOCIAL SCIENCES ACADEMIC PRESS (CHINA)

图书在版编目（CIP）数据

河南经济发展报告. 2018：推动高质量发展 / 张占仓，完世伟主编. --北京：社会科学文献出版社，2018.5

（河南蓝皮书）

ISBN 978-7-5201-2692-2

Ⅰ.①河… Ⅱ.①张… ②完… Ⅲ.①区域经济发展-研究报告-河南-2018 Ⅳ.①F127.61

中国版本图书馆 CIP 数据核字（2018）第 091477 号

河南蓝皮书
河南经济发展报告（2018）
——推动高质量发展

主　　编 / 张占仓　完世伟

出 版 人 / 谢寿光
项目统筹 / 任文武
责任编辑 / 王玉霞

出　　版 / 社会科学文献出版社·区域发展出版中心（010）59367143
地址：北京市北三环中路甲 29 号院华龙大厦　邮编：100029
网址：www.ssap.com.cn
发　　行 / 市场营销中心（010）59367081　59367018
印　　装 / 三河市龙林印务有限公司

规　　格 / 开　本：787mm×1092mm　1/16
印　张：19　字　数：286 千字
版　　次 / 2018 年 5 月第 1 版　2018 年 5 月第 1 次印刷
书　　号 / ISBN 978-7-5201-2692-2
定　　价 / 89.00 元

皮书序列号 / PSN B-2010-157-4/9

河南蓝皮书系列编委会

主要编撰者简介

张占仓　河南偃师市人，博士，河南省社会科学院原院长、研究员，博士生导师，河南省优秀专家、河南省学术（技术）带头人、国家有突出贡献中青年专家，享受国务院特殊津贴，中国区域经济学会副会长。主要从事经济地理学研究，主攻方向：区域规划与发展战略。主持完成国家和省级重大重点项目36项，先后荣获河南省科技进步成果二等奖14项，三等奖5项，河南省优秀社会科学成果特等奖1项，发表学术论文140多篇，担任主编、副主编出版作品及专著30部。

完世伟　河南省鹿邑人，博士，河南省社会科学院经济研究所所长、研究员，河南省优秀专家、河南省学术技术带头人、河南省“四个一批”优秀人才，中国区域经济学会常务理事。长期从事宏观经济、区域经济、产业经济、技术经济及管理等方面的研究工作。主持或参与完成国家级、省级研究课题30余项；荣获省部级优秀成果奖10余项；公开发表理论文章60多篇；主持或参与编制区域发展、产业发展等各类规划30余项。

摘 要

2017年是实施“十三五”规划的重要一年，是供给侧结构性改革的深化之年。特别是在金秋十月，党的十九大胜利召开，确定习近平新时代特色社会主义思想为党必须长期坚持的指导思想，吹响了决胜全面建成小康社会、迈向社会主义现代化国家新征程的嘹亮号角。这一年里，全省上下以迎接党的十九大和学习领会贯彻十九大精神为统领，认真落实党中央、国务院和省委省政府各项决策部署，坚持稳中求进工作总基调，以新发展理念为统领，狠抓各项政策落实，全省经济继续保持总体平稳、稳中向好发展态势。

本年度“河南经济蓝皮书”由河南省社会科学院主持编撰，以“推动高质量发展”为主题，深入系统地分析了2017年河南经济运行的主要态势以及2018年河南经济发展的走势，全方位、多角度研究和探讨了河南以新理念为引领，打好“四张牌”、推进“三区一群”建设、开展“三大攻坚战”的举措及成效，并对新时代河南经济实现高质量发展提出了对策建议。全书深度融入了党的十九大提出的一系列新思想、新论断、新提法、新举措，以期为省委省政府和社会公众提供高质量的决策参考依据。全书共分为总报告、调查评价篇、分析预测篇、专题研究篇和附录五部分。

本书的总报告由河南省社会科学院课题组撰写，代表了本书对2017～2018年河南经济形势分析与预测的基本观点。总报告认为，2017年，面对复杂多变的国际国内形势以及繁重的改革发展任务，河南坚持以习近平中国特色社会主义思想为指导，坚持稳中求进工作总基调，以新发展理念为引领，统筹稳增长与调结构、扩需求与促转型、抓改革与防风险、谋发展与惠民生，经济运行继续呈现“总体平稳、稳中有进、稳中向好”的发展态势。与此同时，也面临着一些新问题、新挑战。预计2018年，河南地区生产总值增长 7.5%左右，规模以上工业增加值增长 7.5%左右，全社会固定资产投资增长 8%左右，社会消费品零售总额增长 11%左右，进出口总额保持平稳增长，居民消费价格指数为 103，仍然是全国经济发展比较活跃的区域之一。

本书的调查评价篇，主要通过建立相关指标体系和量化模型，对 2017 年中原经济区 30 个省辖市经济综合竞争力和河南 105 个县域经济发展质量进行综合评价。本书的分析预测篇，主要立足于当前河南经济不同领域、不同行业、不同产业发展的态势分析以及对 2018 年的预测展望，进而分别提出新时代深化改革开放，加快发展的思路及相应举措。本书的专题研究篇，在深入领会党的十九大精神的基础上，围绕新时代河南经济转向高质量发展阶段，打好“四张牌”、构建现代化经济体系、建设经济强省、打造“三个高地”、实现“三大提升”、实施乡村振兴战略、提升“三区一群”建设水平等进行了深入分析，提出了相关思路及建议。

针对新时代、新形势对各部门、各行业提出的不同要求，本书邀请相关科研院所、高等学校和政府部门的知名专家学者，研究分析了各领域在稳增长、促改革、调结构、惠民生、防风险中面临的重点难点问题，并从不同角度提出了河南经济迈向高质量发展的对策建议。

目 录

Ⅰ 总报告

Ⅱ 调查评价篇

Ⅲ 分析预测篇

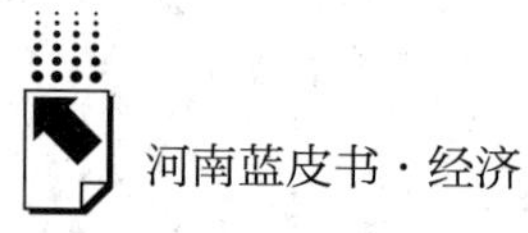

Ⅳ　专题研究篇

Ⅴ 附录

皮书数据库阅读**使用指南**

总 报 告

General Report

B.1

迈上高质量 踏上新征程

——2017 年河南经济运行分析与 2018 年展望

河南省社会科学院课题组*

摘 要： 2017 年，河南省以习近平中国特色社会主义经济思想为指导，牢牢坚持中央确定的稳中求进工作总基调，坚定不移贯彻新发展理念，坚定不移推进供给侧结构性改革，统筹稳增长与调结构、扩需求与促转型、抓改革与防风险、谋发展与惠民生，经济运行继续呈现“总体平稳、稳中有进、稳中向好”的发展态势，全年经济增速达到 7.8%。2018 年，河南经济工作仍将坚持稳中求进总基调，牢牢把握高质量发展根本要求，继续向建设经济强省的奋斗目标迈进，初步预计 2018 年全省地区生产总值增长 7.5% 左右，规模以上工业增

* 课题组组长：张占仓；课题组成员：完世伟、袁金星、唐晓旺、王芳、高璇、李丽菲。

加值增长 8.0% 左右，全社会固定资产投资增长 10% 左右，社会消费品零售总额增长 11% 左右，进出口总额保持平稳增长，居民消费价格指数为 103，整体上仍然是全国经济发展比较活跃的区域之一。

关键词： 河南省　经济运行　高质量发展

2017 年，面对依旧复杂多变的国际、国内经济形势，河南全省上下坚持以习近平新时代中国特色社会主义经济思想为指导，以新发展理念为引领，聚焦决胜全面小康、让中原更加出彩，围绕推进供给侧结构性改革这一主线，扎实做好稳增长、促改革、调结构、惠民生、防风险各项工作，全省经济发展保持总体平稳。2018 年，外部环境依然复杂严峻，全省经济发展方式粗放、结构矛盾凸显、增长动力不强、风险隐患增多等诸多困难与挑战依然存在，因此，全省上下必须全面深入贯彻落实党的十九大以及中央经济工作会议精神，以习近平新时代中国特色社会主义经济思想为指导，着力发挥优势打好“四张牌”，着力打好决胜全面建成小康社会三大攻坚战，着力提升“三区一群”建设水平，着力深化改革开放创新，推动全省经济发展在决胜全面建成小康社会、开启新时代河南全面建设社会主义现代化新征程中迈出坚实步伐。

一　2017年河南经济“总体平稳、稳中有进、稳中向好”

2017 年，全省上下认真贯彻落实党中央、国务院和省委省政府各项决策部署，坚持稳中求进工作总基调，着力发挥优势打好“四张牌”，统筹推进“三区一群”四大发展战略，扎实开展“四大攻坚战”，狠抓各项政策落实，全省经济总体平稳、稳中有进、稳中向好态势得以延续，处在了由“量”向“质”转变的新阶段。

（一）总体平稳，发展态势优于全国

经济保持稳定增长。2017 年，全省地区生产总值达到 44988.2 亿元，经济总量继续保持全国第 5 位；生产总值增速达到 7.8%，高于全国平均水平 0.9 个百分点，居全国第 11 位，在 GDP 超 3 万亿元的经济大省中增速保持第二位。全省规模以上工业增加值、固定资产投资、社会消费品零售总额分别增长 8.0%、10.4%、11.6%，增速分别高于全国平均水平 1.4 个、3.2 个、1.4 个百分点；1～11 月，地方一般公共预算收入增幅比全国高 2.4 个百分点，全省经济发展总体态势继续优于全国，为全国经济持续稳定发展发挥了重要作用。

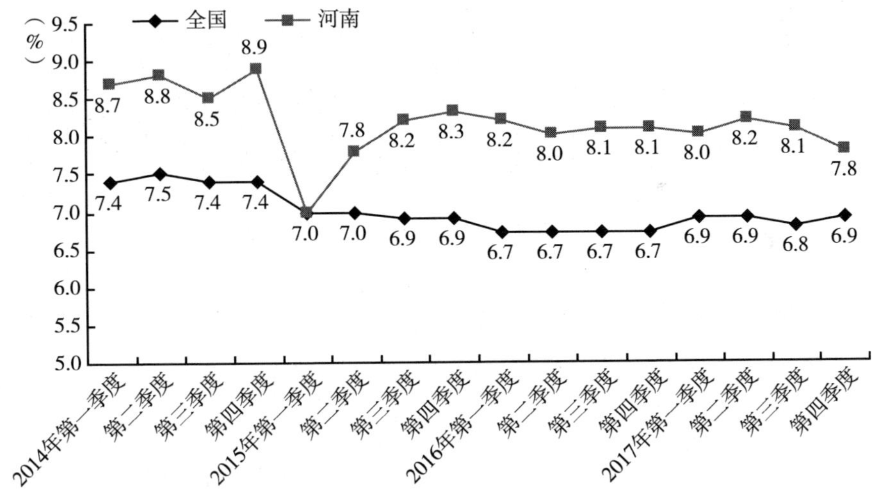

图 1　2014 年以来全国与河南 GDP 逐季累计增速

农业生产持续稳定。2017 年全省认真贯彻中央及省委农村工作会议精神，加强农业供给侧结构性改革，全力“四优四化”，全省粮食生产能力持续保持稳定。2017 年全省粮食总产量为 1194.6 亿斤，比上年增产 5.4 亿斤，增产幅度为 0.5%。其中，夏粮总产量为 710.8 亿斤，比上年增产 15.5 亿斤，增幅为 2.2%；秋粮总产量为 483.8 亿斤，比上年减产 10.1 亿斤，减产幅度为2.0%。尽管秋粮略有减产，但夏增补秋减，全年粮食总产量仍然高于上年，成为历史上第二个高产年份。

工业生产基本稳定。2017年全省工业增加值增长7.4%，增速较上年提高0.2个百分点，仍然是支撑第二产业和GDP增长的重要力量。规模以上工业增长稳定。全年全省规模以上工业增加值增长8.0%，增速与上年持平；高于全国平均水平1.4个百分点，居全国第11位。

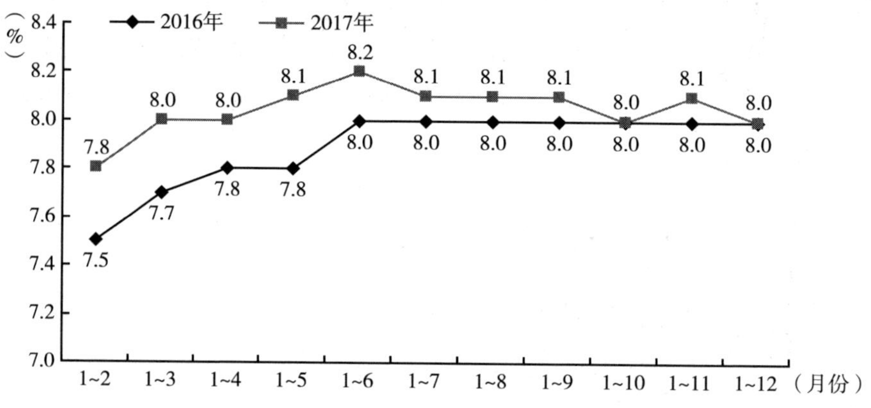

图2　2016~2017年河南省规模以上工业增加值增速

市场消费基本平稳。2017年全省社会消费品零售总额19666.8亿元，同比增长11.6%。其中，限额以上单位消费品零售额8182.0亿元，同比增长11.2%。限额以上单位消费品零售额按经营单位所在地分，城镇消费品零售额7565.6亿元，同比增长11.2%；乡村消费品零售额616.39亿元，增长11.0%。按消费类型分，餐饮收入513.4亿元，同比增长11.6%；商品零售7668.7亿元，增长11.2%。

居民生活保持稳定。2017年全省居民人均可支配收入20170.0元，同比增长9.4%，比全国平均增速高了0.4个百分点，增速在全国排名第7位，较上年年底排名前进20位。其中，城镇常住居民人均可支配收入29557.9元，同比增长8.5%；农村居民人均可支配收入12719.2元，同比增长8.7%。居民消费价格指数涨势温和。2017年全省居民消费价格指数

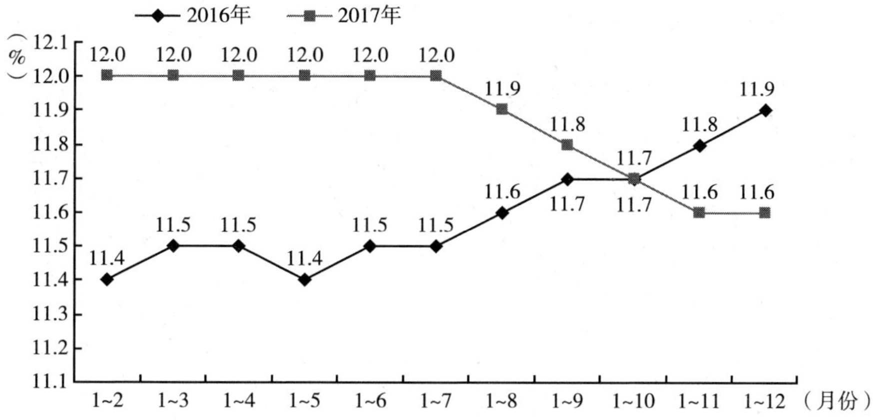

图 3　2016～2017 年河南省社会消费品零售总额增长速度

（CPI）同比上涨 1.4%，较第一季度、上半年、前三季度分别增长 0.4 个、0.5 个、0.2 个百分点，总体涨幅保持在较低水平。就业总体稳定。2017 年全省实现城镇新增就业 144.2 万人，完成全年任务的 131.1%。其中，失业人员再就业 44.0 万人，就业困难人员实现就业 17 万人，去产能职工分流安置 32386 人。

固定资产投资平稳增长。2017 年全省完成固定资产投资 43890.4 亿元，同比增长 10.4%，高于全国 3.2 个百分点。分产业看，第一产业投资 2382.6 亿元，增长 23.3%；第二产业投资 19172.7 亿元，增长 3.5%；第三产业投资 22335.1 亿元，增长 15.7%。从产业投资结构看，第三产业投资额占固定资产投资总量的比重达到 50.9%，服务业已成为支撑全省经济增长的最大空间所在。

（二）稳中有进，发展动能增强

产业结构进一步优化。三次产业结构持续改善，2017 年，服务业增加值占全省 GDP 比重达到 42.7%，比上年提高 1 个百分点，服务业增速持续领跑三大产业，不断推动全省经济结构由工业主导向服务业主导转变，有力助推了全省经济转型升级。工业内部结构优化。2017 年，全省符合转型升

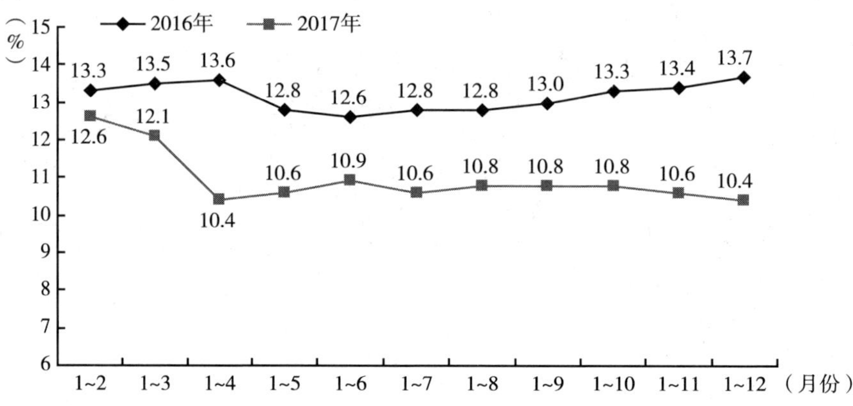

图4　2016～2017年河南省固定资产投资总额增长速度

级方向的装备制造业、电子制造业、汽车制造业增加值分别同比增长13.4%、16.1%、12.6%，增速分别高于规模以上工业增加值增速5.4个、8.1个和4.6个百分点；五大主导产业占规模以上工业增加值比重达到44.6%，同比提高0.3个百分点。

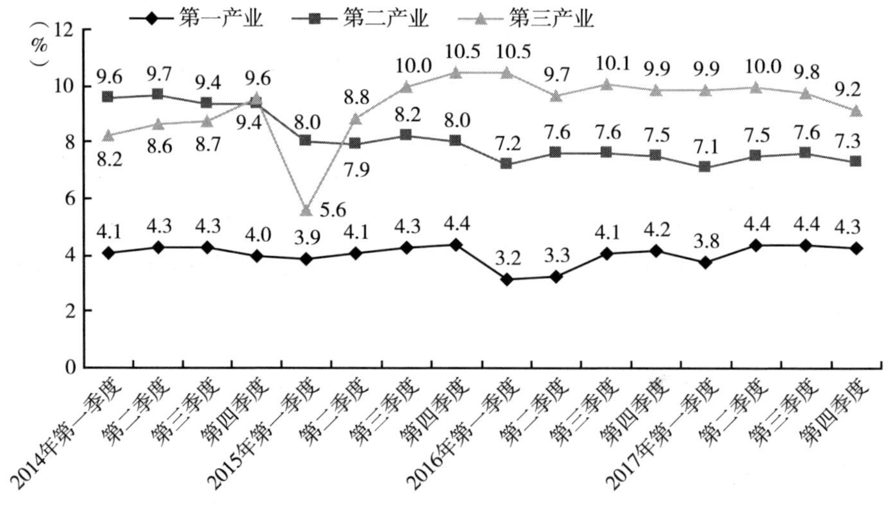

图5　2014年以来河南省三次产业增加值增长态势

投资结构进一步优化。从产业投资角度看，服务业投资较快增长，占投资总额的比重提高。2017 年，全省服务业投资增长 15.7%，高于固定资产投资增速 5.3 个百分点，占比同比提高 2.4 个百分点。从资金来源看，民间投资信心有所回升，2017 年全省民间投资增长 9.1%，较上年提高 3.2 个百分点。从资金投资去向看，基础设施投资大幅上涨，“补短板”步伐加快，2017 年全省基础设施投资增长 30.4%，继续保持高速增长态势，较上年提高 1.4 个百分点。房地产开发投资增速高位回落。2017 年全省房地产开发投资 7090.3 亿元，同比增长 14.7%，较上年回落 13.5 个百分点。

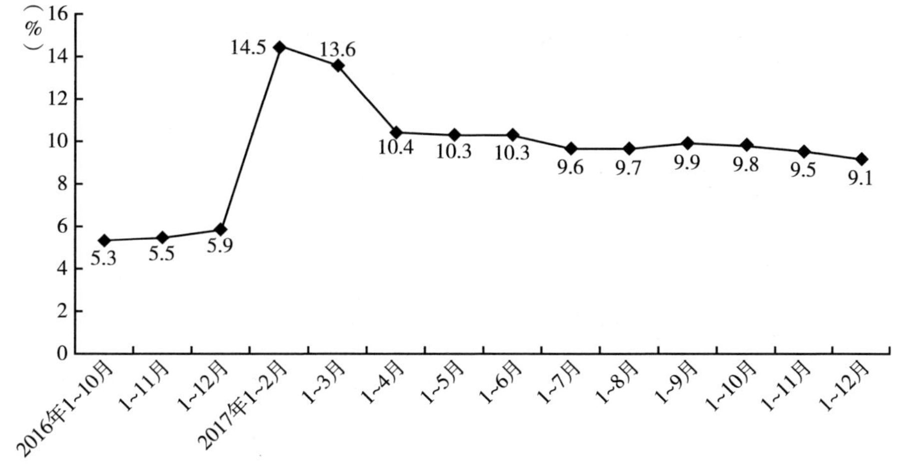

图 6　2016 ~ 2017 年河南省民间投资增速

动力结构转换进一步加快。知识密集型、高附加值的新产业新产品较快增长。2017 年，全省战略性新兴产业和高技术产业增加值分别同比增长 12.1% 和 14.1%，占规模以上工业的比重分别达到 12.1% 和 36.1%，分别较上年同期提高 0.2 个和 1.3 个百分点。工业机器人产量 580 套，增长 19.1%，锂离子电池产量增长 229.4%，太阳能电池增长 84.3%，新能源汽车增长 17.1%。新业态、新模式茁壮成长。2017 年，全省通过公共网络实现的商品零售额同比增长 30.6%，高于限上单位消费品零售额增速 19.4 个百分点；快速业务量同比增长 28.0%。“双创”发展风生水起。2017 年，

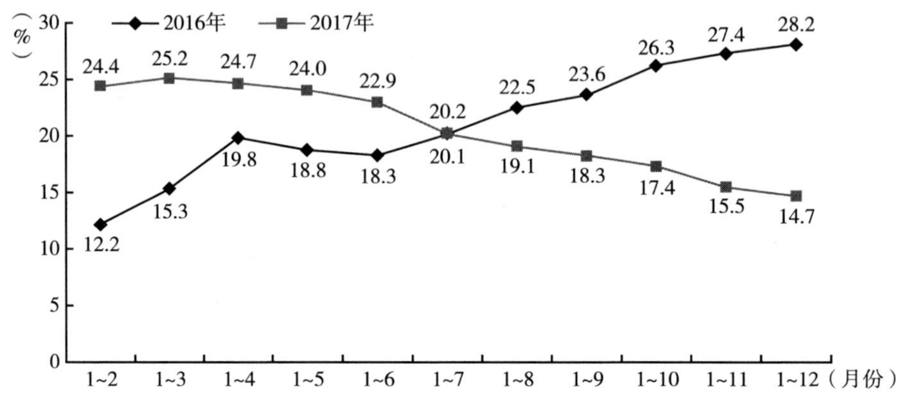

图7　2016～2017 年河南省房地产开发投资完成额增速

全省新设立各类市场主体 110.95 万户，其中新设立企业 29.87 万户，日均新增 818 户；新增回乡创业 22.65 万人，带动就业 251 万人。

（三）稳中向好，发展质量提升

工业企业效益向好。2017 年 1～11 月，全省规模以上工业企业利润总额 5110.6 亿元，同比增长 10.3%，增速比上年同期提高 4.3 个百分点。实现主营业务收入 77235.7 亿元，同比增长 9.5%，较上年同期提高 2.5 个百分点。亏损企业亏损额同比降低。1～11 月，亏损企业亏损额较上年同期减少 54.9 亿元，同比下降 17.8%。

财政收入较快增长。2017 年全省一般公共预算收入 3397.0 亿元，同比增长 10.4%，增幅较上年提高 2.4 个百分点；其中，税收收入增长 13.3%，增幅较上年提高 4.4 个百分点，税收收入占一般公共预算收入的比重达到 68.6%。

“去降补”成效继续显现。传统产品产量继续下降或低速增长。2017 年全省生铁、电解铝、水泥产量同比分别下降 4.0%、4.0%、2.6%，原煤产量同比下降 1.8%。商品房库存继续减少，12 月末商品房待售面积同比下降 16.2%。企业负债率持续下降，11 月末规模以上工业企业资产负债率

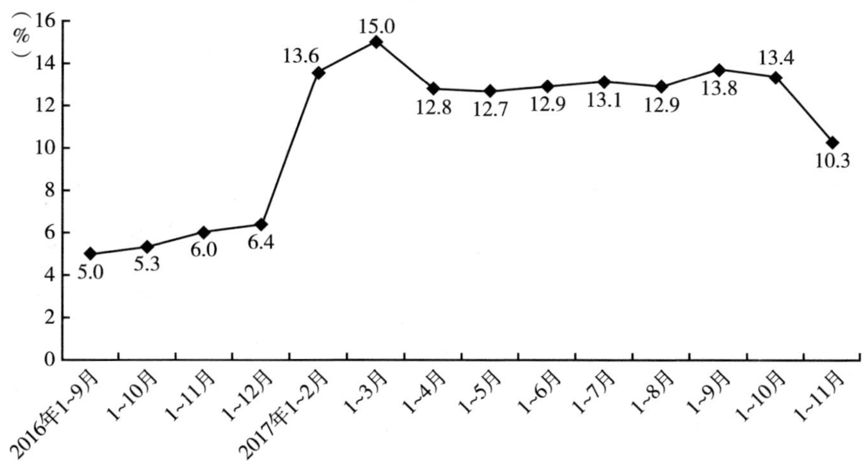

图8　2016～2017年河南省规模以上工业企业利润增长情况

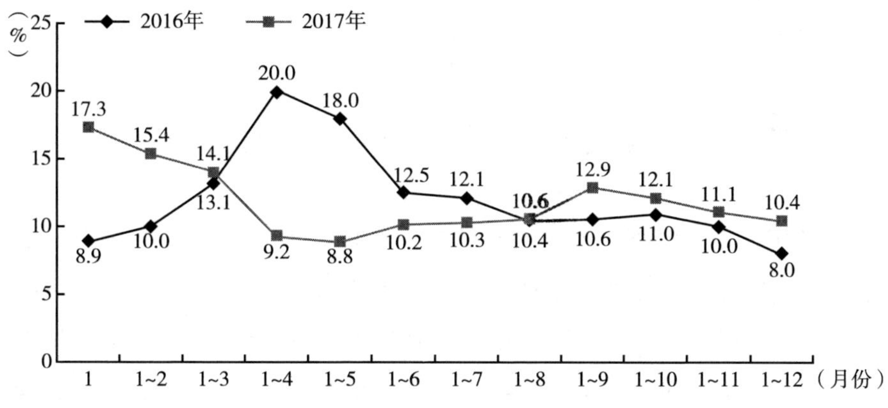

图9　2016～2017年河南省一般公共预算收入增长情况

47.6%，同比下降0.3个百分点。短板领域投资快速增长，生态保护和环境治理业投资增长78.3%，互联网和相关服务业增长67.1%，公共设施管理业增长34.7%。

总体来看，2017年河南经济在合理区间运行，总体平稳，这得益于省委、省政府实施的一系列稳增长、促改革、调结构、惠民生、防风险的政策举措，得益于“三区一群”“五大国家战略”的扎实推进和有效实施，得益于贯彻落实发展新理念、坚定不移地打好“四张牌”，得益于一批打基础管长远大事要事的不断突破。与此同时，也应看到，全省经济平稳健康发展仍面临不少困难，主要表现在：一是工业下行压力加大，受市场预期影响，全省工业投资增长3.5%，较第一季度、上半年、第三季度以及上年分别回落5.9个、2.8个、2.2个和5.4个百分点，整体呈缓慢下降态势，工业持续增长后劲略显不足。二是进出口增长乏力，2017年全省海关进出口总值同比增长10.9%，主要得益于11月、12月两月的大幅反弹，1~10月，全省进出口总值月度累计增速持续下行，从长期看，河南进出口已经进入低速增长阶段，外需不足也对全省经济带来了不利影响。三是企业经营压力依旧很大，2017年全省工业生产者出厂价格指数106.8，而全省工业生产者购进价格指数为107.3，表明企业经营困难在加大，利润空间被进一步压缩，实体经济依然面临较大的经营压力，等等。这也表明，全省经济平稳运行的支撑力还不够强，稳增长任务十分艰巨。

二 2018年河南经济发展环境及总体走势展望

2017年，全省经济下行压力整体较大，供给侧结构性改革成为经济发展的主线，这与国内外整个宏观经济环境密不可分。展望2018年，河南宏观经济环境总体有利，积极因素和不利影响并存，全省经济将保持较快增长态势。未来一个时期，深化改革创新成为发展的总基调，在此背景下，2018年河南将实施一系列稳增长、促改革、调结构、惠民生、防风险的举措，预计全省经济将趋稳向好，经济增长达到7.5%。

（一）有利条件

1. 全球经济开启新一轮复苏，发展环境进一步改善

当前，在新兴经济体和发展中国家的引领下，全球经济开启新一轮复苏和增长周期，主要国际组织对2018年世界经济保持乐观预期，普遍预测世

界经济增速将持续提升。世界贸易组织（WTO）预测2018年全球GDP增速达到2.8%；世界银行预测2018年全球经济增长将升至2.9%；国际货币基金组织（IMF）更为乐观，预测2018年世界经济增速为3.7%，不仅高于2008～2017年年均3.3%的增速，也高于1980～2017年年均3.4%的历史增速。金融环境改善，市场需求复苏，为河南经济发展提供了良好的外部环境，形成全省2018年经济发展的利好局面。

2. 改革红利进一步释放，增长动能显著增强

随着十九大和十三届全国人大一次会议的胜利召开，全国掀起了新一轮的改革浪潮。其特点是，改革全面发力、多点突破、纵深推进，着力增强改革系统性、整体性、协同性，压茬拓展改革广度和深度，坚决破除各方面体制机制弊端，经济将进入新一轮改革红利释放周期。就河南来说，2018年全省将在更深更广的层面上推进全方位、多领域的改革，省委、省政府还将出台一系列供给侧结构性改革的重大举措。这些改革举措，为全省建立现代化经济体系提供根本动力，形成2018年全省经济发展的有效支撑。

3. 国家战略叠加效应凸显，多重利好进一步凝聚

近年来，随着一系列国家战略规划、战略平台在河南的一体化推进，国家战略正在形成1+1>2的叠加与协同效应，为河南社会经济发展注入强劲的动力。在国家粮食生产核心区、中原经济区、郑州航空港经济综合实验区三大国家战略规划基础上，近年来，郑州建设国家中心城市、中国（郑州）跨境电子商务综合试验区、中国（河南）自由贸易试验区、郑洛新国家自主创新示范区、国家大数据综合试验区等战略平台先后获得国家批准，国家战略规划、战略平台在河南形成叠加之势。2017年3月，河南省出台了《关于统筹推进国家战略规划实施和战略平台建设的工作方案》，将诸多战略进一步凝聚为“三区一群”，进一步释放国家战略的协调效应。国家战略叠加带来的红利已经初步显现，河南发展动能进一步凝聚，诸多积极因素将进一步助力全省2018年经济稳步发展。

4. 新型城镇化稳步推进，内需进一步扩大

城镇化是扩大内需的最大潜力所在，也是经济社会发展诸多矛盾的聚焦

点。国家颁布新型城镇化规划，明确了未来全国城镇化的发展路径、主要目标和战略任务，为有效扩大内需、改革土地制度、促进经济转型发展提供了新的机遇。目前，河南城镇化率仅为48.5%，低于全国平均水平近10个百分点，发展潜力还很大。加快推进新型城镇化，对于河南“扩内需、保增长”具有特别重要的意义。郑州获准建设国家中心城市，为河南城镇化发展注入了新的动力。中原城市群上升为国家级城市群，也为河南在更高层面上推进城镇化提供了政策支持。随着乡村振兴战略的实施，国家将在更深层次上实施农村综合改革，从制度层面上解决农村土地、集体产权、户籍、社保等问题，为河南推动新型城镇化扫清了体制和政策障碍，也为河南推动城乡、区域协调发展提供了重大机遇。

5.积极融入“一带一路”，发展空间持续扩大

近年来，中央积极推动“一带一路”倡议，加强与沿线国家的沟通磋商，推动与沿线国家的务实合作，实施了一系列重大措施。在此基础上，河南以郑州、洛阳为节点，积极融入丝绸之路经济带，通过郑州航空港、郑欧班列等，打通了直通中亚、欧洲和大西洋的重要通道，融入全球价值链、融入全球市场。河南自贸区、中国（郑州）跨境电子商务综合试验区等相继获批，更是打通了中原地区通向世界的物流新通道，标志着河南对外开放发展的空间更为广阔。2018年，全省将进一步完善对外开放的软硬件环境，加快内陆开放高地建设，着力提升口岸经济发展水平，对外开放的条件将更加优越，形成全省经济发展的新的支撑。

（二）制约因素

1.世界孤立主义肆虐，全球化面临挑战，外部不确定性增加

当前，世界经济虽然有一定程度的复苏，但还没有恢复到强劲、可持续的增长轨道上。与此同时，复兴主义、民族主义、民粹主义和外交中的孤立主义强势崛起，全球化面临挑战，对河南2018年经济发展形成利空。一是特朗普减税法案，将引起国际资本向美国回流，对国内的资金面产生一定影响。二是特朗普减税也会引起制造业向美国回流，对招商引资也会形成不利

的影响。三是美联储加息与缩表，也会造成其他货币贬值尤其是我国国内货币市场的不稳定。这些不确定性将会对未来我国的资本、投资、进出口造成严重冲击。对河南来说，国际环境的不确定性将增加产品出口和招商引资的难度，外向型经济发展将会受到一定影响。

2. “三去一降一补”继续推进，全省工业受到较大压力

十九大报告提出，要坚持去产能、去库存、去杠杆、降成本、补短板，深入推进供给侧结构性改革，这为未来一个时期继续推进“三去一降一补”奠定了基调，全国钢铁、煤炭、水泥、化工等资源性行业仍将面临较大压力。长期以来，河南资源型产业比重较大，钢铁、煤炭、建材、有色金属等产业，一直是全省经济发展的重要支柱。“三去一降一补”政策的实施，对这些产业继续形成泰山压顶的态势，全省资源型经济发展困难重重。2018年，“三去一降一补”继续推进，全省经济仍然会面临较大压力。

3. 环境约束日益趋紧，节能减排任务艰巨

党的十九大强调，要坚持绿色发展的理念，空前强调要保护环境和生态。在此背景下，环保风暴愈演愈烈，一大批企业被关停。长期以来，河南钢铁、化工、有色金属等高耗能、高污染产业比重相对较大，粗、低、重、耗产品较多，污染排放强度大，受到环保风暴的冲击相对较大。随着中央环保问责力度的进一步加大，河南仍会有一些环保不达标的企业被关停，对2018年的生产和经营形成一定的挑战，也形成全省经济增长的一个制约因素。

4. 财政收支矛盾突出，政府调控经济能力弱化

2018年，全省财政收入形势面临较大挑战。一方面，郑州房地产调控持续、市县房地产库存增加，将会影响政府在房地产领域的收入，包括税收和土地出让金；另一方面，去产能、环保风暴以及出口受阻带来的企业经济效益下滑，以及政府减税让利政策，都会影响财政收入的增长。与此同时，为应对经济下行，全省仍将实施积极的财政政策，加大民生和基础设施投资力度，财政支出不断增大，全省财政收支矛盾不断加剧。2018年，受财政收支矛盾不断加大的影响，全省基础设施投资继续维持高速增长的难度增加，财政收支矛盾成为制约投资增长进而制约全省经济增长的重要因素。

（三）2018年河南省主要经济指标预测

1. 经济筑底回升，GDP 增速稳定在7.5%左右

2018 年，全省经济面临的宏观环境总体有利，但发展的困难和制约仍然较多。世界经济的复苏和全国经济形势的好转，为河南经济发展提供了良好的外部支撑，国家实施积极的财政政策、稳健的货币政策和统筹协调的区域政策也为河南经济发展提供了机遇。当前全省新旧产业和发展动能转换正处在接续关键期，积极因素和新兴力量正在积聚。2018 年，河南将继续全面深化改革开放，加大简政放权、放管结合力度，着力促进大众创业、万众创新，以改革和创新“双引擎”塑造经济发展新动力，积极应对不利因素可能带来的冲击，经济能够保持平稳较快发展。与此同时，也要看到，河南长期积累的结构性矛盾短期内难以根本破解，外需不足的状况短期内也难以改观，市场流动性紧张与房地产分化加剧将继续存在，部分行业和企业面临的困难仍在累积加深，全省经济运行面临的困难具有复杂性、长期性的特征。综合判断。2018 年，随着宏观政策效应的进一步显现，经济运行将初步企稳向好，全年 GDP 增速有望达到 7.5% 左右。

2. 工业增幅小幅回升，但持续上升的基础还不坚固

在财政货币政策持续宽松的条件下，全省工业有望延续回升势头。2018 年，河南以“三区一群”为重心的国家战略平台建设步伐加快，制度创新、科技创新和开放发展进入成长期，为工业发展提供利好。同时，以“放管服”为主的行政管理体制改革，提升市场化程度；国有企业混合所有制改革加快推进，为民营企业拓展了更大的发展空间。这些因素对河南工业发展形成重要支撑。同时，也应该看到，全省工业结构调整的步伐相对较慢，化工、冶金、建材、轻纺、能源等传统产业占比仍然较大，新兴产业对经济增长的支撑力不足。在外部需求不足、行业竞争加剧的情况下，作为河南经济增长最重要动力的工业生产仍将面临较大考验，持续大幅回升的基础还不坚固。综合分析，预计 2018 年工业增长仍将面临较大压力，规模以上工业增加值增长 8.0% 左右。

3. 投资继续保持稳定增长，增速仍将处下行通道

当前，我国继续实施积极的财政政策和稳健的货币政策，受此影响，河南投资将会保持稳定增长态势。2018 年，河南将会加快建设郑州国家中心城市，推动百城提质工程建设，实施乡村振兴战略以及加大精准扶贫力度，这些因素有利于带动基础设施投资增长。同时，河南积极推进国企混改步伐，鼓励和促进民间投资，将会极大地提振民间资本的投资信心，推动民间资本增长。另外，随着住房制度的改革，保障性住房建设加快，也带动了房地产投资增长。特别是三、四线城市房地产开发投资增长加速，推动房地产开发投资增长仍处高位。同时，也应该看到，河南也存在着制约投资增长的因素，如去产能、环保风暴、资金面紧张、房地产调控等，这些因素对河南省投资增长形成重要制约。综合判断，2018 年全省固定资产投资增长 10.0% 左右。

4. 消费增速快速回升，但持续回升的难度较大

2018 年，受宏观经济企稳向好的影响，居民消费增长将会持续回升。随着近年来工资收入的增长，居民的消费规模和结构不断升级，形成消费需求增长的最原始动力。电子商务的发展，使购物的便利性增加，也刺激着居民消费的增长。乡村振兴战略付诸实施，有利于增加农民收入，提升农民消费能力。随着河南促进消费政策的实施，大众化的餐饮、休闲、娱乐、网络消费等热点正在形成，消费市场有望继续保持稳定快速的发展态势。同时，也应该看到，受制于经济下行的压力，全省就业和收入增长仍将面临较大困难，消费的持续增长缺乏基础支撑，尤其是传统行业的去产能化调整，一些职工面临下岗、失业，收入下降，形成对消费增长的抑制。预计，2018 年消费市场还会保持基本稳定，全年社会消费品零售总额有望实现 11% 左右的增长速度。

5. 对外贸易实现恢复增长，但出口仍面临较大挑战

2018 年，河南的对外贸易条件和外贸环境将持续改善。美元加息导致人民币贬值，提高了我国产品的市场竞争力；郑州航空港国际货运航线、郑欧班列、郑州跨境电子商务综合试验区等对外贸易载体和平台的建设，大大便利了河南对外贸易，形成全省进出口增长的重要支撑。同时，也应该看到，河南外贸形势依然严峻复杂，出口增长将会面临较大挑战。一是世界经济发

展分化加剧，外需不振持续。伴随着美国经济复苏，美元加息导致资本大量回流，各新兴经济体经济持续下滑，外需不振的局面将继续存在，对河南出口形成严峻挑战。二是贸易保护主义加剧。欧美国家针对中国的贸易摩擦频发，省内光伏、新能源、纺织品、农产品等传统出口商品受阻，对河南出口增长形成利空。三是随着经济持续下行和劳动力成本的不断上升，河南对外出口低成本优势逐步削弱，对出口形成不利影响，预计2018年全省出口增长10%左右。

6. 物价水平开始回升，通货膨胀风险增加

2017年以来，猪肉、鸡蛋、蔬菜价格持续回落，目前基本见底，预计未来一段时间河南猪肉、鸡蛋、蔬菜等食品价格将出现恢复性上升，形成价格上涨的一个重要诱因。同时，随着煤炭、钢铁等去产能的持续推进，国内原材料价格出现了恢复性上涨。2018年，供给侧去产能仍会继续推进，上游涨价将会向中游和下游传导，形成物价上涨的重要推动因素。此外，国际油价仍然存在一些潜在的上行风险因素，中东地区局部战争风险等不可控因素可能推动油价上行。如果油价超预期上涨，将给国内带来较大的输入性通胀压力。预计2018全年CPI涨幅3.0%左右。

综合判断，2018年全省经济仍处于结构调整中，工业增速将小幅回升，消费基本保持稳定，投资、出口增速则面临一定下行压力，物价水平将有所上行，经济增长与上年大体持平，预计2018年全省生产总值增长7.5%左右。从主要经济指标看，预计2018年全省规模以上工业增加值增长8.0%左右，全社会固定资产投资增长10%左右，社会消费品零售总额增长11%左右，出口预计增加10%，居民消费价格指数为103。

表1　2018年河南主要经济指标预测

指标　　年份	2018年
1. 地区生产总值增长率(%)	7.5
2. 规模以上工业增加值增长率(%)	8.0
3. 全社会固定资产投资增长率(%)	10
4. 社会消费品零售总额增长率(%)	11
5. 出口增长率(%)	10
6. 居民消费价格指数(上年为100)	103

三　2018年促进全省经济平稳较快发展的对策建议

2018 年是贯彻党的十九大精神的开局之年，是决胜全面建成小康社会的关键一年，是开启新时代河南全面建设社会主义现代化新征程的重要一年，做好全省的经济工作意义重大，影响深远。为此，必须全面贯彻落实党的十九大和十三届全国人大一次会议精神，以习近平新时代中国特色社会主义思想为指导，坚持稳中求进工作总基调，统筹推进“五位一体”总体布局和“四个全面”战略布局，坚持以供给侧结构性改革为主线，统筹推进稳增长、促改革、调结构、惠民生、防风险各项工作，着力发挥优势打好“四张牌”，着力打好决胜全面建成小康社会三大攻坚战，着力提升“三区一群”建设水平，着力深化改革开放创新，促进经济社会持续健康发展，在决胜全面建成小康社会、开启新时代河南全面建设社会主义现代化新征程中迈出坚实步伐。

（一）坚持稳中求进总基调，推动经济平稳健康发展

坚持稳中求进，推动经济平稳较快发展是河南决胜全面建成小康社会，实现高质量发展的基础。要把握好节奏和力度，统筹考虑稳与进、供与需、质与量、长与短的统一，该稳的要稳住，该进的要进取，推动全省经济尽快进入高质量发展的轨道，巩固和发展良好态势。一要积极扩大有效投资。以交通、产业、生态为突破，加快推动实施一批重大项目，全力推进“米”字形高速铁路网、高速公路、城际铁路、骨干电网和输变电项目等重大基础设施建设；利用“降门槛”“降成本”等方式进一步激发民间资本投资实体经济的活力，引导民营企业围绕转型发展、百城提质、“三区一群”建设等省委、省政府重大决策部署进行投资。二要切实扩大有效需求。充分挖掘消费潜力，改善消费环境，培育消费热点，大力发展电子商务、E 贸易等新模式，加快发展医疗保健、养老服务、体育、旅游等消费新业态，推动消费结构升级。三要全力稳定工业增长。重点围绕装备制造、新一代智能终端、电

子核心基础部件、新能源汽车及智能汽车、智能电力及新能源装备、生物医药等新兴制造业加大投资力度，支持企业加大技术改造投资，继续开展“工业稳增长调结构增效益”活动，深化银企、产销、用工、产学研“四项对接”，为工业经济平稳增长提供有力支撑。四要强化要素保障。人才、资金、土地等要素保障，是保持经济平稳健康发展的基石。要增强对形势变化的预见性和敏感性，不断提高稳增长的主动性、针对性和实效性，加强改革创新，加大政策支持，切实提高发展的要素保障能力，最大限度地为经济平稳健康发展提供强有力的要素支撑。

（二）深化供给侧结构性改革，加快构建现代产业体系

一要全面提升河南制造业的整体技术能力和水平。大力推广智能制造生产模式，谋划和推进一批拉动作用大、带动能力强、科技含量高的重大项目，稳妥做好“三去一降一补”工作，全面化解过剩产能；推进制造业和服务业融合发展，探索柔性制造、产品定制、个性化制造等模式，加快制造业向智能化、数字化、网络化、服务化方向转型升级。二要促进现代服务业发展。推动文化旅游、现代物流、新型商贸等服务业发展，加大对医疗、健康、养老、教育等新兴服务业的支持力度，特别是要着力促进现代金融业的发展，加快发展金融主体和金融市场，不断壮大全省金融业的规模和实力，准确把握金融业自身发展和服务实体经济的关系，进一步拓宽资金进入实体经济的通道，优化资金供给方向，不断提升金融促进实体经济发展的能力。三要加快科技创新，启动实施创新驱动提速增效工程。加大对“众创、众包、众扶、众筹”平台的支持力度，以破除体制机制障碍为主攻方向，大力完善大众创业、万众创新的制度环境，促进大众创业、万众创新上水平；深入推进郑洛新国家自主创新示范区建设，全面启动中原智慧谷、洛阳军民融合产业园等创新载体建设，加强核心区特色示范点培育，以及示范区创新型产业集群和高新技术产业化基地培育；重点围绕优势特色领域，争取更多国家重点（工程）实验室、工程（技术）研究中心、协同创新中心、工业设计中心、质量检测中心等国家科研基地布局，探索建立一批具有独立法人

资格的制造业创新中心、产业技术研究院等新型研发机构，引领带动全省创新水平的整体跃升；充分发挥企业作为创新主体的作用，支持有条件的企业在高层次创新平台建设、人才技术集聚以及重大关键技术研发等方面实现率先突破，成为创新龙头企业。

（三）持续扩大改革开放，培育经济发展新动能

要以全面深化改革来激发发展动力，坚持“一跟进、两聚焦”的总体思路，推动中央重大改革举措在河南具体化实践化，突出抓好牵一发动全身的改革，抓好落实，完善机制，确保改革实效。一要统筹推进重大战略深入实施。推动郑州航空港经济综合实验区、郑洛新国家自主创新示范区、中国（河南）自由贸易试验区联动发展，加快重大工程建设，强化改革政策集成，发挥战略叠加作用，加快培育支撑未来发展的支柱。二要持续深化重点领域改革。围绕影响经济社会发展的突出障碍和群众反映强烈的突出问题深化改革，切实抓好投融资、电力、科技、价格、财税等领域重点改革举措的落实，加强体制机制创新，深入推进“放管服”改革，清理废除妨碍统一市场和公平竞争的各种规定和做法，放活市场主体、激活生产要素，提升资源配置科学化和集约化水平。三要加快推进乡村振兴战略实施。按照“产业兴旺、生态宜居、乡风文明、治理有效、生活富裕”的要求，全面促进落实乡村振兴战略。坚持质量兴农、绿色兴农、品牌强农，以农业供给侧结构性改革为主线，加快构建现代农业“三大体系”，提高农业发展由增产导向转向提质导向。四要持续提高对外开放水平。围绕中国（河南）自由贸易试验区建设，全面融入“一带一路”建设，加强开放平台建设，持续优化开放环境，构建对外开放新体制，以更加开放的贸易政策、金融政策，吸引更多高端要素集聚，拓展更广阔的国际合作空间，加快形成内陆开放高地，带动全省产业和经济的发展。

（四）着力打好三大攻坚战，促进经济向高质量发展

当前，经济发展已经进入由高速增长向高质量发展转变的阶段，扶贫攻

坚、防控风险、生态环保都体现了对质量要求的提升，推动高质量发展，是保持经济持续健康发展的必然要求，也是适应我国社会主要矛盾变化、遵循经济规律发展的必然要求。一要切实防范化解重大风险。重点是要防控金融风险，要服务于供给侧结构性改革这条主线，调整信贷结构，构建信贷风险预警机制，对信贷投放的规模及结构进行实时监控，避免巨额信贷资金挪作他用或流入容易引起资产泡沫的热门经济部门，增强金融服务实体经济能力；要加强全面风险管理，防控信用风险、流动性风险、经营风险、操作风险、声誉风险等，坚持服务实体经济和防范金融风险统筹兼顾，促进形成金融和实体经济、金融和房地产、金融体系内部的良性循环。二要抓好精准脱贫工作。脱贫攻坚越往后越难，越往后任务越艰巨。打赢脱贫攻坚战，重在精准，贵在务实。要加强对深度贫困地区和深度贫困人口的扶持力度，突出抓好产业扶贫、易地搬迁、公共服务、基础建设等关键环节，注重扶贫同扶志、扶智相结合，引导贫困群众树立主体意识，发扬自力更生精神，激发贫困人口内生动力；要创新扶贫方式，引导工商企业进军农业，走市场化的整村开发扶贫道路，引导农民工返乡创业，通过创业带动就业，使贫困的村庄再现生机，切实做到脱真贫、真脱贫。三要注重污染防范与治理。继续围绕"蓝天工程""碧水工程""乡村清洁工程"改善环境质量，加大环境治理力度，采取综合性措施防治污染，从末端治理向源头治理转变，创新治理方式，形成政府、企业和社会共同治理模式，推进 PPP、第三方治理等方式，撬动、引导更多社会资本进入环保领域，全面推进环境信息公开，保障公众知情权和监督权。

（五）做好民生保障工作，实现经济、民生互促互进

要把保障和改善民生工作放到突出位置，尽力而为、量力而行，在经济发展可持续、财力可支撑的基础上，努力在教育、就业、医疗、社会保障、住房、城市管理等方面加快推出一批既利当前又惠长远的新举措，有效解决这些领域存在的突出问题。一要稳定扩大社会就业，采取有效措施破解就业的结构性矛盾。要扩大就业渠道，重点做好高校毕业生、农民工及困难群体

的就业；要以推进职业技能培训为重点，以培训带动就业，增强广大劳动者适应产业变革的能力。二要建立健全社会保障体系。全面实施困难残疾人生活补贴和重度残疾人护理补贴制度，提高社会保险、城乡低保、特困对象等保障标准；改革完善基本养老保险制度，加快实现城乡居民养老保险全覆盖，抓好养老机构建设，大力推进养老服务的品牌化、连锁化，扎实促进医养融合发展，切实提升养老服务质量。三要促进房地产市场平稳健康发展。坚持规划引导有序发展房地产业，加快建立多主体供应、多渠道保障、租购并举的住房制度，加快住房租赁市场立法，支持机构化、规模化租赁企业发展；坚持住房的居住属性，支持合理自住购房，严格限制信贷流向投资投机性购房，加强舆论正面引导，稳定市场预期，既抑制房地产泡沫，又防止出现大起大落。四要积极防范社会风险。围绕重点行业进行治理整顿，有效遏制与防范重特大事故的发生，重点抓好食品药品安全、电信诈骗、网上虚假信息诈骗以及倒卖个人信息等突出的社会民生问题，以维护社会的和谐稳定，进而实现经济、民生互促互进。

参考文献

河南省统计局：《2017 年全省经济运行稳中向好》，河南省统计网站，2018 年 1 月 20 日，http：//www. ha. stats. gov. cn/sitesources/hntj/page_ pc/tjfw/zxfb/article123cdd44b9eb4dfab3d79478c9e7d344. html。

河南省统计局：《2016 年全省经济实现“十三五”良好开局》，河南省统计网站，2017 年 1 月 22 日，http：//www. ha. stats. gov. cn/sitesources/hntj/page _ pc/tjfw/zxfb/article12d6797f9a1d4b26954115aae2d1e15d. html。

《赵茂宏：2017 年 CPI 温和上涨 PPI 涨势趋稳》，国家统计局网站，2018 年 1 月 19 日，http：//www. stats. gov. cn/tjsj/sjjd/201801/t20180119_ 1575476. html。

张占仓、完世伟等：《决胜全面建成小康社会　开启中原更加出彩新征程》，《河南日报》（理论版）2017 年 12 月 13 日。

张占仓：《推进农业供给侧结构性改革的战略思考》，《区域经济评论》2017 年第 6 期。

河南省社会科学院“河南经济蓝皮书”课题组：《河南省 2017 年上半年经济运行分

析及全年走势展望》，《中州学刊》2017 年第 8 期。

张占仓：《河南建设经济强省的科学内涵与战略举措》，《河南社会科学》2017 年第 1 期。

谷建全等：《贯彻新发展理念　建设河南现代化经济体系》，《河南日报》（理论版）2017 年 12 月 20 日。

谷建全等：《统筹推进国家战略规划实施和战略平台建设要处理好五大关系》，河南日报》（理论版）2017 年 7 月 12 日。

完世伟：《现代服务业强省建设的着力点》，《河南日报》（理论版）2018 年 1 月 19 日。

完世伟：《坚持稳中求进　决胜全面小康》，《河南日报》（理论版）2017 年 1 月 13 日。

调查评价篇

Survey and Evaluation

B.2 2017年中原经济区省辖市经济综合竞争力评价

河南省社会科学院课题组*

摘　要： 中原经济区是以中原城市群为支撑、涵盖河南省延及周边地区的经济区域。截至2016年底，中原经济区总人口约1.64亿人，GDP约6.14万亿元，是中部地区重要的增长极。本课题组构建了涵盖11个方面的27个指标体系，对2017年中原经济区省辖市经济综合竞争力进行评价，并对排名情况和典型省辖市进行了分析。在中国特色社会主义进入新时代的宏观背景下，中原经济区建设要以新发展理念为引领，努力迈向高质量发展，把握好国家战略叠加的机遇，加快创新驱动发展，推动中原城市群协调发展。

* 课题组组长：张占仓；课题组成员：完世伟、武文超、李斌、林园春、石涛、汪萌萌。

关键词： 中原经济区　省辖市　经济综合竞争力

一　中原经济区发展情况

中原经济区以郑汴洛都市区为核心、中原城市群为支撑，涵盖河南全省并延及周边安徽、山东、河北和山西的部分地区，共包括30个省辖市和3个区、县，覆盖面积约29万平方公里。中原经济区位于中国地理版图的内陆腹地，有人口众多、市场潜力巨大、文化底蕴深厚等特点，是中国重要粮食生产基地和综合交通枢纽，是中部崛起战略的重要支撑。2011年，国务院出台《关于支持河南省加快建设中原经济区的指导意见》，中原经济区的谋划正式受到中央和社会关注，2012年11月17日，国务院批复《中原经济区规划》（2012～2020年），中原经济区建设正式实施。截至2016年底，中原经济区总人口达到1.64亿人，约占全国人口总量的11.85%，生产总值6.14万亿元，约占全国GDP的8.2%，经济总量仅次于长三角、珠三角及京津冀，是我国区域经济发展的第四增长极。

2016年，中原经济区面对复杂的国内外宏观经济环境，坚持“三化协调”“四化同步”的高质量发展方向，以新发展理念为引领，主动适应经济发展新常态，深入落实供给侧结构性改革、创新驱动等重要发展战略，经济社会得到了健康稳定发展。根据中原经济区所覆盖的省、市、县区的统计数据测算，2016年中原经济区地区生产总值约6.14万亿元，经济增长速度约为8.0%，高于全国6.7%的水平。2016年，中原经济区一般公共财政预算收入达到约4490亿元，比上年增长约5.6%；进出口总额达到约985亿美元，同比增长约2.3%。中原经济区积极推动产业转型升级，大力发展现代农业、先进制造业、现代服务业和网络经济，实施创新驱动战略，推动大众创业、万众创新，结构调整成效明显，2016年底中原经济区三次产业结构比为10.9∶48.1∶41.0。

2016年，中央在河南设立了中国（河南）自由贸易试验区、中国（郑州）跨境电子商务综合试验区、郑洛新国家自主创新示范区、国家大数据综合试验区，合芜蚌国家自主创新示范区也包含了中原经济区当中的蚌埠市。此外，国务院出台了促进中部地区崛起“十三五”规划、中原城市群发展规划，并明确支持河南建设知识产权强省试点省，支持郑州市建设国家中心城市。一系列国家战略规划、战略平台密集落地中原经济区，凸显了中原经济区在国家发展大局中的重要地位。更重要的是，国务院推出的中原城市群规划当中，中原城市群的地理范围和中原经济区的30个省辖市完全套合，表明了中央对中原经济区发展的肯定。同时，在新的发展阶段、新的发展环境下，国家的一系列规划和战略为中原经济区的新一轮发展指明了方向，并且提供了改革和创新的战略平台和政策空间，为中原经济区更好地发挥交通区位、市场规模、人力资源、产业基础等综合竞争优势提供了强有力的支撑。

二　2017年中原经济区省辖市经济综合竞争力评价体系

我们在坚持往年中原经济区省辖市经济综合竞争力评价指标体系的连贯性的基础上，尽可能体现五大发展理念、供给侧结构性改革、创新驱动等新时代中国特色社会主义时代发展理念，同时考虑到数据来源的可得性和统一性，构建了2017年中原经济区省辖市经济综合竞争力评价指标体系。

（一）评价指标体系的设定

2017年的中原经济区省辖市经济综合竞争力评价的指标体系中涵盖了3个一级指标，分别是经济发展指标、结构质量指标和支撑要素指标。一级指标下设11个二级指标、27个基本指标，具体指标见表1。其中，经济发展指标与上年设定相同，即经济规模、居民收入、发展速度、对外经济和财政金融共5个二级指标；结构质量指标与往年不同，除了城乡结构和产业结构两项指标，又纳入了发展质量指标；支撑要素指标则与上年相同，包含科技创新指标、交通通信指标和医疗卫生指标三大类。2017 年的评价指标体系中所选取的 27 个统计指标从多个维度描述了中原经济区省辖市的经济综合竞争力，指标类型的构成比较全面，为科学评价中原经济区省辖市的经济综合竞争力提供了基础。

与 2016 年中原经济区省辖市经济综合竞争力评价指标体系相比，评价指标体系主要从三个方面进行了调整：一是在二级指标中纳入的发展质量指标，包含规模以上工业利润总额、单位生产总值能耗和单位生产总值能耗降低数，体现了供给侧结构性改革环境下对于发展质量和效益的要求。同时，把一级指标的经济结构改为结构质量。二是由于数据口径一致性的问题，将专利申请授权量和普通高等学校数量从科技创新类指标中删除，选取了研发经费支出、研发经费支出与地方生产总值比重两项，也更好地体现了一个省辖市科技创新的实力。三是由于数据可得性问题，在交通通信指标中删除了公路线路里程，增加了人均民用汽车拥有量指标。

表 1　2017 年中原经济区省辖市经济综合竞争力评价指标体系

	一级指标	二级指标	基本指标
2017年中原经济区省辖市经济综合竞争力评价	经济发展指标	经济规模	地区生产总值(亿元)；常住人口(万人)；人均地区生产总值(元)；全社会消费品零售总额(亿元)；固定资产投资总额(亿元)
		居民收入	城镇居民人均可支配收入(元)；农村居民人均可支配收入(元)
		发展速度	地区生产总值增速(%)；人均地区生产总值增速(%)
		对外经济	实际利用外资(亿美元)；进出口总额(亿美元)
		财政金融	一般公共财政预算收入(亿元)；公共财政预算支出(亿元)；年末金融机构存款余额(亿元)；年末金融机构贷款余额(亿元)
	结构质量指标	城乡结构	城镇化率(%)
		产业结构	第二产业占地区生产总值比重(%)；第三产业占地区生产总值比重(%)
		发展质量	规模以上工业利润总额(亿元)；单位生产总值能耗(吨标准煤/万元)；单位生产总值能耗降低数(%)
	支撑要素指标	科技创新	研发经费支出(亿元)；研发经费支出与地方生产总值比重
		交通通信	人均移动电话用户数(户/人)；人均民用汽车拥有量(辆)
		医疗卫生	每万人卫生技术人员数(人)；每万人卫生机构床位数(张)

（二）评价模型和数据计算

2017 年中原经济区省辖市经济综合竞争力评价指标体系当中包含的 27 个基本指标数据来自河南、山东、安徽、河北、山西五个省份的 2017 年统计年鉴，以及 30 个省辖市的 2016 年度国民经济与社会发展统计公报，个别数据来自政府网站报道。

2017 年的中原经济区省辖市经济综合竞争力评价使用与上年相同的计算模型，具体计算过程在此不再赘述。评价指标体系的 27 个基本指标涵盖了经济规模、居民收入、发展速度、对外经济、发展质量、科技创新、医疗卫生等多个维度的指标，在总体上与往年的评价体系保持一致的基础上，更好地体现了新时代中国特色社会主义发展的供给侧结构性改革、创新驱动、高质量发展等方面理念。在相关指标修改的基础上，提高了结构质量指标的权重，更好地体现了高质量发展的要求。

三 中原经济区省辖市经济综合竞争力评价结果与分析

2016 年，面对复杂的国内外宏观经济环境，中原经济区坚持以新发展理念为引领，主动适应经济发展新常态，深入落实供给侧结构性改革、创新驱动等重要发展战略，经济社会得到了健康稳定发展。在新的发展阶段和发展环境下，中原经济区发展进入了新的阶段，一系列国家战略密集落地中原经济区，为中原经济区发展提供了良好的发展平台和广阔的创新空间。尤其是中原城市群规划的推出，为中原经济区发展指明了新的方向和思路，为中原经济区的省辖市发展带来了历史机遇。

（一）总体评价结果与分析

基于 2017 年中原经济区省辖市经济综合竞争力评价指标体系，我们利用层次分析法对收集到的统计数据进行计算，最终得到 2017 年中原经济区省辖市经济综合竞争力评分和排名。详细评分情况列见表 2 和表 3，其中表2列出的是总得分、排名和一级指标得分，表3列出了二级指标的评价情况。

表2　2017年中原经济区省辖市经济综合竞争力评价结果

排名	城　市	总得分	经济发展指标	结构质量指标	支撑要素指标
1	郑州市	93.25	94.96	86.79	94.57
2	洛阳市	57.74	58.63	55.48	57.36
3	许昌市	48.61	47.49	54.38	46.17
4	焦作市	48.41	45.64	56.46	48.66
5	新乡市	47.98	44.96	50.29	54.74
6	邯郸市	46.65	49.69	44.80	39.38
7	蚌埠市	46.56	46.10	48.57	45.95
8	南阳市	46.20	52.78	40.64	32.02
9	济源市	43.07	37.97	50.96	50.49
10	安阳市	42.79	43.76	42.77	39.93
11	聊城市	42.66	39.38	51.69	43.45
12	平顶山市	41.43	39.71	45.80	42.21
13	开封市	39.98	39.47	42.30	39.17
14	菏泽市	39.96	38.72	50.91	32.74
15	三门峡市	39.36	36.45	50.81	36.67
16	濮阳市	38.58	38.57	38.01	39.16
17	漯河市	38.31	37.15	46.96	33.14
18	鹤壁市	38.16	35.53	52.08	32.13
19	商丘市	38.06	41.83	33.66	31.12
20	邢台市	38.06	37.37	41.03	37.15
21	驻马店市	37.30	39.74	42.41	24.85
22	周口市	36.84	41.00	38.59	22.61
23	阜阳市	36.25	41.78	31.48	24.46
24	信阳市	35.69	40.91	35.50	20.23
25	晋城市	35.14	31.91	41.19	38.77
26	宿州市	34.06	38.64	33.87	20.53
27	淮北市	33.80	25.39	57.32	35.50
28	亳州市	33.29	38.30	32.73	18.85
29	长治市	31.84	23.26	46.82	42.58
30	运城市	29.09	25.42	30.45	38.73

表 3　2017 年中原经济区省辖市经济综合竞争力二级指标评价结果

排名	城市	总得分	经济规模	居民收入	发展速度	对外经济	财政金融	城乡结构	产业结构	发展质量	科技创新	交通通信	医疗卫生
1	郑州市	93.25	99.17	100.00	76.48	100.00	100.00	100.00	71.33	88.47	86.44	100.00	100.00
2	洛阳市	57.74	58.64	55.73	82.56	41.15	33.98	54.18	63.59	50.37	62.06	40.42	68.01
3	许昌市	48.61	38.12	54.83	87.00	19.15	19.66	40.52	58.98	61.33	54.43	32.66	48.68
4	焦作市	48.41	35.35	56.70	81.77	20.44	17.64	59.95	59.66	51.44	43.76	37.57	66.29
5	新乡市	47.98	37.64	46.08	81.85	21.84	21.32	43.42	55.21	51.75	58.69	40.35	63.85
6	邯郸市	46.65	58.89	42.32	60.97	23.08	31.72	51.92	51.85	34.16	32.69	38.54	49.12
7	蚌埠市	46.56	27.94	52.79	97.91	28.26	19.52	52.50	49.21	45.15	56.59	21.50	56.22
8	南阳市	46.20	58.17	41.29	83.47	17.65	27.90	22.91	45.32	50.43	31.69	18.14	46.33
9	济源市	43.07	17.59	65.58	76.79	14.58	10.00	68.61	61.88	29.53	46.00	57.49	49.47
10	安阳市	42.79	35.99	50.98	78.08	15.91	19.59	38.12	55.36	36.81	26.64	39.64	57.94
11	聊城市	42.66	43.26	25.06	66.65	12.52	24.83	38.09	63.28	53.19	74.19	35.93	10.00
12	平顶山市	41.43	33.23	39.87	74.91	14.78	19.85	44.41	56.46	38.85	41.56	28.88	56.42
13	开封市	39.98	31.57	29.32	86.99	16.89	18.93	30.90	46.49	47.71	31.27	27.55	61.31
14	菏泽市	39.96	42.44	17.02	71.60	14.69	25.54	34.96	63.40	53.51	46.88	24.69	21.94
15	三门峡市	39.36	27.44	36.01	72.47	22.38	15.37	50.77	55.07	47.65	17.87	33.58	64.83
16	濮阳市	38.58	27.80	34.30	86.57	17.33	15.48	20.34	52.15	40.66	26.29	39.05	56.44
17	漯河市	38.31	22.44	46.24	77.32	20.21	14.41	40.10	51.22	48.90	22.13	25.55	55.41
18	鹤壁市	38.16	18.16	49.81	75.96	18.88	12.17	62.03	55.00	42.43	13.17	36.81	52.72
19	商丘市	38.06	39.54	24.16	87.91	13.83	22.21	14.74	40.71	42.57	17.50	30.43	49.95
20	邢台市	38.06	39.76	20.84	65.83	17.14	24.16	41.75	49.78	33.91	28.89	39.80	45.51
21	驻马店市	37.30	37.55	21.49	83.97	14.30	21.98	14.19	38.56	66.47	12.97	17.86	47.70
22	周口市	36.84	43.88	11.42	86.52	16.06	22.51	13.38	37.99	57.95	11.84	14.93	44.66
23	阜阳市	36.25	34.69	26.08	94.99	12.76	24.11	15.39	37.16	39.30	17.85	13.24	44.50
24	信阳市	35.69	39.41	24.20	82.60	15.84	22.06	26.89	36.70	41.06	11.08	14.92	37.73
25	晋城市	35.14	26.37	46.94	43.18	15.31	18.10	46.43	64.85	19.51	25.97	39.97	54.65
26	宿州市	34.06	28.86	26.98	90.11	18.14	18.63	14.81	42.07	42.02	12.87	13.49	37.78
27	淮北市	33.80	18.99	37.56	35.77	17.33	14.00	75.56	58.09	43.07	31.74	22.32	53.68
28	亳州市	33.29	24.66	28.27	95.98	18.10	17.74	10.00	40.95	43.60	12.89	13.95	31.68
29	长治市	31.84	22.17	46.34	10.00	14.82	16.44	65.15	64.46	19.84	27.28	52.21	53.35
30	运城市	29.09	29.08	24.68	27.30	16.39	17.58	35.75	47.59	13.62	20.66	46.78	54.77

在中原经济区省辖市经济综合竞争力评价中，郑州市仍然遥遥领先，三项基本指标均位居第一，11 项二级指标中的 10 项位居第一，仅有发展速度指标位居第 19 位。在 27 个基本指标方面，郑州市在 20 项中均居第 1 位，其余的包括常住人口和单位生产总值能耗降低数位居第 2，单位生产总值能耗位居第 5，研发经费支出与地方生产总值比重位居第 7，地区生产总值增速位居第 12，第二产业占地区生产总值比重位居第 19，人均地区生产总值增速位居第 23。2016 年，郑洛新国家自主创新示范区、中国（郑州）跨境电子商务综合试验区、中国（河南）自贸区、国家大数据综合试验区、国家通用航空产业综合示范区、国家综合交通枢纽示范城市等国家战略规划和平台相继落地郑州，国务院在中原经济区规划中明确支持郑州建设国家中心城市，未来郑州不但要作为中原经济区和中原城市群的中心城市，而且要不断增强经济竞争力，加快国家中心城市建设步伐，在全国范围内的城市竞争力方面走在前列。

洛阳作为中原经济区的副中心城市，在中原城市群规划当中也被明确为副中心。在 2017 年中原经济区省辖市经济综合竞争力排名中，洛阳位居第二位，落后于郑州的同时，相对其他城市有明显的优势。从指标排名来看，洛阳市在一级指标上的表现比上年有所提高，经济发展指标和支撑要素指标仍排名第 2，结构质量指标则排名第 4。在二级指标方面，洛阳在对外经济、财政金融和医疗卫生三项指标上排名第 2，经济规模和科技创新两项指标排名第 3，居民收入和产业结构两项指标排名第 4，交通通信指标排名第 5，相对而言仅有发展速度指标比较靠后，位居第 13。总体来看，洛阳市作为中原经济区和中原城市群的副中心城市，在各领域的发展都比较领先。在基本指标方面，洛阳市的农村居民家庭人均可支配收入排在第 15，在新发展阶段，洛阳市需要在提高农村家庭收入方面做出更多成绩。

排名第 3 到第 10 位的分别是许昌市、焦作市、新乡市、邯郸市、蚌埠市、南阳市、济源市、安阳市。相对于 2016 年中原经济区省辖市经济综合竞争力评价，2017 年的总体排名变动不多，仅有晋城市排名下降了 10 位，其余地市排名变动都在 5 位以内。晋城市从 2016 年排名第 15 下跌到了第

25，主要原因在于，晋城市在指标体系中新纳入的指标上表现不好，在单位生产总值能耗和单位生产总值能耗降低数两方面都位于30个省辖市中靠后的位置。其他省辖市总体排名相对变化较小，只有5个省辖市排名相对上年变动超过了3个位次，可以看出发展速度之间差距并不大。

从河南的省辖市来看，郑州、洛阳和焦作的综合竞争力排位和上年保持不变，只有南阳、鹤壁和信阳排名出现了较小的下降，南阳从2016年的第5位下降到第8位，鹤壁从第14位下降到第18位，信阳从23位下降到24位，其余省辖市均实现了上升。南阳市特色比较明显，经济发展的规模类指标排名比较靠前，但是人均指标、结构指标以及支撑要素方面相对靠后，如何利用经济总量推动经济结构转型、实现高质量发展将是未来发展的重要课题。鹤壁的排名下滑与指标变动有一定关系，在规模以上工业利润、单位生产总值能耗、研发经费支出和研发经费投入强度等几个指标方面，鹤壁均相对落后。山西的晋城、运城和长治三市的经济综合竞争力均出现小幅下滑，原因在于经济增速相对落后，以及新引进的能耗指标表现较落后。此外仍需要指出，省辖市经济综合竞争力评价的得分差异比较小，指标排名不能够完全反映中原经济区省辖市经济综合竞争力水平之间的差异。

（二）分项指标的评价情况

下面列出2017年中原经济区省辖市经济综合竞争力评价指标体系当中的3项一级指标和11项二级指标的分项评价结果。

1. 经济发展指标

经济发展指标是评价一个地区经济发展情况的指标，其中包含经济规模、居民收入、发展速度、对外经济、财政金融共5项二级指标，涵盖了27个基本指标中的15个，构成了经济综合竞争力主要部分。经济发展指标排名前十位的是郑州市、洛阳市、南阳市、邯郸市、许昌市、蚌埠市、焦作市、新乡市、安阳市和商丘市；排名后十位的是濮阳市、亳州市、济源市、邢台市、漯河市、三门峡市、鹤壁市、晋城市、运城市和长治市。

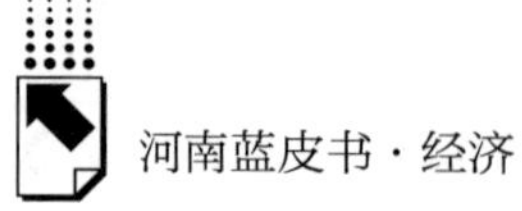

经济规模指标主要评估省辖市经济规模的大小，因此排名与往年变动不大。前十位是郑州市、邯郸市、洛阳市、南阳市、周口市、聊城市、菏泽市、邢台市、商丘市和信阳市；处在后十位的是蚌埠市、濮阳市、三门峡市、晋城市、亳州市、漯河市、长治市、淮北市、鹤壁市和济源市。

居民收入指标主要由城乡居民收入构成，反映了一个省辖市人民富裕的程度，排名处在前十位的是郑州市、济源市、焦作市、洛阳市、许昌市、蚌埠市、安阳市、鹤壁市、晋城市和长治市；处在后十位的是宿州市、阜阳市、聊城市、运城市、信阳市、商丘市、驻马店市、邢台市、菏泽市和周口市。

发展速度指标包括地区生产总值增速和人均地区生产总值的增速，排在前十位的是蚌埠市、亳州市、阜阳市、宿州市、商丘市、许昌市、开封市、濮阳市、周口市和驻马店市；排在后十位的是平顶山市、三门峡市、菏泽市、聊城市、邢台市、邯郸市、晋城市、淮北市、运城市和长治市。

对外经济指标反映了一个地区经济的外向性和国际贸易的规模，排名处在前十位的是郑州市、洛阳市、蚌埠市、邯郸市、三门峡市、新乡市、焦作市、漯河市、许昌市和鹤壁市；处在后十位的地区是信阳市、晋城市、平顶山市、长治市、菏泽市、济源市、驻马店市、商丘市、阜阳市和聊城市。

财政金融指标包含省辖市财政收支和金融机构存贷款类的指标，排名处在前十位的是郑州市、洛阳市、邯郸市、南阳市、菏泽市、聊城市、邢台市、阜阳市、周口市和商丘市；处在后十位的是亳州市、焦作市、运城市、长治市、濮阳市、三门峡市、漯河市、淮北市、鹤壁市和济源市。

2. 结构质量指标

我们在经济结构指标的基础上，2017 年加入了规模以上工业企业利润、单位生产总值能耗方面的指标，更好地体现了新时代高质量发展的要求。从计算得到的排名来看，结构质量一级指标排在前十位的是郑州市、淮北市、焦作市、洛阳市、许昌市、鹤壁市、聊城市、济源市、菏泽市和三门峡市；排名后十位的地市是邢台市、南阳市、周口市、濮阳市、信阳市、宿州市、商丘市、亳州市、阜阳市和运城市。

城乡结构指标即常住人口城镇化率，排在前十位的是郑州市、淮北市、济源市、长治市、鹤壁市、焦作市、洛阳市、蚌埠市、邯郸市和三门峡市；排名后十位的是开封市、信阳市、南阳市、濮阳市、阜阳市、宿州市、商丘市、驻马店市、周口市和亳州市。

产业结构指标由第二、第三产业增加值占地区生产总值比重构成，排在前十位的是郑州市、晋城市、长治市、洛阳市、荷泽市、聊城市、济源市、焦作市、许昌市和淮北市；排名后十位的是运城市、开封市、南阳市、宿州市、亳州市、商丘市、驻马店市、周口市、阜阳市和信阳市。

发展质量指标由规模以上工业利润、单位生产总值能耗及单位生产总值能耗降低数构成，反映了经济发展中投入和产出效益水平，反映了供给侧结构性改革下对于发展质量的要求。该指标排在前十位的省辖市是郑州市、驻马店市、许昌市、周口市、菏泽市、聊城市、新乡市、焦作市、南阳市和洛阳市；排在后十位的省辖市是濮阳市、阜阳市、平顶山市、安阳市、邯郸市、邢台市、济源市、长治市、晋城市、运城市。

3. 支撑要素指标

支撑要素包括科技创新、交通通信和医疗卫生三个方面的指标，中国特色社会主义进入新时代以后，科技创新、人民生活的获得感的重要性更加提高。科技创新和人民生活不仅是经济发展的初心，也是未来发展的新动力。由于数据可得性，我们对科技创新指标进行了修改。支撑要素指标排在前十位的是郑州市、洛阳市、新乡市、济源市、焦作市、许昌市、蚌埠市、聊城市、长治市和平顶山市，排在后十位的是菏泽市、鹤壁市、南阳市、商丘市、驻马店市、阜阳市、周口市、宿州市、信阳市和亳州市。

科技创新指标做了修改，由于难以得到一致数据，我们将专利授权量和高等学校数量指标删去，增加了研发经费支出、研发经费支出与地方生产总值比重。经过计算，排名处在前十位的是郑州市、聊城市、洛阳市、新乡市、蚌埠市、许昌市、菏泽市、济源市、焦作市和平顶山市；排名处在后十位的是运城市、三门峡市、阜阳市、商丘市、鹤壁市、驻马店市、亳州市、宿州市、周口市和信阳市。

交通通信指标也进行了修改，经计算排在前十位的是郑州市、济源市、长治市、运城市、洛阳市、新乡市、晋城市、邢台市、安阳市和濮阳市；排在后十位的是菏泽市、淮北市、蚌埠市、南阳市、驻马店市、周口市、信阳市、亳州市、宿州市和阜阳市。

医疗卫生指标衡量一个省辖市人均医疗资源的多少，排在前十位的是郑州市、洛阳市、焦作市、三门峡市、新乡市、开封市、安阳市、濮阳市、平顶山市和蚌埠市；位居后十位的是驻马店市、南阳市、邢台市、周口市、阜阳市、宿州市、信阳市、亳州市、菏泽市和聊城市。

（三）部分典型城市发展情况分析

郑州市。2016 年，郑州市提出“率先在全省全面建成小康社会，加快现代化进程，向国家中心城市迈进”的奋斗目标，以新发展理念为引领，积极适应经济发展新常态，经济社会持续平稳健康发展。郑州市生产总值完成 7994.2 亿元，增长 8.4%，省会经济首位度达到了 19.9%；地方财政一般公共预算收入超过 1000 亿元；进出口总额达到 550.3 亿美元，占河南省的 77.3%。郑州市积极调整产业结构，打造以先进制造业为支撑、以现代服务业为主导的产业体系，三次产业比重继续优化，达到 2.0∶47.3∶50.7，第三产业超过了半壁江山。郑州市以供给侧结构性改革为主线，积极落实“去降补”相关政策，对过剩领域进行调整，原煤、钢材产量分别下降 21.7% 和 14.5%，关停煤矿 61 家，市区商品住房去库存进展顺利，企业降成本效果显著，累计为各类企业减负达到 45.3 亿元。综合交通枢纽建设成绩显著，郑徐高铁线正式通车运营，郑万、郑合、郑济、郑太等高铁线路建设进展顺利，米字形高铁网建设稳步推进。市区道路交通体系建设步伐加快，地铁 2 号线、城郊线一期和 1 号线二期纷纷投入运营，三环高架路建设基本完成。精准扶贫工作扎实推进，2016 年全市实现 3.39 万农村人口脱贫，退出贫困村 119 个；公共财政继续向民生领域倾斜，民生支出 1031.2

亿元，占公共财政预算支出的78%，省市民生实事有效落实；城乡居民收入稳步增长，人民群众获得感持续增强。

洛阳市。2016年，洛阳市扎实推进供给侧结构性改革，统筹经济社会发展的各项工作，总体发展态势良好。2016年，洛阳市地区生产总值达到3740亿元，与上年相比增长8.8%，高于全国和河南省平均水平。经济结构调整效果显著，高技术产业增加值同比增长16.8%，高于规模以上工业增速7.9个百分点，第三产业增加值占比上升44.3%，对全市经济增长的贡献率达到56.6%。洛阳市以重大项目为支撑，大力推进科技创新，推动产业升级换挡、打造新动能。全年新增省级以上创新主体322家，其中包括省级以上高新技术企业38家，以及省级以上创新型试点企业8家，洛阳市入选的省创新型龙头企业、“互联网+”工业创新示范企业数量都排在河南省第一位。同时，洛阳市全年新增国家级科技企业孵化器4个、众创空间2个，新建3个国际科技合作基地，还荣获2项国家科技进步特等奖和1项技术发明奖，立项6个省重大科技专项。对外开放持续扩大，中国（河南）自由贸易试验区洛阳片区正式获批建设，积极扩大牡丹文化节、河洛文化旅游节等对外开放平台的影响力。2016年，洛阳市财政支出用于民生的资金达到378.4亿元，占一般公共预算支出的73.2%。全市居民人均可支配收入达21120元，比上年增长8%。脱贫攻坚进展顺利，46760名农村贫困人口和214个贫困村实现脱贫。

许昌市。2016年，许昌市实现地区生产总值达2353.1亿元，在河南省排第4位、在中原经济区排第7位，实现人均地区生产总值约5.4万元，在河南省和中原经济区均排在第6位。许昌市积极支持实体经济发展，推动制造业转型升级，制定实施中国制造2025许昌行动纲要，以及战略性新兴产业、高新技术企业培育和“互联网+”等多项产业升级行动计划。2016年，许昌市装备制造业集群产值达到1742亿元，对规模以上工业的贡献率超过50%，战略性新兴产业核心集聚区产值占河南全省同类集聚区的15%以上。大力倡导创新引领发展，2016年，许昌市科技进步对经济增长的贡献率达到59%，专利申请量和授权量分别居河南第2

位、第3位，省级工程技术研究中心数量排在河南省第3位，连续第6次获得“全国科技进步先进市”称号。积极支持民营经发展，2016年，许昌市民营企业数量达到5.1万家；民营经济从业人员达到156万，超过了全市就业总人数的90%；主营业务收入超过100亿元的民营企业达到5家，其中4家连续3年入围“中国民营企业500强”。2016年，河南省正式推进郑许融合发展战略，带动许昌市不断完善基础设施建设，南水北调中线工程许昌段顺利通水，一大批推动新发展的重大项目投入实施。2016年，许昌成功创建国家节水型城市和国家水生态文明城市，国家卫生城市和国家园林城市顺利通过复检。总体来看，支撑许昌市经济平稳较快发展的有利条件和积极因素不断累积，许昌在2017年中原经济区省辖市经济综合竞争力评价中排在第3位。

新乡市。新乡市把稳增长作为经济社会发展的重要任务，着力保障经济稳定健康发展。2016年，新乡实现地区生产总值2140.7亿元，与上年相比增长8.3%，规模以上工业增加值同比增长8.5%。2016年，新乡市扎实推进供给侧结构性改革的各项措施，积极推动创新引领发展，谋划工业提质发展，明确大企业培育、先进制造业专业园区建设两大抓手，第三产业增加值增速连续8个季度高于第二产业，电子商务、大数据、信息服务等新兴业态和新发展模式蓬勃发展。落实“去降补”要求，大力化解过剩产能，退出煤炭产能15万吨。落实中央和河南省要求，深化重点领域和关键领域改革，全面实施企业登记“五证合一”和个体工商户“两证整合”，市场活力逐渐迸发，2016年全市新登记各类市场主体4.3万余户，比上年增长16.2%，完成市属国有工业企业改制49户，土地承包经营权确权登记颁证进展顺利。2016年，新乡市财政用于民生支出达到247亿元，比上年增长6.3%。城镇居民人均可支配收入和农村居民人均可支配收入分别同比增长6.1%和7.7%，人民群众获得感和幸福感明显增强。新乡在2017中原经济区省辖市经济综合竞争力评价中排在第5，比上年上升了3位，郑洛新国家自主创新示范区的获批为新乡推动创新驱动发展提供强大战略动力，未来新乡的经济竞争力将不断增强。

四 对策建议

2017 年，党的十九大提出中国特色社会主义进入新时代，中国经济已从高速增长阶段转向了高质量发展阶段。我国发展环境、发展阶段发生重大变化的情况下，近年来中央又出台了《中原城市群规划》、《促进中部崛起“十三五”规划》、建设郑洛新国家自主创新示范区、合芜蚌国家自主创新示范区、中国（河南）自由贸易试验区、支持郑州建设国家中心城市等战略举措和规划，中原经济区的发展进入了新的阶段，中原经济区的省辖市也进入了新一轮的发展。

一是推动高质量发展。中国特色社会主义进入新时代以后，我国经济社会发展的根本矛盾已经从原来的人民日益增长的物质文化需要和落后的社会生产之间的矛盾，转化为人民日益增长的美好生活需要和不平衡不充分的发展之间的矛盾。因此，未来中原经济区和省辖市的发展必须深刻领会这一变化，把握供给侧结构性改革的主线，推动高质量发展。保持稳中求进的总基调，在将经济发展速度维持在合理区间的情况下，扎实推进供给侧结构性改革，促进经济结构调整和产业转型升级，加快构建以郑州为中心、覆盖中原城市群、辐射全国的综合交通体系，不断夯实未来发展的战略支撑。加快全面深化改革步伐，持续推动“放管服改革”，不断推进财税金融、投融资、司法等领域改革，增强发展活力动力。加快在郑洛新国家自主创新示范区、中国（河南）自由贸易试验区、郑州航空港经济综合实验区等载体上推动体制机制创新。持续改善民生，在持续做好就业和人民收入提高工作的同时，加快推进健康、文化、体育等领域发展，优化基本公共服务供给，持续提高人民幸福感、获得感。打好防范化解重大风险、精准脱贫、污染防治三大攻坚战，实施乡村振兴战略，加快推动国有企业发展的改革和转型，走向高质量发展的道路。

二是牢牢把握好国家战略叠加的机遇。2016 年，中央在河南设立了中国（河南）自由贸易试验区、中国（郑州）跨境电子商务综合试验区、郑洛新国家自主创新示范区、国家大数据综合试验区，合芜蚌国家自主创新示范区也包含中原经济区当中的蚌埠市。此外，国务院还出台了中部崛起“十三五”规划、中原城市群发展规划，并明确支持河南建设知识产权强省试点省，支持郑州市建设国家中心城市。一系列国家战略规划、战略平台给中原经济区的新一轮发展指明了方向，并且提供了改革创新的战略平台和政策空间。不但如此，一系列国家战略从不同方向支撑了中原经济区发展。因此，要加快建设郑洛新和合芜蚌两个国家自主创新示范区，稳步推进河南的知识产权强省试点省建设，提高科技创新能力；加快建设中国（河南）自由贸易试验区、中国（郑州）跨境电子商务综合试验区不断扩大对外开放；加快建设国家大数据综合试验区和中国（郑州）跨境电子商务综合试验区，大力发展网络经济和大数据产业。利用好这些国家战略平台是中原经济区在新时代发掘发展新动能的关键。同时，按照中部崛起“十三五”规划、中原城市群规划发展城镇体系，优化基础设施建设，支持郑州建设国家中心城市，不断提高中原经济区在国家发展大局中的竞争力和影响力。

三是深入实施创新驱动发展战略。加快郑洛新国家自主创新示范区和合芜蚌国家自主创新示范区建设，以及河南省知识产权强省试点省建设，强化科技创新投入力度，构建符合当前发展实际的科技金融体系，持续扩大对外科技交流和开放创新，推动协同创新，提高创新供给能力和水平。鼓励和支持创新引领型企业发展，强化科研院所和高等院校与企业技术构建协同创新体系，不断完善鼓励企业创新的财税、金融、人才等方面政策体系。培育一批创新引领型人才，以吸引和培育高端人才、领军人才为导向，推进人才发展体制改革，优化人才发展环境。以企业和科研机构为创新主体，培育引进一批科技创新领军人才和创新团队。建设一批创新平台，推进建设国家级重点实验室和工程（技术）研究中心，构建一批制造业创新中心、“双创”平台，积极发展协同创新中心、产业技术创新战略联盟，加快国家技术转移郑州中心等国家级创新平台建设运行。加快大众创业、万众创新，大力发展网络经济和大数据产业，加快“互联网+”在不同领域的应用，完善推动“双创”的政策措施，深化拓展“双创”的发展空间，培育营造“双创”

的社会氛围，最大限度释放全社会创新创造活力。

四是推动中原城市群协同发展。坚持核心带动、轴带发展、节点提升、对接周边，构建“一核四轴四区”网络化空间格局。把支持郑州建设国家中心城市作为提升城市群竞争力的首要突破口，加快完善米字形高铁线路网，加快构建中原城市群到国内其他主要城市群的综合交通体系，为中原城市群发挥承东启西的作用打下基础。推动郑州都市圈与中原城市群的周边城市融合发展，形成中心带动周边、辐射全国的核心发展区域和增长极。以郑州航空港经济综合实验区、中国（河南）自由贸易试验区为窗口强化郑州对外开放门户功能，创新对外开放的模式，改革阻碍开放的相关体制机制，加快打造对内对外开放的经济文化平台，形成全方位开放的格局。强化中原城市群城市间的分工合作，完善跨区域跨省份的政府间合作机制，全面推进基础设施和公共服务领域的共建共享，统筹中心城市与其他城市、大城市与中小城市的关系，推进城乡一体化发展，提升城镇化发展的质量和效益。强化核心增长极的引领和辐射作用，提升中原城市群的综合发展实力，扎实推进供给侧结构性改革，以高端化、绿色化、融合化、服务化为导向，推动制造业转型升级，大力发展战略性新兴产业，加快现代服务业发展，构建区域协同的产业链。

参考文献

国家发改委：《中原经济区规划（2012～2020年）》。

国家发改委：《郑州航空港经济综合实验区发展规划（2013～2025年）》。

国家发改委：《中原城市群发展规划》。

黄茂兴、李闽榕：《中国省域经济综合竞争力评价与预测的方法研究》，《福州师范大学学报》（哲学社会科学版）2008年第1期。

王发曾、吕金嵘：《中原城市群城市竞争力的评价与时空演变》，《地理研究》2011年第1期。

国家发展改革委：《促进中部地区崛起“十三五”规划》，2016年12月。

B.3

2017年河南省县域经济发展质量评价报告

河南省社会科学院课题组 *

摘　要： 本报告基于2017年《河南统计年鉴》中关于河南105个县（市）的统计基础数据，参照《河南省县（市）经济社会发展目标考核评价工作实施办法》（征求意见稿），将河南省县域经济发展分为：纳入中心城市组团发展范围的县（市）55个、基础条件比较好（人均地区生产总值2.5万元以上）的县（市）17个、农区县33个三大类，同时将10个省直管县单独列出，依据县域经济发展质量的内涵特征和内在目标要求，从县域经济发展的规模水平、发展结构、发展效益、发展潜力活力、民生幸福、发展持续性、发展外向度、科技创新，以及农业基础能力等角度出发，构建县域经济发展质量评价指标体系，并运用计量实证手段，进行分值计算和排名比较，然后进行结论反思，以期促进河南省县域经济发展质量提升。

关键词： 县域经济　发展质量　河南

---

* 课题组组长：张占仓；课题组成员：完世伟、杜明军、赵然、崔理想、李丽菲。

一　县域经济发展质量评价的主要依据、基本原则、指标选择和方法选用

本报告参照《河南省市县经济社会发展目标考核评价工作实施办法》（征求意见稿），将河南省县域经济分为三大类：55 个纳入中心城市组团发展范围的县（市）；17 个基础条件比较好（人均地区生产总值 2.5 万元以上）的县（市）；33 个农区县（市）。同时将 10 个省直管县单独列出，进行多角度分类评价比较。

本报告对河南省县域经济发展质量评价的主要依据有三：一是基于专家学者如苏联卡马耶夫（1977），库兹涅茨、李京文（1996），郭克莎（1996），武义青（1995），钟学义等（2001）等对经济发展质量的内涵研究；二是基于县域经济本身的属于区域经济范畴、具有特定的地理空间、具有相对独立性和能动性、具有地域特色、具有比较优势的国民经济基本单元等内在特点；三是基于县域经济发展质量具有的规模水平、结构协调性、成果有效性、发展潜能的充分性、生态环保持续性、创新性、开放度等内涵特征，从更宽阔的视野、从整体上进行评价研究。

本报告对县域经济发展质量评价的基本原则：应具备分类控制的引导性、可比性、可操作性、可完善性，贯彻科学发展的总指向，融合创新、协调、绿色、开放和共享五大发展理念。

本报告对县域经济发展质量评价指标体系的选定：依据专家学者的相关研究成果、县域经济本身所具有的内在属性、县域经济发展质量的内涵特征、评价的基本原则等，构建涵盖 9 类一级指标和 52 个二级指标的评价指标体系（见表 1）。

本报告对县域经济发展质量评价的方法选用：通过比较分析因子分析法、主成分分析法、模糊层次分析法（AHP）、数据包络分析法（DEA）、熵值法等各类方法的优劣特性，结合数据基础，倾向于较客观地处理指标权重问题的熵值法。

表1 河南省县域经济发展质量评价指标体系

一级指标	二级指标	指标计算及说明
发展规模水平	县(市)GDP	(正向指标)
	县(市)GDP增速	[报告期县(市)GDP－基期县(市)GDP]/基期县(市)GDP×100%(正向指标)
	县(市)GDP人均水平	县(市)GDP/人口规模总数(正向指标)
	县(市)经济增长稳定性	县(市)当年与上年经济增长率之差与上年经济增长率相除(逆向指标)
	县(市)地方财政收入水平	(正向指标)
	县(市)地方财政收入与GDP之比	县(市)地方财政收入/县(市)GDP×100%(正向指标)
发展结构	工业增加值占国内生产总值的比重	县(市)工业增加值/GDP×100%(正向指标)
	第三产业增加值占国内生产总值的比重	县(市)第三产业增加值/GDP×100%(正向指标)
	县(市)城镇化率	县(市)城市人口/全部人口×100%(正向指标)
	县(市)城乡居民收入比	县(市)城镇居民人均收入:农民人均纯收入(逆向指标)
发展效益	县(市)劳动生产率	县(市)国内生产总值/全社会劳动者平均人数×100%(正向指标)
	县(市)投资产出率	县(市)国内生产总值/当年固定资产投资总额×100%(正向指标)
	县(市)贷款产出率	县(市)国内生产总值/银行贷款年平均余额×100%(正向指标)
	县(市)耕地产出率	农业总产值/农业耕地面积×100%(正向指标)
发展潜力活力	县(市)就业弹性系数	当期从业人员增长率/同期GDP增长率×100%(正向指标)
	县(市)生产能力利用率	实际产量/生产能力×100%(正向指标)
	投资对县域经济发展贡献率	县(市)全社会固定资产投资额/国内生产总值×100%(正向指标)
	消费对县域经济发展贡献率	县(市)社会消费品零售总额/国内生产总值×100%(正向指标)
民生幸福	城镇居民人均可支配收入	(正向指标)
	农民人均纯收入	(正向指标)
	城镇居民人均可支配收入增长率	县(市)报告期居民收入/基期居民收入×100%(正向指标)
	农民人均纯收入增长率	县(市)报告期居民收入/基期居民收入×100%(正向指标)

续表

一级指标	二级指标	指标计算及说明
民生幸福	恩格尔系数	食品支出占居民总支出的比例(逆向指标)
	基尼系数	在全部居民收入中,用于不平均分配的那部分收入占总收入的百分比(正向指标)
	人口就业率	县(市)从业人员/常住人口×100%(正向指标)
	城镇单位从业人员平均工资	(正向指标)
	在岗职工平均工资	(正向指标)
	县(市)居民人均储蓄额	县(市)居民储蓄存款/常住人口×100%(正向指标)
	镇居民人均生活消费支出	(正向指标)
	农村居民人均生活消费支出	(正向指标)
发展可持续性	单位产值能源消耗量	县(市)能源消耗总量(标准煤)/国内生产总值×100%(逆向指标)
	单位国内生产总值水耗	县(市)水消耗总量/国内生产总值×100%(逆向指标)
	人均工业废水排放量	(逆向指标)
	人均工业废气排放量	(逆向指标)
	工业固体废物综合利用率	(正向指标)
	每立方米细颗粒物含量	(逆向指标)
	生活垃圾无害化处理率	(正向指标)
	农村饮水达标率	(正向指标)
	垃圾集中处理率	(正向指标)
	污水处理率	(正向指标)
	森林覆盖率	(正向指标)
科技创新	研究与开发投入占国内生产总值的比重	研究与开发经费投入额/同期国内生产总值×100%(正向指标)
	高技术产业增加值占国内生产总值的比重	高技术产业增加值/国内生产总值×100%(正向指标)
	专利授权指数	报告期获授权专利数/基期获授权专利数(正向指标)
发展外向度	进出口总值	(正向指标)
	进出口总值相当于国内生产总值比例	进出口总值/国内生产总值×100%(正向指标)
	利用外资和对外投资总额	(正向指标)
	服务贸易占对外贸易的比重	(正向指标)
农业基础能力	农林牧渔业总产值	通常是按农林牧渔业产品及其副产品的产量分别乘以各自单位产品价格求得(正向指标)
	粮食产量	进出口总值/国内生产总值×100%(正向指标)
	有效灌溉面积	(正向指标)
	农林水基本建设支出	(正向指标)

二　县域经济发展质量评价结果及分析

本报告的基础数据主要源于《河南统计年鉴》（2017 年）。鉴于统计数据的局限，县域经济发展的生态环保、科技创新、对外开放等指标尚未系统纳入统计范围，因而涉及较少。尽管如此，本报告的主要评价依据、遵循的基本原则、选择确定的指标体系和比较选择采用的评价计量方法，其内在的代表性和科学性、合理性和实用性，预示着本报告仍具有科学性、实用性和可操作性。

（一）纳入中心城市组团发展范围的55个县（市）

（1）经济发展质量总体评价：位居前 5 位的依次是新郑市（0. 7853、第 1 位），荥阳市（0. 6294、第 2 位），新密市（0. 5864、第 3 位），登封市（0. 5084、第 4 位），偃师市（0. 4719、第 5 位）。

（2）发展规模水平评价：位居前 5 位的依次是新郑市（0. 9999、第 1 位），荥阳市（0. 6974、第 2 位），新密市（0. 6116、第 3 位），登封市（0. 5211、第 4 位），长葛市（0. 5047、第 5 位）。

（3）发展结构评价：位居前 5 位的依次是义马市（0. 8218、第 1 位），新郑市（0. 6167、第 2 位），新密市（0. 5823、第 3 位），沁阳市（0. 5695、第 4 位），偃师市（0. 563、第 5 位）。

（4）发展效益评价：位居前 5 位的依次是新郑市（0. 5924、第 1 位），新密市（0. 5021、第 2 位），灵宝市（0. 4948、第 3 位），沁阳市（0. 4683、第 4 位），荥阳市（0. 4673、第 5 位）。

（5）发展潜力活力评价：位居前 5 位的依次是新郑市（0. 9094、第 1 位），新密市（0. 7597、第 2 位），荥阳市（0. 7398、第 3 位），禹州市（0. 6455、第 4 位），登封市（0. 6041、第 5 位）。

（6）民生幸福评价：位居前 5 位的依次是新郑市（0. 9351、第 1 位），荥阳市（0. 8526、第 2 位），义马市（0. 7001、第 3 位），新密市（0. 6852、

表2　纳入中心城市组团发展范围的55个县（市）2017年评价结果

县　市	综合评价		发展规模水平		发展结构		发展潜力活力		发展效益		民生幸福		农业基础能力	
	得分	排名	得分	排名	得分	排名	得分	排名	得分	排名	得分	排名	得分	排名
新郑市	0.7853	1	0.9999	1	0.6167	2	0.9094	1	0.5924	1	0.9351	1	0.3842	21
荥阳市	0.6294	2	0.6974	2	0.5627	6	0.7398	3	0.4673	5	0.8526	2	0.2651	41
新密市	0.5864	3	0.6116	3	0.5823	3	0.7597	2	0.5021	2	0.6852	4	0.253	43
登封市	0.5084	4	0.5211	4	0.5321	7	0.6041	5	0.4288	7	0.6122	6	0.2631	42
偃师市	0.4719	5	0.4398	7	0.563	5	0.4109	9	0.4369	6	0.6408	5	0.2494	45
长葛市	0.456	6	0.5047	5	0.5144	8	0.4252	7	0.3753	11	0.5374	9	0.314	33
灵宝市	0.4349	7	0.4138	9	0.4122	21	0.4214	8	0.4948	3	0.4881	13	0.2906	37
沁阳市	0.4247	8	0.4177	8	0.5695	4	0.2584	17	0.4683	4	0.5275	10	0.1965	51
禹州市	0.4072	9	0.3542	12	0.4466	16	0.6455	4	0.2509	30	0.4793	14	0.3328	30
新安县	0.4052	10	0.4639	6	0.3555	27	0.3631	13	0.38	10	0.5149	11	0.2054	50
义马市	0.3965	11	0.3363	13	0.8218	1	0.082	47	0.3262	15	0.7001	3	0	55
孟州市	0.3798	12	0.359	11	0.4894	11	0.229	19	0.3567	13	0.5498	7	0.2088	49
渑池县	0.363	13	0.3638	10	0.3959	25	0.1669	30	0.3585	12	0.5489	8	0.2237	48
辉县市	0.341	14	0.2957	14	0.41	23	0.2382	18	0.3143	18	0.4253	17	0.3983	17
伊川县	0.3353	15	0.2594	16	0.3331	33	0.5044	6	0.1621	48	0.5106	12	0.2883	38
温　县	0.3291	16	0.2513	19	0.4766	13	0.1668	31	0.3964	9	0.426	16	0.2272	47
博爱县	0.3228	17	0.2531	18	0.4796	12	0.1246	38	0.4194	8	0.411	18	0.1954	52
武陟县	0.3143	18	0.242	20	0.428	19	0.2668	14	0.3067	19	0.3806	19	0.2997	36

续表

县市	综合评价		发展规模水平		发展结构		发展潜力活力		发展效益		民生幸福		农业基础能力	
	得分	排名	得分	排名	得分	排名	得分	排名	得分	排名	得分	排名	得分	排名
鄢陵县	0. 3025	19	0. 2259	22	0. 41	24	0. 1827	28	0. 298	22	0. 3788	20	0. 3839	22
孟津县	0. 2983	20	0. 2868	15	0. 3522	28	0. 1882	24	0. 3177	16	0. 3482	22	0. 2731	40
襄城县	0. 2948	21	0. 2571	17	0. 4133	20	0. 1852	25	0. 237	32	0. 3759	21	0. 3582	23
濮阳县	0. 2894	22	0. 2074	23	0. 3119	36	0. 4101	10	0. 2337	33	0. 2125	42	0. 5716	2
尉氏县	0. 2882	23	0. 24	21	0. 3345	32	0. 2201	21	0. 2902	23	0. 2885	29	0. 4443	12
唐河县	0. 2814	24	0. 1163	36	0. 3	37	0. 3683	12	0. 1945	38	0. 2869	30	0. 7171	1
临颍县	0. 2738	25	0. 176	27	0. 4665	14	0. 2076	23	0. 2576	29	0. 3142	25	0. 3271	31
项城市	0. 2682	26	0. 1442	31	0. 3395	31	0. 2663	15	0. 3308	14	0. 2267	38	0. 4412	13
杞　县	0. 256	27	0. 1774	26	0. 3522	29	0. 1487	33	0. 2879	24	0. 2033	43	0. 53	4
修武县	0. 2524	28	0. 1782	25	0. 4637	15	0. 0693	49	0. 1977	37	0. 4547	15	0. 1378	54
镇平县	0. 2491	29	0. 1165	35	0. 3419	30	0. 3711	11	0. 1398	50	0. 3344	24	0. 345	26
通许县	0. 2473	30	0. 1748	28	0. 3688	26	0. 1142	42	0. 3154	17	0. 2514	34	0. 3149	32
清丰县	0. 2397	31	0. 1287	32	0. 3286	34	0. 1828	27	0. 3017	21	0. 2198	39	0. 3947	19
汤阴县	0. 2363	32	0. 1719	29	0. 4111	22	0. 0282	52	0. 2688	27	0. 2902	28	0. 3007	35
宜阳县	0. 2217	33	0. 1807	24	0. 1959	54	0. 2284	20	0. 2291	34	0. 2167	40	0. 3387	29
遂平县	0. 2167	34	0. 1536	30	0. 2982	38	0. 1145	41	0. 1672	44	0. 2996	27	0. 355	25
商水县	0. 2112	35	0. 091	43	0. 1923	55	0. 1382	35	0. 2648	28	0. 1877	46	0. 5695	3
罗山县	0. 2112	36	0. 0993	41	0. 2673	42	0. 1152	40	0. 1627	47	0. 311	26	0. 454	11

续表

县市	综合评价		发展规模水平		发展结构		发展潜力活力		发展效益		民生幸福		农业基础能力	
	得分	排名	得分	排名	得分	排名	得分	排名	得分	排名	得分	排名	得分	排名
浚　县	0. 2103	37	0. 0849	45	0. 4897	10	0. 0636	50	0. 1652	45	0. 2563	32	0. 3958	18
确山县	0. 2086	38	0. 1212	33	0. 2586	43	0. 074	48	0. 1738	42	0. 3411	23	0. 3559	24
西华县	0. 2069	39	0. 098	42	0. 2143	49	0. 1833	26	0. 2733	25	0. 1557	50	0. 4635	8
延津县	0. 2048	40	0. 0779	48	0. 4284	18	0. 0236	54	0. 2728	26	0. 2424	35	0. 2827	39
舞阳县	0. 2015	41	0. 1167	34	0. 285	39	0. 1724	29	0. 2397	31	0. 1679	49	0. 3392	28
虞城县	0. 2004	42	0. 1156	37	0. 214	50	0. 1469	34	0. 1639	46	0. 2324	37	0. 4825	7
汝南县	0. 1966	43	0. 0834	47	0. 2757	41	0. 114	43	0. 1864	40	0. 2031	44	0. 5088	5
淮阳县	0. 1965	44	0. 0683	49	0. 2047	52	0. 2175	22	0. 1743	41	0. 2024	45	0. 508	6
内黄县	0. 196	45	0. 1	40	0. 2534	45	0. 0879	46	0. 3058	20	0. 127	54	0. 426	15
方城县	0. 1959	46	0. 0842	46	0. 2559	44	0. 2616	16	0. 0768	54	0. 2545	33	0. 4395	14
叶　县	0. 1948	47	0. 1	39	0. 2807	40	0. 152	32	0. 2052	36	0. 1691	48	0. 418	16
民权县	0. 1909	48	0. 1095	38	0. 2043	53	0. 1274	36	0. 1529	49	0. 2366	36	0. 4542	10
柘城县	0. 1873	49	0. 0878	44	0. 2228	48	0. 1176	39	0. 2063	35	0. 182	47	0. 4604	9
卫辉市	0. 1823	50	0. 0555	51	0. 4373	17	0. 0298	51	0. 1717	43	0. 2723	31	0. 241	46
获嘉县	0. 171	51	0. 0368	54	0. 5081	9	0. 0187	55	0. 1888	39	0. 2142	41	0. 1848	53
社旗县	0. 15	52	0. 0617	50	0. 2458	46	0. 1252	37	0. 1278	52	0. 1459	51	0. 345	27
原阳县	0. 1339	53	0. 0445	53	0. 3142	35	0. 1118	44	0. 0475	55	0. 1195	55	0. 386	20
鲁山县	0. 1307	54	0. 0469	52	0. 2073	51	0. 0951	45	0. 1384	51	0. 1447	53	0. 2502	44
宁陵县	0. 1147	55	0. 0255	55	0. 2275	47	0. 0262	53	0. 0967	53	0. 1452	52	0. 301	34

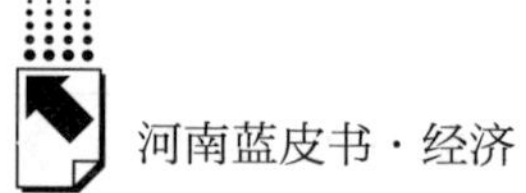

第4位），偃师市（0.6408、第5位）。

（7）农业基础能力评价：位居前5位的依次是唐河县（0.7171、第1位），濮阳县（0.5716、第2位），商水县（0.5695、第3位），杞县（0.5300、第4位），汝南县（0.5088、第5位）。

（二）基础条件比较好（人均地区生产总值2.5万元以上）的17个县（市）

（1）经济发展质量总体评价：位居前5位的依次是中牟县（0.6071、第1位），巩义市（0.5861、第2位），林州市（0.4147、第3位），永城市（0.3827、第4位），汝州市（0.351、第5位）。

（2）发展规模水平评价：位居前5位的依次是中牟县（0.6856、第1位），巩义市（0.6455、第2位），永城市（0.3887、第3位），林州市（0.3761、第4位），淇县（0.3166、第5位）。

（3）发展结构评价：位居前5位的依次是巩义市（0.6569、第1位），林州市（0.5627、第2位），中牟县（0.5544、第3位），新乡县（0.5528、第4位），淇县（0.5447、第5位）。

（4）发展效益评价：位居前5位的依次是中牟县（0.6276、第1位），巩义市（0.4453、第2位），淇县（0.3827、第3位），新县（0.3740、第4位），栾川县（0.3330、第5位）。

（5）发展潜力活力评价：位居前5位的依次是巩义市（0.7641、第1位），中牟县（0.6104、第2位），林州市（0.4478、第3位），永城市（0.4185、第4位），汝州市（0.3358、第5位）。

（6）民生幸福评价：位居前5位的依次是巩义市（0.7013、第1位），中牟县（0.6839、第2位），林州市（0.6280、第3位），栾川县（0.5662、第4位），新乡县（0.5561、第5位）。

（7）农业基础能力评价：位居前5位的依次是永城市（0.7101、第1位），安阳县（0.3865、第2位），新野县（0.3783、第3位），汝州市（0.3693、第4位），嵩县（0.3163、第5位）。

表 3　基础条件比较好（人均地区生产总值 2.5 万元以上）的 17 个县（市）2017 年评价结果

县　市	综合评价		发展规模水平		发展结构		发展潜力活力		发展效益		民生幸福		农业基础能力	
	得分	排名	得分	排名	得分	排名	得分	排名	得分	排名	得分	排名	得分	排名
中牟县	0. 6071	1	0. 6856	1	0. 5544	3	0. 6104	2	0. 6276	1	0. 6839	2	0. 2651	7
巩义市	0. 5861	2	0. 6455	2	0. 6569	1	0. 7641	1	0. 4453	2	0. 7013	1	0. 1588	15
林州市	0. 4147	3	0. 3761	4	0. 5627	2	0. 4478	3	0. 2212	12	0. 628	3	0. 2546	8
永城市	0. 3827	4	0. 3887	3	0. 3275	12	0. 4185	4	0. 2036	13	0. 4124	11	0. 7101	1
汝州市	0. 351	5	0. 3124	6	0. 4678	6	0. 3358	5	0. 2529	10	0. 4321	8	0. 3693	4
淇　县	0. 3343	6	0. 3166	5	0. 5447	5	0. 0606	15	0. 3827	3	0. 4304	9	0. 2122	13
西峡县	0. 3334	7	0. 2535	7	0. 4078	10	0. 2161	8	0. 3104	6	0. 5459	6	0. 2129	12
新乡县	0. 312	8	0. 2324	8	0. 5528	4	0. 0231	17	0. 3032	7	0. 5561	5	0. 1402	17
安阳县	0. 3119	9	0. 2295	9	0. 4557	7	0. 301	7	0. 2003	15	0. 4129	10	0. 3865	2
栾川县	0. 3054	10	0. 2273	10	0. 2684	14	0. 1443	11	0. 333	5	0. 5662	4	0. 1668	14
新野县	0. 2733	11	0. 1717	12	0. 3698	11	0. 3059	6	0. 203	14	0. 3372	13	0. 3783	3
宝丰县	0. 2708	12	0. 2257	11	0. 4441	9	0. 1178	13	0. 2778	8	0. 3447	12	0. 2229	11
新　县	0. 2411	13	0. 1099	16	0. 3234	13	0. 0575	16	0. 374	4	0. 336	14	0. 2412	10
舞钢市	0. 2319	14	0. 1245	15	0. 4468	8	0. 0809	14	0. 1584	17	0. 452	7	0. 1519	16
嵩　县	0. 2015	15	0. 0901	17	0. 187	16	0. 1689	10	0. 2277	11	0. 2809	15	0. 3163	5
桐柏县	0. 1937	16	0. 1348	14	0. 2627	15	0. 1808	9	0. 1869	16	0. 2135	16	0. 2466	9
洛宁县	0. 1932	17	0. 1407	13	0. 1685	17	0. 1334	12	0. 2609	9	0. 1835	17	0. 3123	6

（三）33个农区县

（1）经济发展质量总体评价：位居前5位的依次是长垣县（0.3269、第1位），邓州市（0.3092、第2位），固始县（0.2931、第3位），鹿邑县（0.2604、第4位），兰考县（0.2558、第5位）。

（2）发展规模水平评价：位居前5位的依次是长垣县（0.2358、第1位），兰考县（0.2091、第2位），邓州市（0.1826、第3位），鹿邑县（0.1654、第4位），固始县（0.1521、第5位）。

（3）发展结构评价：位居前5位的依次是长垣县（0.5748、第1位），潢川县（0.3663、第2位），郏县（0.3373、第3位），邓州市（0.3201、第4位），鹿邑县（0.3199、第5位）。

（4）发展效益评价：位居前5位的依次是南乐县（0.2915、第1位），范县（0.2883、第2位），商城县（0.2536、第3位），鹿邑县（0.2425、第4位），兰考县（0.2416、第5位）。

（5）发展潜力活力评价：位居前5位的依次是固始县（0.4041、第1位），邓州市（0.3927、第2位），淅川县（0.2531、第3位），鹿邑县（0.2523、第4位），太康县（0.2442、第5位）。

（6）民生幸福评价：位居前5位的依次是长垣县（0.5029、第1位），淅川县（0.3785、第2位），内乡县（0.324、第3位），固始县（0.3126、第4位），卢氏县（0.3062、第5位）。

（7）农业基础能力评价：位居前5位的依次是滑县（0.8064、第1位），邓州市（0.7970、第2位），固始县（0.7630、第3位），太康县（0.6171、第4位），郸城县（0.5728、第5位）。

（四）105个县（市）总体评价

（1）经济发展质量总体评价：位居前5位的依次是新郑市（0.7853、第1位），荥阳市（0.6294、第2位），中牟县（0.6071、第3位），新密市（0.5864、第4位），巩义市（0.5861、第5位）。

表 4　33 个农区县 2017 年评价结果

县　市	综合评价		发展规模水平		发展结构		发展潜力活力		发展效益		民生幸福		农业基础能力	
	得分	排名	得分	排名	得分	排名	得分	排名	得分	排名	得分	排名	得分	排名
长垣县	0. 3269	1	0. 2358	1	0. 5748	1	0. 1933	9	0. 1777	14	0. 5029	1	0. 3994	22
邓州市	0. 3092	2	0. 1826	3	0. 3201	4	0. 3927	2	0. 1917	11	0. 2837	6	0. 797	2
固始县	0. 2931	3	0. 1521	5	0. 3035	7	0. 4041	1	0. 1386	28	0. 3126	4	0. 763	3
鹿邑县	0. 2604	4	0. 1654	4	0. 3199	5	0. 2523	4	0. 2425	4	0. 229	19	0. 5397	9
兰考县	0. 2558	5	0. 2091	2	0. 3021	8	0. 1746	15	0. 2416	5	0. 2695	10	0. 4345	18
潢川县	0. 2438	6	0. 124	9	0. 3663	2	0. 1911	10	0. 2004	7	0. 2836	7	0. 4775	15
淅川县	0. 2318	7	0. 126	8	0. 2288	25	0. 2531	3	0. 1545	20	0. 3785	2	0. 324	26
西平县	0. 2282	8	0. 1092	11	0. 2851	9	0. 178	13	0. 1878	12	0. 2804	8	0. 504	13
太康县	0. 2211	9	0. 0997	15	0. 2384	21	0. 2442	5	0. 1804	13	0. 1915	25	0. 6171	4
滑　县	0. 2203	10	0. 0992	17	0. 1933	31	0. 1713	16	0. 1697	16	0. 1855	28	0. 8064	1
泌阳县	0. 2105	11	0. 1126	10	0. 2388	20	0. 1261	20	0. 2195	6	0. 245	15	0. 4476	16
内乡县	0. 2091	12	0. 0993	16	0. 2714	10	0. 2177	6	0. 1192	33	0. 324	3	0. 3451	25
南乐县	0. 2088	13	0. 1067	12	0. 3072	6	0. 1054	27	0. 2915	1	0. 2062	22	0. 316	27
商城县	0. 2087	14	0. 0986	18	0. 2478	15	0. 1194	22	0. 2536	3	0. 262	11	0. 3517	24
息　县	0. 2025	15	0. 0636	27	0. 2286	26	0. 2038	8	0. 1301	31	0. 2742	9	0. 5181	12
郸城县	0. 2019	16	0. 1037	14	0. 2322	24	0. 1761	14	0. 2003	8	0. 1428	31	0. 5728	5
夏邑县	0. 1998	17	0. 0856	22	0. 1994	30	0. 1637	17	0. 1489	21	0. 2409	17	0. 5588	7

续表

县 市	综合评价		发展规模水平		发展结构		发展潜力活力		发展效益		民生幸福		农业基础能力	
	得分	排名	得分	排名	得分	排名	得分	排名	得分	排名	得分	排名	得分	排名
光山县	0. 1992	18	0. 0864	21	0. 2613	11	0. 1785	12	0. 1364	29	0. 2608	12	0. 4395	17
沈丘县	0. 1964	19	0. 1274	7	0. 2359	22	0. 21	7	0. 1387	27	0. 16	29	0. 5018	14
平舆县	0. 1964	20	0. 0927	19	0. 2591	12	0. 1397	19	0. 1658	18	0. 2458	14	0. 4208	19
范　县	0. 1919	21	0. 1317	6	0. 2564	14	0. 1089	25	0. 2883	2	0. 1298	32	0. 3027	28
上蔡县	0. 187	22	0. 0663	25	0. 2357	23	0. 1428	18	0. 1465	22	0. 1897	26	0. 5727	6
正阳县	0. 1853	23	0. 0669	24	0. 2247	27	0. 0904	29	0. 1389	26	0. 2467	13	0. 5394	10
扶沟县	0. 1797	24	0. 0838	23	0. 2567	13	0. 1251	21	0. 173	15	0. 1922	24	0. 3901	23
新蔡县	0. 1782	25	0. 0582	29	0. 2418	19	0. 0889	30	0. 1451	25	0. 2133	20	0. 5249	11
淮滨县	0. 178	26	0. 0654	26	0. 2425	17	0. 1061	26	0. 1465	23	0. 2425	16	0. 4146	20
郏　县	0. 1679	27	0. 0886	20	0. 3373	3	0. 1039	28	0. 146	24	0. 1886	27	0. 2545	30
睢　县	0. 1667	28	0. 0619	28	0. 1832	32	0. 1186	23	0. 131	30	0. 2333	18	0. 4128	21
封丘县	0. 1632	29	0. 0232	33	0. 2203	28	0. 0551	31	0. 1996	9	0. 1491	30	0. 5466	8
汝阳县	0. 1593	30	0. 1045	13	0. 2152	29	0. 111	24	0. 1573	19	0. 2038	23	0. 2069	32
南召县	0. 1557	31	0. 0557	30	0. 2477	16	0. 1786	11	0. 1217	32	0. 2106	21	0. 2156	31
卢氏县	0. 1534	32	0. 0334	32	0. 1513	33	0. 0298	32	0. 1687	17	0. 3062	5	0. 2761	29
台前县	0. 1251	33	0. 0544	31	0. 2419	18	0	33	0. 1943	10	0. 1216	33	0. 1964	33

表5　河南105个县（市）2017年总体评价结果

县　市	综合评价		发展规模水平		发展结构		发展潜力活力		发展效益		民生幸福		农业基础能力	
	得分	排名	得分	排名	得分	排名	得分	排名	得分	排名	得分	排名	得分	排名
新郑市	0. 7853	1	0. 9999	1	0. 6167	3	0. 9094	1	0. 5924	2	0. 9351	1	0. 3842	46
荥阳市	0. 6294	2	0. 6974	2	0. 5627	8	0. 7398	4	0. 4673	6	0. 8526	2	0. 2651	76
中牟县	0. 6071	3	0. 6856	3	0. 5544	10	0. 6104	6	0. 6276	1	0. 6839	6	0. 2651	77
新密市	0. 5864	4	0. 6116	5	0. 5823	4	0. 7597	3	0. 5021	3	0. 6852	5	0. 253	81
巩义市	0. 5861	5	0. 6455	4	0. 6569	2	0. 7641	2	0. 4453	7	0. 7013	3	0. 1588	101
登封市	0. 5084	6	0. 5211	6	0. 5321	13	0. 6041	7	0. 4288	9	0. 6122	9	0. 2631	78
偃师市	0. 4719	7	0. 4398	9	0. 563	7	0. 4109	13	0. 4369	8	0. 6408	7	0. 2494	83
长葛市	0. 456	8	0. 5047	7	0. 5144	14	0. 4252	10	0. 3753	14	0. 5374	15	0. 314	65
灵宝市	0. 4349	9	0. 4138	11	0. 4122	31	0. 4214	11	0. 4948	4	0. 4881	20	0. 2906	71
沁阳市	0. 4247	10	0. 4177	10	0. 5695	6	0. 2584	26	0. 4683	5	0. 5275	16	0. 1965	96
林州市	0. 4147	11	0. 3761	13	0. 5627	9	0. 4478	9	0. 2212	51	0. 628	8	0. 2546	79
禹州市	0. 4072	12	0. 3542	16	0. 4466	25	0. 6455	5	0. 2509	43	0. 4793	21	0. 3328	59
新安县	0. 4052	13	0. 4639	8	0. 3555	40	0. 3631	19	0. 38	13	0. 5149	17	0. 2054	95
义马市	0. 3965	14	0. 3363	17	0. 8218	1	0. 082	90	0. 3262	20	0. 7001	4	0	105
永城市	0. 3827	15	0. 3887	12	0. 3275	49	0. 4185	12	0. 2036	55	0. 4124	29	0. 7101	5
孟州市	0. 3798	16	0. 359	15	0. 4894	17	0. 229	31	0. 3567	17	0. 5498	12	0. 2088	93
渑池县	0. 363	17	0. 3638	14	0. 3959	36	0. 1669	56	0. 3585	16	0. 5489	13	0. 2237	88
汝州市	0. 351	18	0. 3124	19	0. 4678	20	0. 3358	20	0. 2529	42	0. 4321	24	0. 3693	49
辉县市	0. 341	19	0. 2957	20	0. 41	33	0. 2382	30	0. 3143	23	0. 4253	27	0. 3983	40
伊川县	0. 3353	20	0. 2594	22	0. 3331	47	0. 5044	8	0. 1621	82	0. 5106	18	0. 2883	72
淇　县	0. 3343	21	0. 3166	18	0. 5447	12	0. 0606	95	0. 3827	12	0. 4304	25	0. 2122	92

续表

县 市	综合评价		发展规模水平		发展结构		发展潜力活力		发展效益		民生幸福		农业基础能力	
	得分	排名	得分	排名	得分	排名	得分	排名	得分	排名	得分	排名	得分	排名
西峡县	0. 3334	22	0. 2535	24	0. 4078	35	0. 2161	36	0. 3104	24	0. 5459	14	0. 2129	91
温　县	0. 3291	23	0. 2513	26	0. 4766	19	0. 1668	57	0. 3964	11	0. 426	26	0. 2272	87
长垣县	0. 3269	24	0. 2358	29	0. 5748	5	0. 1933	40	0. 1777	70	0. 5029	19	0. 3994	39
博爱县	0. 3228	25	0. 2531	25	0. 4796	18	0. 1246	71	0. 4194	10	0. 411	30	0. 1954	98
武陟县	0. 3143	26	0. 242	27	0. 428	29	0. 2668	23	0. 3067	25	0. 3806	31	0. 2997	70
新乡县	0. 312	27	0. 2324	30	0. 5528	11	0. 0231	103	0. 3032	27	0. 5561	11	0. 1402	103
安阳县	0. 3119	28	0. 2295	31	0. 4557	23	0. 301	22	0. 2003	58	0. 4129	28	0. 3865	44
邓州市	0. 3092	29	0. 1826	37	0. 3201	51	0. 3927	16	0. 1917	64	0. 2837	50	0. 797	2
栾川县	0. 3054	30	0. 2273	32	0. 2684	65	0. 1443	62	0. 333	18	0. 5662	10	0. 1668	100
鄢陵县	0. 3025	31	0. 2259	33	0. 41	34	0. 1827	46	0. 298	29	0. 3788	32	0. 3839	47
孟津县	0. 2983	32	0. 2868	21	0. 3522	42	0. 1882	42	0. 3177	21	0. 3482	35	0. 2731	75
襄城县	0. 2948	33	0. 2571	23	0. 4133	30	0. 1852	43	0. 237	47	0. 3759	34	0. 3582	50
固始县	0. 2931	34	0. 1521	47	0. 3035	56	0. 4041	15	0. 1386	95	0. 3126	43	0. 763	3
濮阳县	0. 2894	35	0. 2074	36	0. 3119	54	0. 4101	14	0. 2337	48	0. 2125	78	0. 5716	9
尉氏县	0. 2882	36	0. 24	28	0. 3345	46	0. 2201	33	0. 2902	31	0. 2885	48	0. 4443	29
唐河县	0. 2814	37	0. 1163	60	0. 3	58	0. 3683	18	0. 1945	62	0. 2869	49	0. 7171	4
临颍县	0. 2738	38	0. 176	41	0. 4665	21	0. 2076	38	0. 2576	40	0. 3142	42	0. 3271	60
新野县	0. 2733	39	0. 1717	44	0. 3698	37	0. 3059	21	0. 203	56	0. 3372	38	0. 3783	48
宝丰县	0. 2708	40	0. 2257	34	0. 4441	26	0. 1178	74	0. 2778	34	0. 3447	36	0. 2229	89
项城市	0. 2682	41	0. 1442	48	0. 3395	44	0. 2663	24	0. 3308	19	0. 2267	72	0. 4412	30
鹿邑县	0. 2604	42	0. 1654	45	0. 3199	52	0. 2523	28	0. 2425	44	0. 229	71	0. 5397	13

续表

县　市	综合评价		发展规模水平		发展结构		发展潜力活力		发展效益		民生幸福		农业基础能力	
	得分	排名	得分	排名	得分	排名	得分	排名	得分	排名	得分	排名	得分	排名
杞　县	0. 256	43	0. 1774	40	0. 3522	41	0. 1487	60	0. 2879	33	0. 2033	82	0. 53	15
兰考县	0. 2558	44	0. 2091	35	0. 3021	57	0. 1746	52	0. 2416	45	0. 2695	56	0. 4345	33
修武县	0. 2524	45	0. 1782	39	0. 4637	22	0. 0693	93	0. 1977	61	0. 4547	22	0. 1378	104
镇平县	0. 2491	46	0. 1165	59	0. 3419	43	0. 3711	17	0. 1398	92	0. 3344	40	0. 345	55
通许县	0. 2473	47	0. 1748	42	0. 3688	38	0. 1142	78	0. 3154	22	0. 2514	61	0. 3149	64
潢川县	0. 2438	48	0. 124	56	0. 3663	39	0. 1911	41	0. 2004	57	0. 2836	51	0. 4775	23
新　县	0. 2411	49	0. 1099	63	0. 3234	50	0. 0575	96	0. 374	15	0. 336	39	0. 2412	85
清丰县	0. 2397	50	0. 1287	52	0. 3286	48	0. 1828	45	0. 3017	28	0. 2198	73	0. 3947	42
汤阴县	0. 2363	51	0. 1719	43	0. 4111	32	0. 0282	100	0. 2688	37	0. 2902	47	0. 3007	69
舞钢市	0. 2319	52	0. 1245	55	0. 4468	24	0. 0809	91	0. 1584	83	0. 452	23	0. 1519	102
淅川县	0. 2318	53	0. 126	54	0. 2288	86	0. 2531	27	0. 1545	85	0. 3785	33	0. 324	61
西平县	0. 2282	54	0. 1092	65	0. 2851	60	0. 178	50	0. 1878	66	0. 2804	53	0. 504	20
宜阳县	0. 2217	55	0. 1807	38	0. 1959	99	0. 2284	32	0. 2291	49	0. 2167	74	0. 3387	58
太康县	0. 2211	56	0. 0997	71	0. 2384	82	0. 2442	29	0. 1804	69	0. 1915	86	0. 6171	6
滑　县	0. 2203	57	0. 0992	74	0. 1933	100	0. 1713	54	0. 1697	75	0. 1855	90	0. 8064	1
遂平县	0. 2167	58	0. 1536	46	0. 2982	59	0. 1145	77	0. 1672	77	0. 2996	46	0. 355	52
商水县	0. 2112	59	0. 091	78	0. 1923	101	0. 1382	65	0. 2648	38	0. 1877	89	0. 5695	10
罗山县	0. 2112	60	0. 0993	73	0. 2673	66	0. 1152	76	0. 1627	81	0. 311	44	0. 454	27
泌阳县	0. 2105	61	0. 1126	62	0. 2388	81	0. 1261	68	0. 2195	52	0. 245	64	0. 4476	28
浚　县	0. 2103	62	0. 0849	84	0. 4897	16	0. 0636	94	0. 1652	79	0. 2563	59	0. 3958	41
内乡县	0. 2091	63	0. 0993	72	0. 2714	64	0. 2177	34	0. 1192	102	0. 324	41	0. 3451	54

续表

县 市	综合评价		发展规模水平		发展结构		发展潜力活力		发展效益		民生幸福		农业基础能力	
	得分	排名	得分	排名	得分	排名	得分	排名	得分	排名	得分	排名	得分	排名
南乐县	0.2088	64	0.1067	66	0.3072	55	0.1054	84	0.2915	30	0.2062	80	0.316	63
商城县	0.2087	65	0.0986	75	0.2478	75	0.1194	72	0.2536	41	0.262	57	0.3517	53
确山县	0.2086	66	0.1212	57	0.2586	70	0.074	92	0.1738	72	0.3411	37	0.3559	51
西华县	0.2069	67	0.098	76	0.2143	93	0.1833	44	0.2733	35	0.1557	96	0.4635	24
延津县	0.2048	68	0.0779	88	0.4284	28	0.0236	102	0.2728	36	0.2424	66	0.2827	73
息　县	0.2025	69	0.0636	93	0.2286	87	0.2038	39	0.1301	99	0.2742	54	0.5181	17
郸城县	0.2019	70	0.1037	68	0.2322	85	0.1761	51	0.2003	59	0.1428	101	0.5728	7
舞阳县	0.2015	71	0.1167	58	0.285	61	0.1724	53	0.2397	46	0.1679	94	0.3392	57
嵩　县	0.2015	72	0.0901	79	0.187	102	0.1689	55	0.2277	50	0.2809	52	0.3163	62
虞城县	0.2004	73	0.1156	61	0.214	94	0.1469	61	0.1639	80	0.2324	70	0.4825	22
夏邑县	0.1998	74	0.0856	83	0.1994	98	0.1637	58	0.1489	87	0.2409	67	0.5588	11
光山县	0.1992	75	0.0864	82	0.2613	68	0.1785	49	0.1364	97	0.2608	58	0.4395	31
汝南县	0.1966	76	0.0834	87	0.2757	63	0.114	79	0.1864	68	0.2031	83	0.5088	18
淮阳县	0.1965	77	0.0683	89	0.2047	96	0.2175	35	0.1743	71	0.2024	84	0.508	19
平舆县	0.1964	78	0.0927	77	0.2591	69	0.1397	64	0.1658	78	0.2458	63	0.4208	35
沈丘县	0.1964	79	0.1274	53	0.2359	83	0.21	37	0.1387	94	0.16	95	0.5018	21
内黄县	0.196	80	0.1	70	0.2534	74	0.0879	89	0.3058	26	0.127	103	0.426	34
方城县	0.1959	81	0.0842	85	0.2559	73	0.2616	25	0.0768	104	0.2545	60	0.4395	32
叶　县	0.1948	82	0.1	69	0.2807	62	0.152	59	0.2052	54	0.1691	93	0.418	36
桐柏县	0.1937	83	0.1348	50	0.2627	67	0.1808	47	0.1869	67	0.2135	76	0.2466	84
洛宁县	0.1932	84	0.1407	49	0.1685	104	0.1334	66	0.2609	39	0.1835	91	0.3123	66

续表

县市	综合评价		发展规模水平		发展结构		发展潜力活力		发展效益		民生幸福		农业基础能力	
	得分	排名	得分	排名	得分	排名	得分	排名	得分	排名	得分	排名	得分	排名
范　县	0.1919	85	0.1317	51	0.2564	72	0.1089	82	0.2883	32	0.1298	102	0.3027	67
民权县	0.1909	86	0.1095	64	0.2043	97	0.1274	67	0.1529	86	0.2366	68	0.4542	26
柘城县	0.1873	87	0.0878	81	0.2228	90	0.1176	75	0.2063	53	0.182	92	0.4604	25
上蔡县	0.187	88	0.0663	91	0.2357	84	0.1428	63	0.1465	89	0.1897	87	0.5727	8
正阳县	0.1853	89	0.0669	90	0.2247	89	0.0904	87	0.1389	93	0.2467	62	0.5394	14
卫辉市	0.1823	90	0.0555	98	0.4373	27	0.0298	98	0.1717	74	0.2723	55	0.241	86
扶沟县	0.1797	91	0.0838	86	0.2567	71	0.1251	70	0.173	73	0.1922	85	0.3901	43
新蔡县	0.1782	92	0.0582	96	0.2418	80	0.0889	88	0.1451	91	0.2133	77	0.5249	16
淮滨县	0.178	93	0.0654	92	0.2425	78	0.1061	83	0.1465	88	0.2425	65	0.4146	37
获嘉县	0.171	94	0.0368	102	0.5081	15	0.0187	104	0.1888	65	0.2142	75	0.1848	99
郏　县	0.1679	95	0.0886	80	0.3373	45	0.1039	85	0.146	90	0.1886	88	0.2545	80
睢　县	0.1667	96	0.0619	94	0.1832	103	0.1186	73	0.131	98	0.2333	69	0.4128	38
封丘县	0.1632	97	0.0232	105	0.2203	91	0.0551	97	0.1996	60	0.1491	97	0.5466	12
汝阳县	0.1593	98	0.1045	67	0.2152	92	0.111	81	0.1573	84	0.2038	81	0.2069	94
南召县	0.1557	99	0.0557	97	0.2477	76	0.1786	48	0.1217	101	0.2106	79	0.2156	90
卢氏县	0.1534	100	0.0334	103	0.1513	105	0.0298	99	0.1687	76	0.3062	45	0.2761	74
社旗县	0.15	101	0.0617	95	0.2458	77	0.1252	69	0.1278	100	0.1459	98	0.345	56
原阳县	0.1339	102	0.0445	101	0.3142	53	0.1118	80	0.0475	105	0.1195	105	0.386	45
鲁山县	0.1307	103	0.0469	100	0.2073	95	0.0951	86	0.1384	96	0.1447	100	0.2502	82
台前县	0.1251	104	0.0544	99	0.2419	79	0.0001	105	0.1943	63	0.1216	104	0.1964	97
宁陵县	0.1147	105	0.0255	104	0.2275	88	0.0262	101	0.0967	103	0.1452	99	0.301	68

（2）发展规模水平评价：位居前5位的依次是新郑市（0.9999、第1位），荥阳市（0.6974、第2位），中牟县（0.6856、第3位），巩义市（0.6455、第4位），新密市（0.6116、第5位）。

（3）发展结构评价：位居前5位的依次是义马市（0.8218、第1位），巩义市（0.6569、第2位），新郑市（0.6167、第3位），新密市（0.5823、第4位），长垣县（0.5748、第5位）。

（4）发展效益评价：位居前5位的依次是中牟县（0.6276、第1位），新郑市（0.5924、第2位），新密市（0.5021、第3位），灵宝市（0.4948、第4位），沁阳市（0.4683、第5位）。

（5）发展潜力活力评价：位居前5位的依次是新郑市（0.9094、第1位），巩义市（0.7641、第2位），新密市（0.7597、第3位），荥阳市（0.7398、第4位），禹州市（0.6455、第5位）。

（6）民生幸福评价：位居前5位的依次是新郑市（0.9351、第1位），荥阳市（0.8526、第2位），巩义市（0.7013、第3位），义马市（0.7001、第4位），新密市（0.6852、第5位）。

（7）农业基础能力评价：位居前5位的依次是滑县（0.8064、第1位），邓州市（0.797、第2位），固始县（0.763、第3位），唐河县（0.7171、第4位），永城市（0.7101、第5位）。

（五）10个省直管县（市）的评价结果

（1）经济发展质量总体评价：位居前5位的依次是巩义市（0.5861、第1位），永城市（0.3827、第2位），汝州市（0.3510、第3位），长垣县（0.3269、第4位），邓州市（0.3092、第5位）。

（2）发展规模水平评价：位居前5位的依次是巩义市（0.6455、第1位），永城市（0.3887、第2位），汝州市（0.3124、第3位），长垣县（0.2358、第4位），兰考县（0.2091、第5位）。

（3）发展结构评价：位居前5位的依次是巩义市（0.6569、第1位），长垣县（0.5748、第2位），汝州市（0.4678、第3位），永城市（0.3275、

表6　10个省直管县（市）2017年评价结果

县　市	综合评价		发展规模水平		发展结构		发展潜力活力		发展效益		民生幸福		农业基础能力	
	得分	排名	得分	排名	得分	排名	得分	排名	得分	排名	得分	排名	得分	排名
巩义市	0.5861	1	0.6455	1	0.6569	1	0.7641	1	0.4453	1	0.7013	1	0.1588	10
永城市	0.3827	2	0.3887	2	0.3275	4	0.4185	2	0.2036	5	0.4124	4	0.7101	4
汝州市	0.351	3	0.3124	3	0.4678	3	0.3358	5	0.2529	2	0.4321	3	0.3693	9
长垣县	0.3269	4	0.2358	4	0.5748	2	0.1933	7	0.1777	7	0.5029	2	0.3994	8
邓州市	0.3092	5	0.1826	6	0.3201	5	0.3927	4	0.1917	6	0.2837	6	0.797	2
固始县	0.2931	6	0.1521	8	0.3035	7	0.4041	3	0.1386	10	0.3126	5	0.763	3
鹿邑县	0.2604	7	0.1654	7	0.3199	6	0.2523	6	0.2425	3	0.229	8	0.5397	5
兰考县	0.2558	8	0.2091	5	0.3021	8	0.1746	8	0.2416	4	0.2695	7	0.4345	7
滑　县	0.2203	9	0.0992	9	0.1933	10	0.1713	9	0.1697	8	0.1855	10	0.8064	1
新蔡县	0.1782	10	0.0582	10	0.2418	9	0.0889	10	0.1451	9	0.2133	9	0.5249	6

第4位)，邓州市（0.3201、第5位)。

(4) 发展效益评价：位居前5位的依次是巩义市（0.4453、第1位)，汝州市（0.2529、第2位)，鹿邑县（0.2425、第3位)，兰考县（0.2416、第4位)，永城市（0.2036、第5位)。

(5) 发展潜力活力评价：位居前5位的依次是巩义市（0.7641、第1位)，永城市（0.4185、第2位)，固始县（0.4041、第3位)，邓州市（0.3927、第4位)，汝州市（0.3358、第5位)。

(6) 民生幸福评价：位居前5位的依次是巩义市（0.7013、第1位)，长垣县（0.5029、第2位)，汝州市（0.4321、第3位)，永城市（0.4124、第4位)，固始县（0.3126、第5位)。

(7) 农业基础能力评价：位居前5位的依次是滑县（0.8064、第1位)，邓州市（0.7970、第2位)，固始县（0.7630、第3位)，永城市（0.7101、第4位)，鹿邑县（0.5397、第5位)。

三　结论与反思

通过对河南105个县域经济，即纳入中心城市组团发展范围的县（市）55个、基础条件比较好（人均地区生产总值2.5万元以上）的县（市）17个、农区县33个三大分类，以及10个省直管县等进行各类指标评价的多视角比较，可以发现河南县域经济发展分化较为严重，其中既有资源禀赋条件的客观性原因，也有战略布局谋篇的主观性原因；既源于对历史机遇的及时把握，也源于对基础发展平台的不懈构建。应依据“创新、协调、绿色、开放、共享”发展理念的指导，借力河南发展重大战略、深度融入城市集群产业链、发挥县域经济特色与竞争优势、打造县域经济发展平台和品牌，形成利益均衡发展机制，持续追求高质量发展。

（一）县域经济发展不平衡性问题突出

依据县域经济发展的理论基础、发展质量评价指标体系框架和评价方法比较选择可知，体现在规模发展水平、结构发展档次、潜力活力打造、效益发展层次、民生幸福程度，以及农业综合发展能力等方面的河南县域经济发展质量，源于资源、经济、社会、环境等诸多领域的主客观影响，因此河南县域经济发展差距明显，空间地域发展分化问题突出。在105个县域经济发展总体之间，55个纳入中心城市组团发展范围的各县域经济之间、17个基础条件比较好的各县域经济之间、33个农区县域经济之间；10个省级直管的县域经济之间，以及各个类别层级之间，等等，均存在空间地域性差异和非均衡性发展。一是河南县域经济总体发展水平之间差异明显。105个县（市）的总体发展绩效指数最大值0.7853，是最小值0.1147的6.85倍。其中，1%分位数［即河南105个县（市）的分析对象数据，按照由小到大排序，该分位数大约在1%的位置上；分位数的内涵以下同］为0.1251，是县域发展总绩效指数平均值0.2701的46.3%；5%分位数为0.1534，是平均值的56.8%；95%分位数为0.5083，是平均值的1.88倍；99%分位数为0.6294，是平均值的2.33倍。二是河南县域经济发展规模水平之间差异明显。105个县（市）的发展规模水平指数最大值0.9999，是最小值0.0232的43.1倍。其中，1%分位数为0.0187，是县域发展规模水平指数平均值0.1949的9.6%；5%分位数为0.0469，是平均值的24.1%；95%分位数为0.5211，是平均值的2.67倍；99%分位数为0.6974，是平均值的3.58倍。三是河南县域经济发展结构水平之间差异明显。105个县（市）的发展结构水平指数最大值0.8218，是最小值0.1513的5.43倍。其中，1%分位数为0.1685，是县域发展结构水平指数平均值0.3460的48.7%；5%分位数为0.1933，是平均值的55.9%；95%分位数为0.5695，是平均值的1.65倍；99%分位数为0.6569，是平均值的1.899倍。四是河南县域经济发展活力水平之间差异明显。105个县（市）的发展活力水平指数最大值0.9094，最小值是0.0001。其中，1%分位数为0.0255，是县域发展活力指数平均值0.2164的11.8%；5%分位数为0.0282，是平均值的13%；95%分位数为0.6104，是平均值的2.82倍；99%分位数为0.7641，是平均值的3.53倍。五是河南县域经济发展效益水平之间差异明显。105个县（市）的发展效益水平指数最大值0.6276，是最小值0.0475的13.21倍。其中，1%分位数为0.0768，是县域发展效益水平指数平均值0.2449的31.36%；5%分位数为0.1278，是平均值的52.18%；95%分位数为0.4673，是平均值的1.91倍；99%分位数为0.5924，是平均值的2.42倍。六是河南县域经济民生发展水平之间差异明显。105个县（市）的民生发展水平指数最大值0.9351，是最小值0.1195的7.83倍。其中，1%分位数为0.1216，是县域民生发展水平指数平均值0.3301的36.8%；5%分位数为0.1447，是平均值的43.8%；95%分位数为0.6839，是平均值的2.07倍；99%分位数为0.8526，是平均值的2.58倍。七是河南县域经济农业发展综合水平之间差异明显。105个县（市）的农业发展水平指数最大值0.8064，最小值为0。其中，1%分位数为0.1378，是县域农业发展综合水平指数平均值0.3698的37.26%；5%分位数为0.1668，是平均值的45.1%；95%分位数为0.6171，是平均值的1.67倍；99%分位数为0.7970，是平均值的2.16倍。

（二）县域经济发展分化原因复杂

影响县域经济发展分化的原因多种多样，复杂交织。既有周期性发展环境条件的制约，也有微观典型化动因；既存在结构性约束，也在于主观性战略谋划。

首先，部分县域经济发展过分依托经济周期，经济结构调整缓慢。一是传统产业比重较高的部分县域经济，发展质量指数滑落幅度较大，发展态势不尽理想，主要原因在于过分依赖经济周期变化。国家的“去产能”“去库存”转型战略减少了钢铁、水泥等传统领域中的过剩产能，关停并转了技术落后的小企业，缓解了供需矛盾，改善了部分大企业的经营效益，但市场机制推高相关领域的产品价格，只是局部性暂时性的，传统行业领域的产业升级需要长期持续地在增量变动上做出不懈的努力，全力发现新兴产业发展的促进路径，以持续推进产业结构调整升级。二是部分县域经济发展质量水平排名靠后，在一定程度上与其资源开发型的发展模式有关。在中国乃至全球经济处于经济周期下行阶段，加上对生态环境保护要求的普遍提升，市场对资源的需求减少，导致资源类产品的市场交易量价齐跌；生态环境保护加强，又提升了资源开发成本，导致单纯依靠资源开发县域的经济发展大受影响。三是部分县域经济受河南重大发展战略布局的惠泽，积极承接产业转移，更多依靠创新驱动，摆脱依靠外来投资实现经济增长模式，受经济周期影响较小，经济快速增长，发展质量水平指数位次较为靠前。

其次，县域经济发展分化背后的典型化微观动因。根据本评价所采用的指标体系，依据经济增长理论，可以发现：交通基础设施、人口红利和人力资源储备、产业与人才组合水平、优质企业平台支撑、行政运转效率等共同构成县域经济发展差距的典型化约束。一是部分县域经济的交通禀赋条件先天优厚。完善与便利的交通运输条件决定着经济发展要素的流动与吸纳水平。有限的交通网络基础不足以联动县域经济发展的繁荣，成为县域经济发展分化的重要基础元素。二是部分县域经济的人口红利巨大，人力资源储备雄厚。人口红利意味着劳动年龄人口占比较大、抚养率较低，意味着县域财富创造的人口源泉雄厚。而熟悉相关技术、具备专业技术能力的专业技术人员储备、吸纳和利用，会支持相关产业发展壮大，产生县域经济的链接式发展效应。三是部分县域经济具备产业优势与人才吸纳积淀基础。根据 OECD 的经济—人口份额比（目标县域 GDP 占全省 105 个县域经济的比重/目标县域常住人口占全省 105 个县域经济的比重）指标，比值越高意味着目标县域经济的产业优势越明显，人才吸引力越强，并成为县域经济发展差距的重要源泉。四是部分县域经济优质大型企业空间地域集中优势明显，产业基础积淀深厚。鉴于优质大型企业或处于产业链高端，或存在规模效应，或具有明显的资金优势，或蕴含着技术发展潜能，资源整合和要素集成创新能力较强，成为县域经济发展差距的重要引擎。五是部分县域经济具有政府行政效率优势。行政效率意味着基于成本—效益分析的运转效率和服务公正，意味着以尽可能小的行政资源耗费获取最大的县域经济发展的社会和经济效益，也意味着县域经济发展质量水平的助推提升。

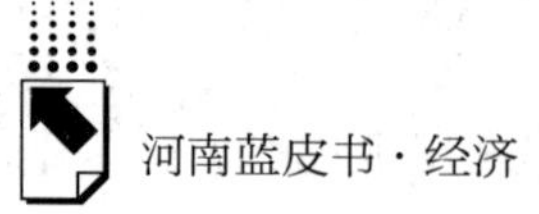

（三）县域经济发展质量提升的思路与关键抓手

第一，多方借力河南发展的重大战略布局。近年来，国家制定了一些涉及或针对河南的重大发展战略。这些国家级的河南发展重大战略对于县域经济发展都是重大利好、机遇和载体。一是县域经济发展要深入理解领会重大战略，把国家级的河南发展战略的目标指向和战略红利吃准吃透，为借力发展战略促进县域经济发展奠定意识基础。二是全面梳理弄清重大发展战略，把国家级的河南发展战略的核心层面、能切实促进县域经济发展的有利层面探寻出来，千方百计落到实处。三是积极对接融入重大发展战略，把国家级的河南发展战略与县域经济自身的实际条件与特点特色相结合，找到融合点切入点。四是渐进式地深度融入重大发展战略，千方百计靠拢国家级的河南发展重大战略，积极争取相关试点和一些重大工程和项目安排，努力使县域经济成为国家重大战略覆盖的重要部分。五是有效拓展重大发展战略，要举一反三，借机延伸国家级的河南发展战略，创新实现路径与运作机制，趁势拓展重大政策，延伸重要工程，连接重大项目，有效拓展。

第二，积极发掘县域经济发展的不竭动力。一是始终把握用好政府和市场“两大基础引擎”，催生县域经济发展新动力。二是力促“三驾马车”协同发力，充分发挥投资引擎在县域经济跨越发展的关键引领功能。坚持招商引资项目和民生实事“两手抓”。三是持续打造引领县域经济发展的“双创引擎”。以企业负担减轻为抓手，以企业效率提升为目标，深入推进县域经济层面的减负松绑，坚持“放管服”改革，完善“双创”平台。要结合县域经济发展的实际和战略目标要求，完善投资项目网上联合审批平台。四是加快融入城市集群发展步伐，提升县域经济发展的资源要素供给保障度与产业产品需求空间。基于城市集群的城市化依然是当前经济社会发展的主要驱动力，是县域经济发展的资源保障、要素获得和市场开拓的重要范式。要明确县域经济层面的各类特色小城镇的功能定位、特色产业发展目标，推进县域经济特色发展，培育县域经济发展优势。

第三，全力打造县域经济快速发展的先导功能基础平台。助推财富创造的先导功能基础平台是县域经济发展的基础支撑、辐射根基，是县域经济获得资源要素、争取政策支持和拓展创新的重要载体。纵观经济发展历程，县域经济快速发展的地区，很大程度上得益于先导功能基础平台的建立，并成为改革创新的策源地和大本营，既包括各类各级经济改革开放试验区，也包括各类各级创新创业中心和实验中心等多种类型。县域经济要抓住先行功能基础平台打造的关键环节，依托平台进行领先超前试验，努力契合县域经济发展的比较优势，匹配县域经济发展质量提升。

第四，全面实施县域经济比较优势得以发挥的品牌引领工程。县域经济品牌效应是市场开拓、信用培育、竞争力提升、效率与效益实现的强力引擎。要把县域经济品牌工程作为需求侧与供给侧的联结枢纽，以县域经济比较优势得以发挥为基础，将生产、管理、运营、创新等系列环节统筹到价值链系统工程中。要结合国家品牌战略，着力以质量提升为引领，把县域经济品牌建设作为推进供给侧结构性改革的重心，立足于攻克薄弱环节，推进生产销售、市场信用、监管体系等各方面建设的全链条联动，着力培育具有国内外影响力的县域名牌产品，整体提升县域经济的产业发展水平和产品、服务的附加值。

第五，持续探索完善县域经济发展模式转型创新的利益保障机制。县域经济发展差距既源于产业产品技术竞争，也源于体制机制竞争。县域经济发展竞争的实质源于创新能力源泉的持续不懈培育，既包括微观发展机制的构建，也包括宏观发展范式的形成等；既可以促进传统产业转型新生，又可以培育发展新兴产业。要构建促进发展模式转型和创新的利益平衡机制，实现服从国家统一空间布局和体现县域经济自身特殊发展要求的有机结合。要激发各类市场主体活力和内在动力，构建推动高质量发展的微观基础。要探索发展混合所有制经济，提高资源配置效率和竞争力。要大力支持民营企业发展，切实落实保护产权政策，依法甄别纠正社会反映强烈的民营经济纠纷案件，提升民营企业发展的市场信心与环境预期。

参考文献

李京文：《快速发展中的中国经济：热点对策展望》，社会科学文献出版社，1996。

任保平：《以质量看待增长：对新中国经济增长质量的评价与反思》，中国经济出版社，2010。

武义青：《经济增长质量的度量方法及其应用》，《管理现代化》1995 年第 10 期。

郭克莎：《论经济增长的速度与质量》，《经济研究》1996 年第 1 期。

钟学义等：《增长方式转变与增长质量提高》，经济管理出版社，2001。

毛海波：《浅谈经济增长质量的内涵》，《企业导报》2009 年第 4 期。

单薇：《基于熵的经济增长质量综合评价》，《数学的实践与认识》2003 年第 10 期。

李俊霖、叶宗裕：《中国经济增长质量的综合评价》，《税务与经济》2009 年第 7 期。

毛燕玲、肖教燎、傅春：《中部 6 市经济增长质量的综合比较》，《统计与决策》2008 年第 5 期。

王文彬、王雅华：《中部地区 6 省经济增长质量的评价与分析》，《价值工程》2009 年第 4 期。

河南省发改委：《关于发布 2014 年度产业集聚区考核综合排序的通知》（豫集聚办〔2016〕1 号），河南省发改委豫集聚办，2016 年 5 月 4 日。

分析预测篇

Analysis and Forecast

B.4 2017~2018年河南农业农村发展形势分析与展望

陈明星*

摘　要： 2017年，河南农业农村发展呈现总体平稳、稳中有进、稳中提质的良好态势，主要农产品产量稳定增长，农业结构优化升级加快，农民收入持续增长，农村改革全面深化，农业农村发展步入新阶段。但同时也面临着效率效益不高、生产结构不优、市场竞争力不强、城乡发展不平衡等突出问题。2018年，尽管各种传统和非传统挑战叠加凸显，但有利条件也在逐步累积，全省农业农村发展整体将呈现“稳增产、扩增收、提质效、促融合”走势，农产品生产将总体保持稳定，农业结构将持续优化，农民收入将延续增长态势，城乡融合

* 陈明星，河南省社会科学院农村发展研究所副所长、研究员。

将进一步加速。

关键词： 河南　农业农村　农业现代化

2017 年，河南农业农村发展总体平稳、稳中有进、稳中提质，呈现向好发展态势。粮食综合生产能力稳定提高，主要农产品产量稳定增长，“四优四化”建设成效初显，第一产业增加值比重首次下降至 10% 以下，常住人口城镇化率首次突破 50%，农业发展步入新阶段。农村改革全面深化，城乡一体化步伐加快，基层基础更加稳固，为积极实施乡村振兴战略奠定了坚实基础。

一　2017年河南农业农村发展形势分析

（一）主要农产品生产保持稳定增长，粮食综合生产能力稳定提高

2017 年，全省粮食总产量 1194.64 亿斤，占全国粮食总产量的 9.67%，比上年增产 5.32 亿斤，增长 0.4%，为历史第二高产年份，连续 7 年稳定在 1100 亿斤以上。粮食增产主要得益于单产提高，2017 年全省粮食播种面积为 1.52 亿亩，比上年减少 196 万亩，下降 1.3%；全省粮食平均亩产为 392.9 公斤，比上年增加 7.5 公斤，增长 1.9%。其中，夏粮总产量 710.80 亿斤，比上年增产 15.44 亿斤；秋粮总产量 483.84 亿斤，比上年减产 10.12 亿斤。截至 2017 年 11 月底，全省新建高标准粮田 510 万亩，累计建成高标准粮田 5867 万亩，粮食综合生产能力新增 150 亿斤，达到 1250 亿斤。

主要畜产品产量整体稳定增长，但增速同比略有下降。2017 年，全省猪牛羊禽肉总产量 655.90 万吨，同比增长 3.4%，其中，猪肉产量 466.9 万吨，同比增长 3.6%；牛肉产量 35 万吨，同比增长 0.5%；羊肉产量 26.1

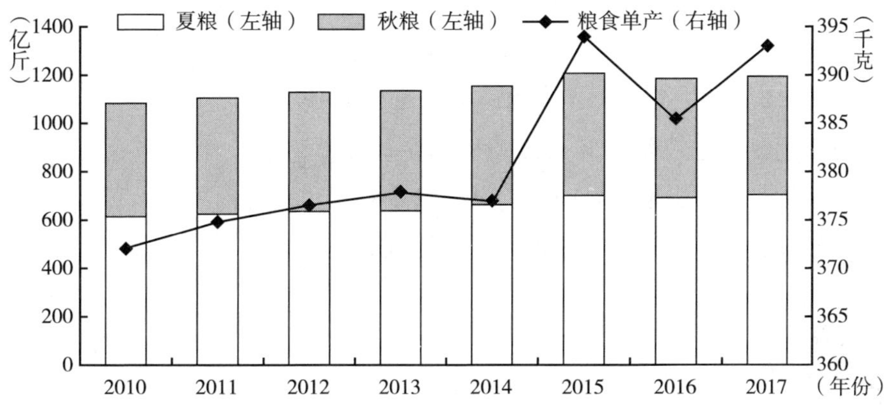

图 1　2010 年以来河南粮食产量变动情况

万吨，同比下降 1.3%。禽蛋产量 422.80 万吨，增长 0.1%。牛奶产量 310.5 万吨，同比下降 5%。生猪出栏 6220 万头，增长 3.6%；生猪存栏 4390 万头，增长 2.5%。

（二）农业结构优化升级加快，农业发展步入新阶段

“四优四化”建设成效初显，供给质量显著提升。优质专用小麦、优质花生、优质林果种植面积分别达到 840 万亩、1909 万亩、1259 万亩，优质草畜新增肉牛 26.9 万头、奶牛 5.4 万头。培育农业产业化集群 542 个，规模以上农产品加工企业达到 7900 多家，实现营业收入 2.45 万亿元，占全国的 11.6%，营业收入、利润总额和税金总额均占全省规模以上工业企业的 1/3，“三品一标”产品达到 3597 个，农产品质量安全检测合格率保持在 97% 以上。休闲农业和乡村旅游蓬勃发展，全省休闲农业经营主体达到 16181 个，实现营业收入 153.98 亿元，从业人数 34.32 万人。全省新型农业经营主体总量超过 24.2 万个，其中农民合作社达到 15.7 万家、家庭农场 3.7 万家、专业大户 4.3 万家。全省农村土地流转面积 3853 万亩，占家庭承包耕地面积的 38.5%；托管土地面积 2007 万亩，占家庭承包耕地面积的 20.1%。

2017年全省第一产业增加值4339.49亿元，增长4.3%，增速高于全国平均水平0.4个百分点；第一产业增加值占生产总值比重首次降至10%以下，为9.6%，比上年下降1个百分点，进入10%拐点以下的时代。这意味着河南农业发展进入新的转折点，根据全球发展经验，第一产业占比低于10%，往往意味着大量农村劳动力从农村中转移出来，而农业发展尤其是种养大户和家庭农场将获得更大的支持力度和强度。

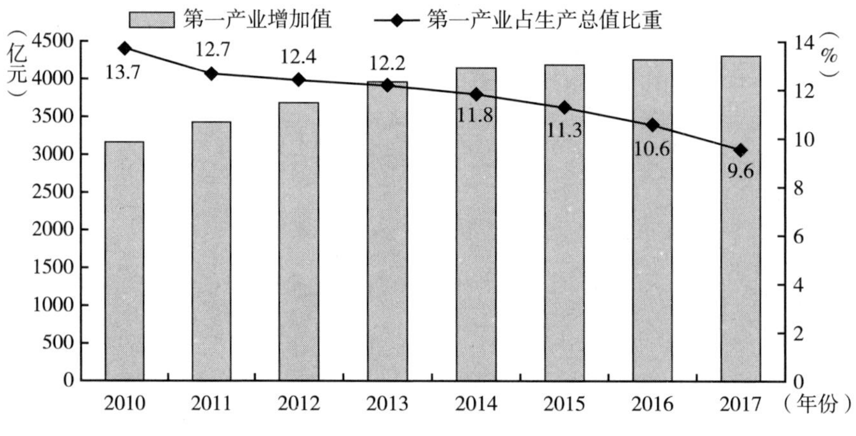

图2　河南第一产业增加值及其占比情况

（三）农产品价格呈分化走势，农资价格总体平稳

2017年，全省居民消费价格比上年上涨1.4%，涨幅同比回落0.5个百分点。其中，受食品需求增加、加工带动，粮食价格上涨2.0%，且优质优价态势更趋明显，2017年优质专用小麦平均出售价格为2.52元/公斤，比普通麦子高出0.18元/公斤，高7.7%，并且普遍反映供不应求、销路好；畜禽价格整体先下降后上升，畜肉价格下降7.8%，伴随蛋鸡产能调整，鸡蛋价格先降后涨，但同比仍下降7.6%；受种植面积增加、全年气象条件好等多重因素影响，鲜菜价格走弱，比上年下降10.0%；鲜果价格稳中有升，上涨2%。受原料成本和环保成本上升影响，农资、农用柴油价格下半年起全面上涨，2017年下半年农用柴油价格累计上涨13%，12月国产尿素价格

同比涨34%、农业生产资料价格总指数上涨2.2%，但从全年来看农资价格总体平稳，农业生产资料价格总指数微降0.3%。

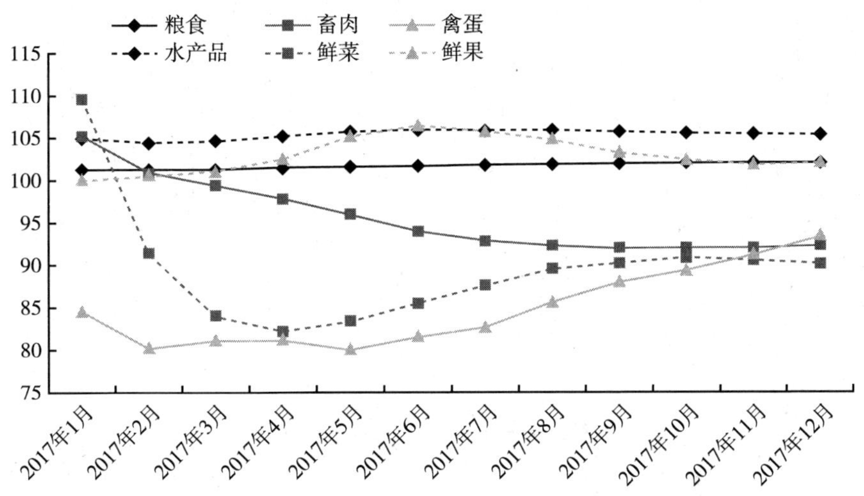

图3　2017年河南省居民消费价格指数变动情况（分月累计）

（四）农民收入持续增长，脱贫攻坚蹄疾步稳

2017年，全省农村居民人均可支配收入12719.18元，比上年名义增长8.7%，分别高于GDP增速和城镇居民人均可支配收入增速0.9个和0.2个百分点，继续保持“两个高于”态势，城乡收入倍差缩小至2.32∶1，低于全国的2.71∶1。农民人均可支配收入名义增速比上年提高0.9个百分点，略高于全国0.1个百分点，增速在全国的位次由上年的第24位上升至第17位，但收入水平仍低于全国平均水平，仅相当于全国平均水平的94.7%，居全国第17位、中部地区第5位。在精准扶贫、精准脱贫方面，扎实开展驻村帮扶，聚焦重点片区、重点县村、重点人群，抓好产业扶贫、易地搬迁等关键环节，推广金融扶贫卢氏模式，强化教育、交通、医疗、水利、电力等专项扶贫，全省贫困发生率下降到2.57%，兰考、滑县脱贫摘帽，沈丘等4县有望脱贫摘帽，累计5514个贫困村退出贫困序列、37.3万贫困群众搬出深石山区。

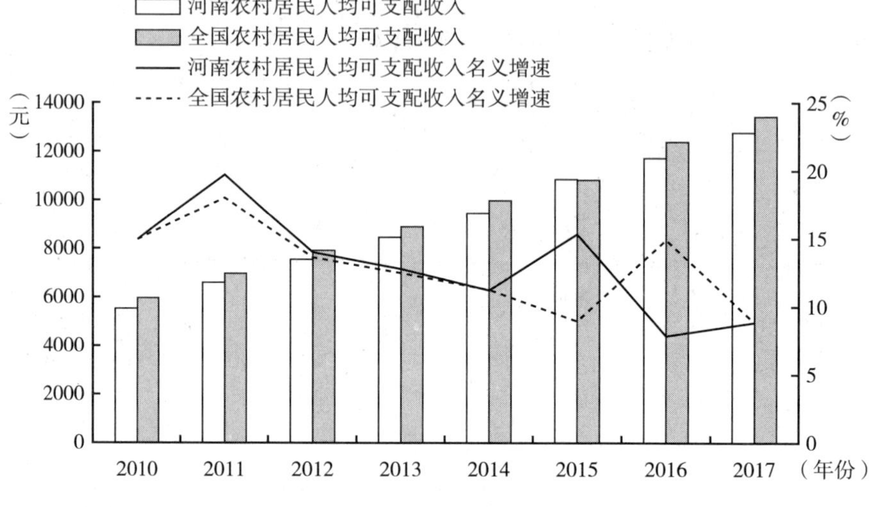

图4　河南农村居民人均可支配收入及其名义增速与全国对比

（五）农村改革全面深化，城乡一体化步伐加快

农村土地承包经营权确权登记颁证工作基本完成，农村集体产权制度改革稳步推进，新型农业经营主体达到24.7万个，129家县级农信社完成改制或达到组建标准，兰考普惠金融改革试验区建设、卢氏金融扶贫成效明显。农村土地承包经营权确权登记颁证基本完成，集体经营性建设用地入市、农村承包土地经营权和农民住房财产权抵押贷款国家试点顺利推进。社会保障体系不断完善，农村社会事业全面发展，基本公共服务得到加强，实现城乡居民大病保险全覆盖和省级统筹，在全国率先建立困难群众大病补充医疗保险制度，开通跨省异地就医即时结算，居民基本医疗保险实现城乡统一、参保率稳定在95%以上。预计全省累计580万农村贫困人口脱贫，国家级贫困县兰考、滑县实现脱贫摘帽，全省农民收入增速连年高于城镇居民。“四好农村路”建设积极推进，全省农村公路里程达23万公里。完成新一轮农网改造升级，存量“低电压”问题全面解决，实现城乡各类用电全面同价。农田水利、信息等基础设施建设全面提速，人居环境明显改善。

常住人口城镇化率首次突破50%，达到50.16%，比上年末提高1.66个百分点。

二 2018年河南农业农村发展形势展望

随着农业农村发展进入新的阶段，河南农业农村发展既面临着独特优势条件的难得的战略机遇，又面临着一系列亟待破解的发展难题。2018年是贯彻党的十九大精神的开局之年，是改革开放40周年，是实施“十三五”规划承上启下的关键一年，也是决胜全面建成小康社会、开启新时代河南全面建设社会主义现代化新征程的重要一年。尽管各种传统和非传统挑战叠加凸显，但有利条件也在逐步累积，全省农业农村发展仍将赢得较大的提升空间，整体将呈现“稳增产、扩增收、提质效、促融合”的态势，为河南积极实施乡村振兴战略、建设现代农业强省奠定坚实基础。

（一）主要问题

1. 效率效益不高

目前，全省农业从业人员比重仍接近40%，低于全国10个百分点，农业劳动生产率只相当于全国平均水平的一半。全省常年农作物播种面积2.1亿亩左右，其中粮食作物1.5亿亩，占比70%以上。据调查，2017年全省玉米亩均生产收益仅174.3元，小麦也只有440.7元，而蔬菜、水果等效益较高的农产品较少。农产品精深加工少，产业链条短，产品价值低，品种不优、品质不高、品牌不响的问题明显。同时，过去千方百计扩大粮食种植面积，一些地方粮林争地、粮水争地、粮草争地，甚至毁湿种粮、毁林种粮、毁牧种粮的问题突出，严重影响和破坏了生态平衡。

2. 生产结构不优

全省农产品产量大但优质产品少，种养业结构与市场需求不匹配，以粮食主导产品小麦为例，虽然产量位居全国第一，占全国总产量的1/4，但市场需求量大的强筋、弱筋小麦只有10%左右，面粉中80%是卖不上价的普

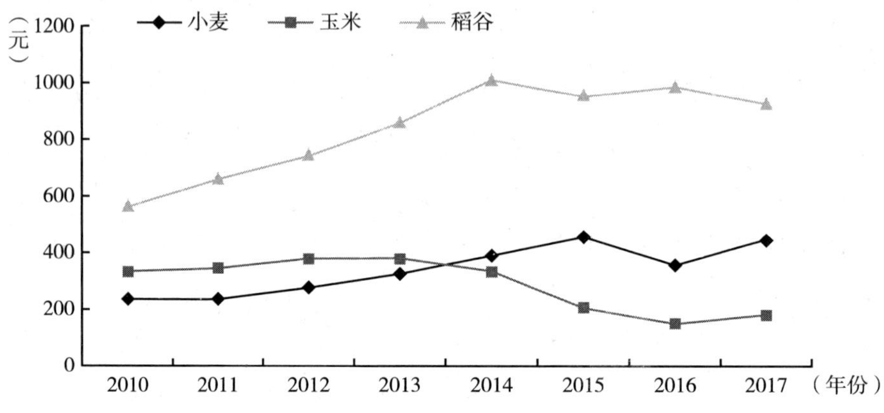

图5　2010年以来河南主要农作物亩均收益情况

数据来源：根据河南统计网整理。

通粉。农产品加工业体量大但精深加工少，农产品加工业产业链条短、附加值低、同质化等问题突出，大路产品多、低档产品多、原料产品多，农产品加工转化率只有67%，农产品精深加工占比仅为20%。

3. 市场竞争力不强

河南农户数量多、人均资源少、地域分布不平衡，全省乡村户数占全国总农户的9.1%，耕地面积只占全国总耕地的6%，人均耕地面积仅为全国平均水平的87%，农业规模化、集约化、组织化程度不高，分散生产、分散买卖的小农户与融入现代产业链条、分享产业链增值收益的矛盾尤其突出，在市场竞争中往往处于被动地位，抵御市场风险能力不强。全省农产品加工企业呈现“大群体、小规模”特征，产业集中度不高，规模以下企业数量占80%左右；除速冻食品、个别肉食品外，其他农产品和加工产品几乎没有进入全国农业品牌前列，注册的农产品地理标志商标仅有82个，而山东省超过600个。

4. 城乡发展不平衡

随着工业化城镇化的快速推进，以工补农、以城带乡的能力不断增强，城镇化发展体制机制和农村改革不断深化，推动城乡融合发展的条件逐步具备，但城乡发展不平衡的问题依然突出，阻碍城乡之间资源要素优化配置、合理流动的体制机制障碍依然较多。农民收入只相当于城镇居民收入的43%，扣除生产性支出，农民消费水平更低；农民务工环境趋紧，农村新产业新业态发展不足，农民持续增收压力较大。农业资源约束和环境压力加大，农村生产生活条件、基本公共服务与城市反差较大，农村空心化、农业兼业化、农民老龄化趋势凸显，关键农时缺人手、现代农业缺人才、农村建设缺人力问题比较普遍，农村文化生活单一，部分农民道德滑坡、法制意识淡薄，一些地方盲目攀比、铺张浪费等不良风气依然存在，乡村治理难度加大。

（二）有利因素

1. 乡村振兴战略提供了后发赶超的历史机遇

党的十九大提出实施乡村振兴战略，这是新时代"三农"工作的总抓手，2018年中央"一号文件"专门就实施乡村振兴战略进行全面部署。作为传统农业大省，当前河南正处于工业化、城镇化加速推进的阶段，既面临跨越发展的重大机遇，也面临粮食增产难度加大、产业结构不合理、城镇化发展滞后等挑战和问题，乡村振兴战略将为河南加快建设现代农业强省、助推中原更加出彩提供后发赶超的历史机遇。一是通过坚持农业农村优先发展，并通过一系列战略规划、重大工程、重大计划、重大行动等，加快补齐农业农村短板；二是通过坚持城乡融合发展，推动"四化同步"，塑造新型工农城乡关系；三是通过坚持人与自然和谐共生，加快推进绿色发展；四是通过坚持乡村全面振兴，加快推动农业全面升级、农村全面进步、农民全面发展，加快实现更高质量更可持续的农业农村现代化。

2. 社会主要矛盾转化提供了高质量发展的战略契机

十九大报告指出，当前我国社会主要矛盾已经转化为人民日益增长的美好生活需要和不平衡不充分的发展之间的矛盾。其中，美好生活需要不仅包括物质层面和精神文化层面的，还包括生态层面的，不仅包括最基本的食品数量安全、质量安全，还包括对良好生产生活环境、更多优质生态产品的优美生态环境需要，以及对民主、法治、公平、正义等方面的诉求。社会主要矛盾的深刻转变，将有力推动农业发展由增产导向转向提质导向，推动农业农村绿色发展和乡村治理现代化水平的提升，从而为推动农业农村高质量发展提供了战略契机。

3. 现代科技应用提供了农业农村转型升级的现实可能

当前，新科技革命和工业革命蓬勃兴起，互联网思维全面渗透，大数据、云计算、物联网、人工智能等新技术应用方兴未艾，第一、第二、第三产业界限日趋模糊。顺应产业演进的根本趋势，产业转移不断深化，价值升级和载体升级不断加快，制造业与服务业、工业化与信息化深度融合，新的生产模式和产业形态不断涌现。尤其是由互联网带来的商业模式的革命性发展，众筹等新的业态已渗透到农业等传统领域，正在深刻改变农业生产、经营、流通和产业组织形式。如果能进一步抓住科技革命、产业革命和产业转移的机遇，不仅能提高农业发展的质量和效益、促进产业融合发展，而且能改善农民生产生活条件、提高农民现代文明素质、提升乡村治理能力，从而抢占加快乡村振兴、建设现代农业强省的先机和制高点，为农业农村转型升级提供现实可能。

4. 农村改革全面深化提供了激发新动能的内生动力

改革是乡村振兴的法宝。2018 年迎来农村改革开放 40 年，站在新的历史起点上，全面深化农村改革将进一步向纵深推进。尤其是包括耕地和宅基地在内的农村土地制度改革，以及农村集体产权制度改革等，将迈出实质性的突破。在工业化、城镇化深入发展的背景下，针对工农、城乡发展明显失衡的城乡二元体制，既解决一时之弊，更着眼长远发展，激发强劲的市场活力和改革发展的内生动力，从根本上破解过去体制不顺、机制不活等顽疾，着力建立健全城乡融合的体制机制和政策体系，强化城乡统筹联动，推动城乡要素平等交换和公共资源均衡配置，赋予农民更多财产权利，使农民平等参与现代化进程、更多更公平地享受改革发展成果，真正让农村资源要素活起来、让广大农民积极性和创造性迸发出来、让全社会支农助农兴农力量汇聚起来，从而全面激发激活乡村振兴新动能。

（三）态势展望

1. 农产品生产将总体保持稳定

随着“藏粮于地、藏粮于技”战略的落实，粮食生产功能区和重要农产品生产保护区的划定，以及河南粮食生产核心区建设等综合措施的持续推进，全省粮食综合生产能力将持续提升。高标准粮田建设将持续推进，高效节水灌溉面积将新增130万亩，全省夏粮单产仍有提升空间，秋粮在没有极端气候变化和重大自然灾害的情况下有望实现同比大幅增产，其他主要农产品产量将总体上保持稳定。

2. 农业将持续优化升级

随着农业供给侧结构性改革的深化，“四优四化”将持续推进，高效种养业和绿色食品业将得到大力发展，全年优质专用小麦、优质花生、优质林果将分别达到1200万亩、2200万亩、1300万亩以上，优质草畜将新增肉牛20万头、奶牛5万头，粮油深加工和主食产业化将进一步发展，农村第一、第二、第三产业融合发展将进一步加速。

3. 农民收入将延续增长态势

随着“三区一群”等国家战略规划的深入实施，新型农业经营主体和新型职业农民的加快培育，以及多种形式适度规模经营、返乡下乡创业的推进，小农户和大生产、大市场的衔接将越来越紧密，农民增收的动力和渠道将更加稳定，预计全年农民人均纯收入增速将达8%左右，达到13700元左右。脱贫攻坚将更聚焦全省4个深度贫困县和1235个深度贫困村等深度贫困地区，农村改革红利将持续释放，转移净收入和财产净收入将成为潜力增长点，全年将稳定脱贫110万人、易地搬迁安置6.29万人。

4. 城乡融合将进一步加速

农村改革将继续深化，通过“资源变资产、资金变股金、农民变股东”，将进一步盘活农村资源。农村社会事业和公共服务水平将进一步发展，社会保障体系将进一步健全。农村人居环境将持续改善，农村“厕所革命”、生活垃圾处理、污水处理和村容村貌美化将进一步加速。“四好农村路”建设将稳步推进，全年将新建和改造农村公路5000公里以上。

三　积极实施乡村振兴战略加快建设现代农业强省的建议

面对农业农村发展的战略机遇和严峻挑战，需要抢抓机遇、乘势而上，加强规划引领，突出提质导向，推动农业农村优先发展、创新发展、绿色发展，高起点、高质量实施乡村振兴战略，扎实推进现代农业强省建设。

（一）强化规划引领，重塑新型城乡文明

实施乡村振兴战略是一项长期的历史性任务，要有足够的历史定力和发展耐心，科学规划、注重质量、从容建设。与之相对应，乡村振兴要强化规划引领、规划先行，坚持“有所为，有所不为”，坚持城乡融合、一体设计、多规合一，尊重村庄发展规律和个体差异，有序开展建设，不盲目追求速度，坚决防止大拆大建，更不能刮风搞运动。要将农业和农村作为整体考虑，推动乡村经济、社会、政治、文化、生态文明等多维度全方位的全面发展，深化城乡融合，通过资源要素融合、产业空间重构，实现城乡文明共存共荣、和谐共生，构建工农互促、城乡互补、全面融合、共同繁荣的新型工农城乡关系。

（二）强化提质导向，推进农业农村高质量发展

一是深化农业供给侧结构性改革，强化市场导向，让市场引领生产，减少无效供给。二是支持农村第一、第二、第三次产业融合发展，推动产加销一体化，大力培育农业产业化联合体，大力发展农产品冷链物流体系和农村电子商务，积极培育“互联网+”等新产业新业态新模式。三是支持农业高质量发展，支持粮食生产功能区和重要农产品生产保护区建设，推动特色农产品优势区创建，建设现代农业产业园、农业科技园，加强农业投入品和

农产品质量安全追溯体系建设，推动农业品牌创建，推进标准完善和协同管理，着力打造区域品牌、企业品牌、产品品牌。四是支持新型农业经营主体培育，完善财政贴息、奖补等方式，大力支持新型农业经营主体发展，着力完善利益联结机制，提升带富能力，积极支持农民创新创业。

（三）强化绿色发展，转变农业农村发展方式

一是推进农业生产布局优化，在资源匮乏、生态脆弱、环境污染严重地区，支持开展退耕休耕轮作，减少低效产能、有害产能、过剩产能，形成水土资源、环境承载和农业生产协调配合的空间格局。二是完善农业绿色补贴机制，完善农业支持保护制度，实施以绿色生态为导向的农业补贴政策，积极引导生产者推广投入品减量化、生产过程清洁化、废弃物利用资源化模式。三是建立健全市场化多元化生态补偿机制，支持农业农村生态环境保护，坚持节约优先、保护优先、自然恢复为主，形成节约资源和保护环境的空间格局、产业结构、生产方式、生活方式。四是加强农村人居环境整治，聚焦农村生活垃圾处理、生活污水治理、村容村貌提升、“厕所革命”等，持续改善人居环境。五是构建乡村绿色发展体系，推进农业农村绿色发展，实现农业可持续生产、农村生态宜居美丽。

（四）强化创新驱动，培育农业农村发展新动能

一是强化科技创新驱动，加强农业农村信息化及科技进步与推广，建设农业农村科技服务云平台，推进农业农村科技协同创新联盟建设，大力发展数字农业、智慧农业。二是强化发展模式创新驱动，积极发展新产业、新业态、新模式，因地制宜探索农业农村现代化新路径。三是强化改革创新驱动，在城乡改革联动互促中全面深化农村改革，建立健全城乡统一的生产要素市场，深化农村土地制度改革、农村集体产权制度改革，发展壮大农村集体经济，积极稳妥推进农地流转、发展农业适度规模经营。四是强化治理创新驱动，积极优化现代乡村治理主体，创新现代乡村治理方式，创新现代乡村治理手段，提升乡村治理体系和治理能力现代化水平。

（五）强化优先原则，凝聚乡村振兴强大合力

一是贯彻“四个优先”的具体要求，切实把农业农村优先发展的原则落到实处，将优先发展理念贯穿于有关政策制定实施的全过程。二是加强农业农村基础建设，加强农田水利建设和高标准粮田建设，加强农业绿色生态、提质增效技术研发应用，加强农村基础设施提档升级。三是加快推动公共服务下乡，健全农村基层医疗卫生服务体系，织密兜牢社会保障安全网，推进城乡社会事业和社会保障一体化，推进优质公共服务均衡配置。四是着力形成整体合力，以乡情乡愁为纽带，以激励机制为导向，积极撬动金融和社会资本更多投向乡村振兴，积极引导各类人才、各方面力量更多投身乡村振兴。

参考文献

韩长赋：《积极推进小农户和现代农业发展有机衔接》，《求是》2018 年第 2 期。

韩俊：《农业供给侧结构性改革是乡村振兴战略的重要内容》，《中国经济报告》2017 年第 12 期。

李国祥：《加快推进农业由增产导向转向提质导向》，《经济日报》2018 年 1 月 4 日。

张红宇：《走中国特色社会主义乡村振兴道路》，《学习时报》2018 年 1 月 15 日。

张占仓：《中国农业供给侧结构性改革的若干战略思考》，《中国农村经济》2017 年第 10 期。

《2017 年全省经济运行稳中向好》，河南统计网，2018 年 1 月 20 日，https：//ha. stats. gov. cn。

B.5
2017~2018年河南工业经济运行态势分析与展望

赵西三*

摘　要： 2017 年河南工业呈现稳中有进、稳中向好的总体态势，工业增长继续保持平稳，产业结构继续优化，盈利水平继续提升，企业转型成效明显，质量效益同步提升，整体形势好于预期。2018 年是贯彻党的十九大精神的开局之年，是改革开放 40 周年，河南省工业经济运行面临着良好机遇和有利条件，整体上将呈现“增速平稳、结构优化、转型加速、质量提升”的良好趋势，重点从打造产业开放高端平台、培育制造业创新中心、实施“三大改造”、培育工业互联网平台、弘扬企业家精神等几个方面着力，推动河南工业迈向高质量发展新阶段。

关键词： 工业　转型升级　高质量发展　现代化经济体系　河南

2017 年，面对错综复杂的国内外环境和方兴未艾的新产业革命浪潮，河南深入贯彻落实新发展理念，以供给侧结构性改革为主线，开启转型发展攻坚战，推进“三大改造”，实施重点产业转型发展行动，全省工业发展呈现稳中有进、稳中向好的总体态势，主要指标明显改善，质量效益同步提升，整体形势好于预期。

---

* 赵西三，河南省社会科学院工业经济研究所副所长、副研究员。

一 2017年河南工业经济运行的总体态势

结合统计部门公布的有关数据以及在各地调研掌握的情况进行综合研判，2017 年以来河南工业经济运行继续保持平稳态势，发展质量持续向好。

（一）工业增长继续保持平稳

2017 年河南省实现全部工业增加值 1.88 万亿元，同比增长 7.4%，比 2016 年加快了 0.2 个百分点。规模以上工业增加值同比增长 8.0%，与 2016 年持平，结束了近几年连续下滑走势，高于全国 1.4 个百分点，居全国第 11 位、中部六省第 3 位、五个工业大省第 2 位。2017 年 3 月以来规模以上工业增加值月度累计增速一直在 8.0% 到 8.2% 区间平稳运行，并持续高于 2016 年月度累计增速，工业运行质量明显提升。从调研中也了解到，当前企业家对经济发展趋势普遍较为乐观，对技术改造投资意愿较强。

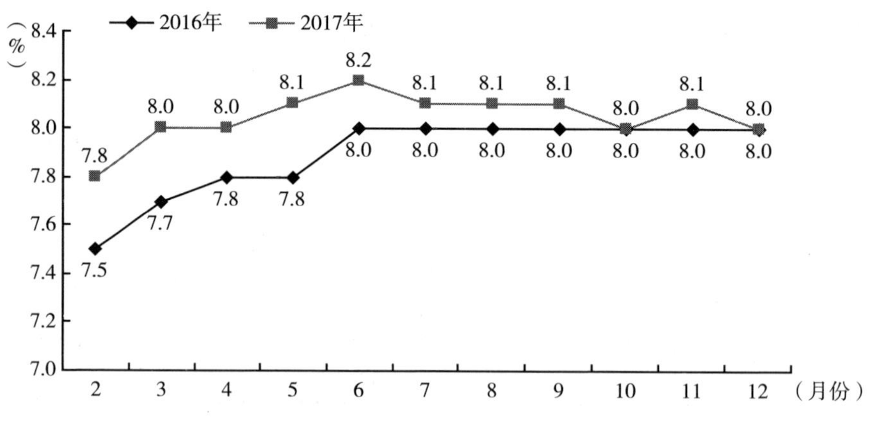

图 1 2017 年河南规模以上工业增加值月度累计同比增速

（二）产业结构优化进展明显

2017 年河南开启转型发展攻坚战，政策引导与消费升级协同带动，竞争加剧和环保倒逼双向施压，河南工业转型升级步伐明显加快。全年五大主导产业规模以上工业增加值同比增长12.1%，比全部规模以上工业增加值增速高4.1个百分点，电子信息、装备制造、汽车及零部件等分别增长16.1%、13.4%、12.6%；战略新兴产业同比增长12.1%，其中高端装备、新一代信息、生物等分别增长16.0%、13.9%、13.2%；高技术产业同比增长16.8%；高耗能产业、传统支柱产业同比分别增长3.2%、2.7%，占比继续下降，工业内部结构持续优化。

表1　2017年河南规模以上工业增加值

单位:%

产业类别	增速	产业类别	增速
主导产业	12.1	战略新兴产业	12.1
1. 电子信息产业	16.1	1. 节能环保	7.4
2. 装备制造业	13.4	2. 新一代信息	13.9
3. 汽车及零部件产业	12.6	3. 生物	13.2
4. 食品产业	11.0	4. 高端装备	16.0
5. 新材料产业	7.3	高耗能产业	3.2
		传统支柱产业	2.7
		高技术产业	16.8

（三）盈利改善延续良好态势

伴随着供给侧结构性改革深化，工业企业在去产能、减成本、调结构方面均取得良好成效，尤其是能源原材料等上游产业产能整合加剧，上游产品价格走高，总体上有利于河南省工业企业经营效益改善。2017年全省规模以上工业企业利润总额5272.37亿元，同比增长8.5%，比上年加快2.1个百分点。延续了2016年工业企业利润回升态势，但与全国规模以上工业企业利润大幅增长21%相比，河南省仍低10个百分点以上。2017年规模以上工业企业主营业务收入80605.7亿元，同比增长9.1%，主营业务收入利润率6.54%，比2016年提高了0.01个百分点。2017年全省工业增值税完成708.1亿元，同比增长19.8%，较上年同期大幅提高21.3个百分点。

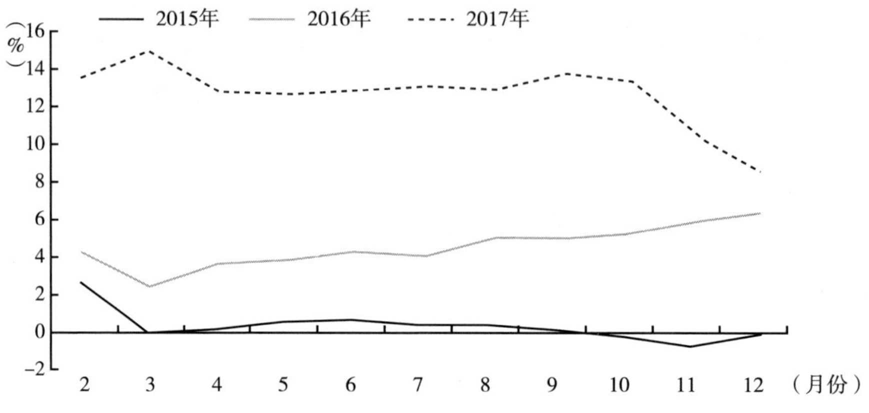

图2　2017年河南规模以上工业企业利润月度累计同比增速

（四）企业转型发展成效明显

2017年初，河南省开启转型发展攻坚战，陆续出台系列政策措施助推企业加快转型发展步伐，工业企业抢抓新一轮科技革命和产业变革的战略机遇，向高端化、绿色化、智能化、融合化转型取得明显成效，先进制造模式加速渗透。森源重工、心连心化肥等5个项目被认定为国家智能制造试点示范项目，轴研科技、多氟多等8个项目被认定为国家智能制造综合标准化与新模式应用项目，郑州宇通客车股份有限公司、中铁工程装备集团有限公司、河南威猛振动设备股份有限公司、卫华集团有限公司4家企业入选我国第二期制造业单项冠军示范企业，许继集团工业设计中心被评为第三批国家工业设计中心，森源重工和鹏鑫化工被评为国家工业品牌示范企业，河南省智能农机创新中心等11个省级制造业创新中心培育单位获批创建。全年实施智能化改造项目478个、总投资539亿元，评定50个省级智能工厂、73个智能车间、36个服务型制造示范企业、12个工业云示范平台、9个制造业“双创”平台，实施机器人“双十百千”示范应用工程，推广应用2820台机器人和2744台数控机床。

表2　河南工业企业入选国家智能制造项目

项目类别	项目名称
2017年智能制造试点示范项目	河南心连心化肥的化肥智能制造
	河南森源重工的混凝土车辆远程运维服务
	中国一拖集团的重型拖拉机智能制造
	河南省大信整体厨房的全屋家具大规模个性化定制
	天瑞集团郑州水泥有限公司的水泥智能工厂
2017年智能制造综合标准化与新模式应用	机械工业第六设计研究院有限公司农机装备工艺设计仿真及信息技术集成标准研究及试验验证
	洛阳轴研科技股份有限公司数控机床及机器人精密轴承数字化车间互联互通互操作标准研究与试验验证
	第一拖拉机股份有限公司现代农业装备智能驾驶舱数字化工厂
	亚澳南阳农机有限责任公司大型高效复式旋耕机智能制造新模式
	南阳淅减汽车减振器有限公司减震器智能制造数字化车间技术改造
	豫北转向系统股份有限公司节能汽车转向系统智能制造新模式
	多氟多焦作新能源科技有限公司新能源汽车动力电池智能化车间建设项目
	麦斯克电子材料有限公司大规模集成电路硅基智能制造新模式

资料来源：工信部网站。

（五）工业投资增速继续放缓

2017年河南省工业投资继续放缓，全年工业投资完成19190.97亿元，同比增长3.5%，低于全省固定资产投资增速6.9个百分点，低于2016年5.4个百分点。从投资结构看，装备、食品、新型材料、电子、汽车五大主导产业投资增长－5.9%，高技术制造业投资增长0.2%，低于2016年2.7个百分点，而同期冶金、建材、化工、轻纺、能源五大传统产业投资增长7.9%，六大高耗能产业投资增长4.6%，能源原材料价格上涨带动了上游产业投资增长，工业投资结构将对产业结构调整产生不利影响。

（六）区域工业增长加速分化

区域工业增长表现持续分化，从18个省辖市看，2017年工业增速比

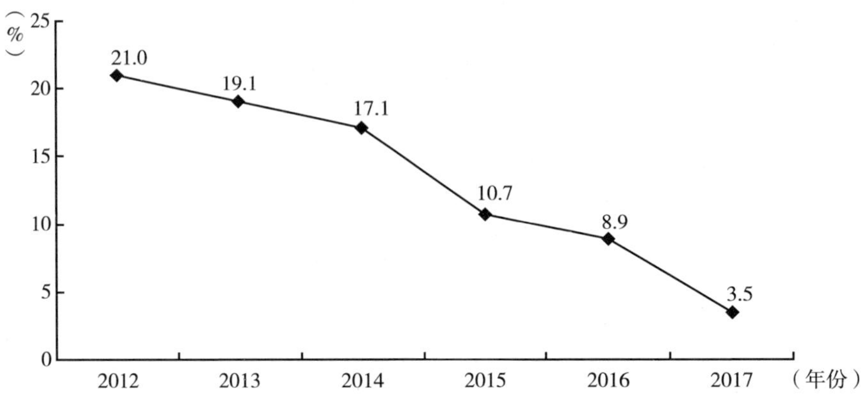

图3　2012～2017年河南工业投资增速

2016年提高的有8个，其中郑州、三门峡、济源分别提高了2.0个、1.8个和1.1个百分点，洛阳、许昌等保持平稳，而信阳、南阳、周口三市工业增速分别大幅下滑了4.9个、3.1个、1.7个百分点，黄淮四市工业增速均不同程度放缓。受供给侧结构性改革的带动，工业大市总体表现好转，传统农区近几年工业增速较高的态势难以继续保持。

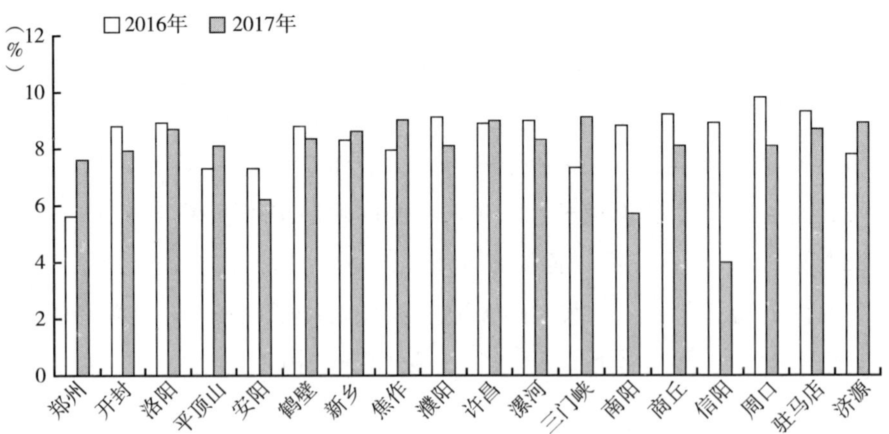

图4　2016年和2017年规模以上工业增加值增速比较

二 2018年河南工业转型发展趋势展望

2018年河南省工业经济运行面临着良好机遇和有利条件，整体上呈现“增速平稳、结构优化、转型加速、质量提升”的良好趋势。

（一）面临形势

2018年是贯彻党的十九大精神的开局之年，是改革开放40周年，工业发展环境发生了较大变化。

从全球看，世界经济回暖和逆全球化风险交织，世界银行2018年1月发布的《全球经济展望》报告预测，2018年全球经济增长小幅加快至3.1%，将迎来国际金融危机以来的全面复苏。但是，特朗普美国优先战略、英国退欧引发的逆全球化风险释放，主要经济体债务总量持续攀升、发达国家货币政策转向可能导致金融风险积累，将对全球制造业发展和贸易产生负面影响。尤其是中国制造转型升级逐步进入跨国公司“打击距离”之内，发达国家“再工业化”战略初见成效，凭借先进信息技术，美国工业互联网、德国工业4.0、日本社会5.0等战略加快推进，抢占新一轮产业革命的战略制高点。近几年，河南依托“一带一路”变战略腹地为开放前沿，对外贸易迈上新台阶，河南制造正在加速融入全球价值链，应深入研究国际经济形势变化对河南制造业转型升级的影响。

从国内看，党的十九大胜利召开，中国特色社会主义进入新时代，社会主要矛盾发生历史性变化，我国经济已由高速增长阶段转向高质量发展阶段，加快建设现代化经济体系对产业转型发展提出了更高要求，我国将在发展实体经济、实施创新驱动发展战略、推动城乡区域协调、发展开放型经济、深化经济体制改革等方面出台更多政策措施。同时，中国制造2025深入推进，智能制造、绿色制造、服务型制造加速渗透，2017年底，国务院发布《关于深化“互联网+先进制造业”发展工业互联网的指导意见》，力推互联网、大数据、人工智能和实体经济深度融合，为产业转型提供了新支撑，河南产业产品层次偏低蕴含着提升空间。

河南省一方面战略腹地综合优势持续显现，“三区一群”国家战略叠加效应持续释放，空、陆、网三路并举融入“一带一路”彰显新优势，转型发展攻坚战深入实施，综合优势支撑与政策措施引导下，工业企业转型意愿逐步增强，企业家创新创业活力进一步释放；另一方面，区域产业竞争呈现新格局，当前制造业数字化、网络化、智能化趋势明显，软件定义、数据驱动、平台支撑、服务增值、智能主导的新特征日趋呈现，沿海地区凭借互联网、物联网、数字经济等先进技术优势，大力发展平台经济，对产业链、价值链、供应链的整合能力明显增强，而河南信息产业发展相对落后，平台型龙头企业偏小并且整合资源能力较弱，竞争中处于劣势。

（二）趋势展望

展望2018年，全球经济将会继续保持企稳回升态势，我国经济稳步由高速增长向高质量发展迈进，对河南工业转型发展将产生积极影响。2018年河南工业经济运行整体上呈现“增速平稳、结构优化、转型加速、质量提升”的良好趋势，预计全年规模以上工业增加值同比增长保持在7.5%~8%的合理区间稳定运行，产业产品结构进一步优化，工业企业转型取得更大进展，利润将延续稳步回升态势，工业运行质量持续提升。

分领域看，装备、食品、新型材料、电子信息、汽车五大主导产业将继续保持平稳增长，高端装备、新一代信息、生物等新兴产业实现较高速度增长，占比进一步提高。伴随着国有企业改革、处置“僵尸企业”等工作的推进，传统产能整合加剧，传统支柱产业、高耗能产业低速增长态势仍将延续，占比持续下降。同时，互联网、物联网、大数据、云计算等信息技术与实体经济将加速融合，工业互联网平台对制造业转型升级支撑作用逐步显现，制造业新业态新模式持续涌现，新旧动能转换继续向纵深推进。

三 推进河南工业高质量发展的对策建议

面对中国社会主要矛盾历史性变化，中国制造转型升级的内涵与逻辑也发生了巨大变化，制造业总体呈现“软件定义、数据驱动、平台支撑、服务增值、智能主导”的新特征，产业形态和制造模式面临根本性变革，河南工业迈向高质量发展需要从以下几个方面着力。

（一）突出国家战略叠加，搭建产业开放合作平台

近几年，河南省获批一系列国家战略，2017 年 3 月，河南省出台《关于统筹推进国家战略规划实施和战略平台建设的工作方案》，明确聚焦“三区一群”放大政策集成效应，国家支持郑州建设国家中心城市，郑洛新“中国制造 2025”试点示范城市群正式获批，2017 年 6 月国家主席习近平提出支持建设郑州—卢森堡“空中丝绸之路”，河南省出台了专项规划，战略叠加效应持续强化。当前，全球产业转移进入新阶段，国内产业转移呈现新特点，适逢生产模式变革和产业布局调整的新机遇，中部地区成为制造业“转移+升级”模式的最佳目的地，未来必将产生世界级特色产业集群。河南省应突出国家战略叠加，打造一批产业开放合作高端平台，重点加强与“一带一路”沿线国家的战略合作，引导河南省优势集群、龙头企业与国外联合设立科技园、产业园、孵化器等，吸引世界知名产业园区、科技园区等在河南省建设合作园区。提升郑州、洛阳、开封等地的各类贸易洽谈会水平，实现项目引进、企业引进、人才引进、园区引进、平台引进等相结合，协同提升河南制造业质量效益。在郑洛新“中国制造 2025”试点示范城市群的基础上，加快创建“中国制造 2025”国家级示范区，探索内陆地区产业开放合作新模式。

（二）依托制造业创新中心，构建开放创新网络

按照我国制造业创新中心创建总体工作思路，加快河南省制造业创新中

心培育工作，打造一批协同创新平台，促进河南省优势产业链和创新链对接，把研发、企业、人才等高级创新资源跨企业、跨行业、跨领域全方位整合，构建无缝对接、高效协同的制造业开放创新网络。推进首批纳入培育单位的11个制造业创新中心加快组建，尽快在产业协同创新、共性技术突破、前沿技术引领等方面取得积极进展，围绕优势产业继续滚动推进河南省制造业创新中心培育工作，力争在优势产业领域形成省级制造业创新中心全覆盖。支持创建1~2家国家级制造业创新中心，支持郑州、洛阳等地积极培育市级制造业创新中心，构建多层次、全链条的制造业创新网络，集聚区域创新资源，链接域外高端要素，形成协同创新合力，提升河南省优势产业链整体竞争力。

（三）聚焦“三大改造”，推广先进制造模式

伴随着物联网、大数据、人工智能等新一代信息技术的日新月异，制造模式和产业业态正在发生巨变，沿海地区近几年大力推进机器换人和智能化改造，先进生产方式加速渗透，制造业发展质量和效益持续提高。当前，面对产业升级和环保倒逼，河南省工业企业技术改造意愿持续增强，全省应加大政策引导力度，进一步加快智能化、绿色化和技术化改造，继续推进“机器换人”“设备换芯”“生产换线”，培育一批智能工厂，推进清洁生产普及和园区循环化改造，培育一批绿色工厂，开展新一轮技术改造，带动企业开发一批新产品。尤其是在承接产业转移中，应提高入驻标准，吸引一批知名企业的“转移+升级”项目，形成示范带动效应引导本地企业改造升级。河南省新建工业项目在投资强度、环保技术等方面进一步提高标准。发挥省先进制造业专项资金的引导作用，引导建设一批技术先进、产品高端、绿色环保、智能高效的先进制造业项目。

（四）围绕优势领域，培育行业级工业互联网平台

深入贯彻落实《国务院关于深化“互联网+先进制造业”发展工业互联网的指导意见》，出台河南省实施方案，围绕优势领域培育一批行业级工

业互联网平台。一是引进知名工业互联网平台，尽管工业互联网仍在探索阶段，但是以海尔、三一重工、航天科工、沈阳机床为代表的企业已经打造出多个工业互联网平台并正在进行全国布局，可以积极引进比较成熟的工业互联网平台在河南布局，支持本地企业利用现有工业互联网平台提高生产经营效率；二是依托龙头企业搭建行业级工业互联网平台，重点在食品、服装、家居、农机、新能源汽车等河南省具有比较优势的领域，支持龙头企业搭建行业级工业互联网平台，引导鲜易、大信橱柜等现有企业级平台向行业级平台拓展，培育一批在全国有一定影响力的特色行业级平台；三是引导河南省制造业电商平台向工业互联网平台转型，促进世界工厂、起重汇等现有制造业电商平台，积极利用大数据、人工智能等技术，从营销服务向研发设计、生产、供应链管理等全产业链服务拓展，向工业互联网平台转型，为企业提供全链条服务；四是引导企业向云端迁移，加快企业数字化转型，实施"企业上云"工程，引导广大工业企业将研发、设备、产品、管理等系统向云端迁移，引导软件企业、互联网企业、大数据企业等依托工业互联网平台开发面向重点行业的工业 APP；五是加快发展工业互联网安全产业，依托郑州信息安全产业基地，发挥解放军信息工程大学技术和人才优势，打造全国重要的工业互联网安全产业基地。

（五）弘扬企业家精神，激发创新创业活力动力

深入贯彻《中共中央国务院关于营造企业家健康成长环境弘扬优秀企业家精神更好发挥企业家作用的意见》，出台河南省实施意见，弘扬企业家精神，激发创新创业活力动力。一是培育中原领军型企业家，每年评选10名中原领军企业家人才，纳入"中原千人计划"，并公开表彰宣传，弘扬豫商精神，发挥优秀企业家在经济高质量发展中的引领作用；二是壮大新生代企业家队伍，抓住当前企业家二代接班的机遇，重点对青年企业家人才进行培育提升，每年选拔一批优秀新生代企业家进行集中系统培训，突出在智能制造、工业互联网、金融等方面进行知识更新和能力提升，发挥新生代企业家在新旧动能转换中的核心作用；三是加大转型企业家案例研究，引导郑州

大学、河南财经政法大学、河南省社会科学院等科研机构与龙头企业等联合设立企业家精神研究中心，对近几年转型成功和失败的河南企业和企业家进行系统研究，编写案例集，为河南省企业和企业家转型发展提供经验借鉴；四是实施企业家素质提升工程，每年组织一批河南企业家北京、上海等地高效进行系统培训，支持企业家攻读 MBA、EMBA，组织优秀企业家出国对跨国公司进行考察调研，开拓国际视野；五是搭建企业家交流平台，引导优秀企业家牵头组建产业创新联盟、企业家俱乐部等，促进上中下游企业之间、研发机构与企业之间等无缝对接，发挥工商联和协会商会的平台作用，定期组织专题交流，促进河南省企业家之间开展广泛合作。

参考文献

中国社会科学院工业经济研究所：《中国工业发展报告（2017）》，经济管理出版社，2018。

中国电子信息产业发展研究院工业经济课题组：《2018 年中国工业经济发展形势展望》，《中国经济时报》2017 年 12 月 27 日。

黄群慧：《从高速度工业化向高质量工业化转变》，《人民日报》2017 年 11 月 26 日。

赵昌文：《把握新时代新型工业化的新内涵》，《人民日报》2017 年 11 月 26 日。

刘晓敬：《走出新时代工业文明的中国道路》，《人民日报》2017 年 12 月 12 日。

苗圩：《把发展经济的着力点放在实体经济上》，《人民日报》2017 年 12 月 6 日。

《国务院关于深化“互联网 + 先进制造业”发展工业互联网的指导意见》，2017 年 11 月 19 日。

河南省统计局：《2017 年全省经济运行稳中向好》，2018 年 1 月 20 日。

陈辉：《河南装备制造业上演“加速度”》，《河南日报》2017 年 12 月 18 日。

陈辉：《河南工业：有速度，有效益》，《河南日报》2018 年 1 月 23 日。

B.6 2017~2018年河南服务业发展形势分析与展望

张长星　李守辉*

摘　要： 2017年，河南服务业持续保持快速发展态势，规模持续壮大、结构持续优化、质量持续提高、效益持续增强，对全省产业结构调整、经济转型闯关、保持平稳增长、社会民生改善等方面发挥着重要支撑作用。2018年是全面贯彻落实十九大精神的开局之年，随着供给侧结构性改革向纵深推进，"三区一群"引领带动作用日益凸显，市场需求不断升级，为河南省服务业保持较高速增长创造了良好条件，为加快服务业质量变革、效率变革、动力变革，实现高质量发展奠定了坚实基础。本文在全面回顾2017年河南省服务业发展状况的基础上，研判2018年服务业发展形势，预测2018年服务业发展关键数据，并结合中央和省委经济工作会议精神，提出了加快现代服务业强省建设的对策建议。

关键词： 服务业　产业结构　质量效率　融合创新　河南

2017年，在河南省委、省政府的正确领导下，全省上下紧紧围绕现代服务业强省建设，贯彻新发展理念，落实服务业"十三五"规划和供给侧

* 张长星，管理学博士，河南省宏观经济研究院院长；李守辉，河南省宏观经济研究院经济师。

结构性改革方案，重点实施物流、旅游、健康养老等重点产业转型发展攻坚举措，积极推动服务业“两区”（商务中心区、特色商业区）和专业园区提质增效发展，强化服务业新产业、新业态、新模式培育，全省服务业呈现出规模壮大、结构优化、质量提升、效益增强的良好态势。

一 2017年服务业发展回顾

（一）整体发展情况

2017 年，服务业供给侧结构性改革加快推进，服务业的规模质量、内部结构、社会贡献再上新台阶。一是产业规模持续壮大。2017 年全省服务业实现增加值 19198.68 亿元，同比增长 9.2%，分别高于河南省生产总值增速、第二产业增速和全国服务业增速 1.3 个、1.9 个、1.2 个百分点；服务业增加值占全省生产总值的比重达到 42.7%。服务业完成固定资产投资 22335.07 亿元，同比增长 15.7%，比全省固定资产投资、第二产业投资增速分别高出 5.3 个和 12.2 个百分点。服务业投资占全部投资的比重达到 50.8%，比第二产业高出 4.3 个百分点，成为拉动全省投资增长的主动力。二是内部结构持续优化。2017 年全省规模以上服务业营业收入 5434.35 亿元，同比增长 15.5%，比 2016 年提高 4.9 个百分点。其中，规模以上其他盈利性服务企业营业收入 1059.47 亿元，同比增长 28%，比 2016 年提高 1.8 个百分点。服务业重点领域，生产性服务业营业收入 4182.09 亿元，同比增长 15%；生活性服务业营业收入 2305.55 亿元，同比增长 17.5%；科技服务业营业收入 837.3 亿元，同比增长 11.7%；高技术服务业营业收入 1439.22 亿元，同比增长 8.4%；战略性新兴服务业营业收入 899.32 亿元，同比增长 8.1%。服务业投资结构进一步优化，旅游、文化、体育、健康、养老“五大幸福产业”相关领域投资保持良好增长态势，特别是教育、金融业、信息传输/计算机服务/信息技术服务业、交通运输/仓储/邮政业、文化/体育/娱乐业、科学研究/技术服务业等行业投资增速均高于第三产业投资总体增速。三是社会贡献持续提升。2017 年全省服务业对 GDP 增长的贡献率达到48.4%，高于第二产业2.8 个百分点。服务业税收收入2619.17 亿元，同比增长 14.7%，增速比2017 年提高 8.3 个百分点，服务业税收占全部税收的比重达到58.5%。其中，主要税收来源于房地产业、批发零售业、金融业、公共管理/社会保障/社会组织 4 个行业，占服务业税收比重分别达到34.9%、29.1%、15.5%和5.1%。

（二）行业发展态势

1. 交通运输、仓储和邮政业发展提速

2017 年全省交通运输、仓储和邮政业实现增加值2013 亿元，同比增长7.4%，比2016 年提高了4.4 个百分点。全省货物运输量、货物周转量分别达到2292 亿吨、83169.34 亿吨公里，同比增长 11.7%、11.2%；邮政行业业务收入达 228.99 亿元，同比增长 19.6%。电信业务总量 1483.33 亿元，同比增长97%；快递业务量、业务收入分别为10.7 亿件、115.93 亿元，同比增长 28%、22.9%。

2. 住宿餐饮业、其他服务业平稳增长

2017 年全省住宿和餐饮业增加值达到 1208.79 亿元，同比增长 6.8%，与上年基本持平。其他服务业增加值达到 7616.04 亿元，同比增长 12.9%，较服务业整体增速高出 3.7 个百分点。

3. 批发零售业、金融业、房地产业增速回落

2017 年批发零售业、金融业、房地产业增加值分别为 3213.06 亿元、2530.32 亿元、2288 亿元，同比增长 6.2%、7.4%、7.0%，同比分别回落0.8 个、4.4 个、3.1 个百分点，占服务业比重下降 0.1 个百分点。

（三）主要发展特点

一年来，全省服务业以物流、旅游、健康养老等重点产业转型发展攻坚为牵引，不断强化服务业领域开放、现代信息技术应用、市场主体培育、发展载体能级提升，全省服务业规模总量和质量效益呈现双提升。

1. 政策措施更加精准

围绕“四大攻坚战”和服务业强省建设，先后在物流、旅游、健康养老、职业教育等领域出台实施专项转型发展攻坚方案，在大数据综合试验区、服务外包专业园区、物流降本增效、健康养老市场开放、新型研发机构培育、实体零售创新转型等方面制定针对性政策措施，物流、旅游、健康养老、金融、信息服务等重点领域基本形成相对完整的规划、方案、政策和项目支撑体系，支持科技、商务、居民家庭服务等新兴产业发展的政策措施进一步完善。

2. 市场活力更加充沛

2017 年前三季度，全省服务业市场主体占全部市场主体的比重达到 85.1%，新登记服务业市场主体占全省新登记企业的 85.7%；文化娱乐、住宿餐饮、居民服务等领域企业快速发展，规模以上服务业单位数量同比增长 16.3%，营业收入和营业利润同比分别增长 16.4% 和 36.6%。服务业新产业、新模式蓬勃发展，特色旅游、互联网电商、微商等新业态不断涌现，“互联网+”、跨境电商、创业基金等新兴产业集聚发展，为河南省经济转型升级注入了新的活力。

3. 发展载体更加完备

截至 2017 年三季度末，河南省服务业“两区”实现营业收入 2004.24 亿元，同比增长 22%，增速较上年同期提高 6.4 个百分点。营业收入超 10 亿元的服务业“两区”达到 54 个，同比增加 10 个。前 10 个月，全省服务业“两区”投资增长 36.1%，拉动全省固定资产投资增长 3.4 个百分点。现代物流、健康养老、科创服务等 28 个省级现代服务业专业园区建设加快推进，成功申建郑州国际物流园、商丘豫东物流产业园两个国家示范物流园区。

4. 质量效率更加突出

一是国际物流枢纽地位进一步巩固。郑州机场二期工程建成投用，三期工程开工建设，已具备年客运 4000 万人次和货运 100 万吨的吞吐能力；客货运增速持续保持全国前列，全年客货运吞吐量突破 2400 万人次和 50 万吨，其中货运量居全国第 7 位、跻身全球机场前 50 强，客运量跃居全国第 12 位。中欧班列（郑州）实现每周“去程 8 班、回程 8 班”多线路、高频次开行，集疏网络遍布全国34个城市和欧盟、俄罗斯及中亚地区24个国家121个城市，累计开行超过1000班，货值突破50亿美元，开行班次、满载率、货运总量、分拨范围等主要运行指标在全国中欧班列中名列前茅。物流降本增效工作扎实推进，单位生产总值物流成本同比下降1个百分点。二是金融服务实体经济能力进一步增强。2017年末全省金融机构人民币存款余额、贷款余额、保费收入分别为59068.7亿元、41748.3亿元、2020.07亿元，同比分别增长9.4%、14.4%、29.9%。自中国（河南）自由贸易试验区挂牌运营以来，累计入驻银行、保险、证券、期货、基金、融资租赁等金融及类金融企业189家；郑州商品交易所白糖期权、棉纱期货上市交易，苹果、红枣期货立项获批；中国银行、中国农业银行、中国工商银行、中国建设银行、中信银行、中原银行、人保财险、出口信保等金融机构相继推出服务自贸试验区及区内企业发展的金融创新产品。三是信息服务业引领作用进一步凸显。中国联通中原数据基地二期、中国移动（河南）数据中心、中国移动（河南郑州）数据中心、阿里巴巴、奇虎360云计算及数据处理中心等重点项目加快建设，龙子湖智慧岛、基金岛、双创岛、人才岛“四岛合一”建设全面启动，华为、浪潮、新华三、猪八戒等29家知名大数据企业入驻，中原云、工业云、豫教云、健康河南卫生服务云、旅游云等行业云及大数据平台取得突破性进展，锐之旗、中钢网、世界工厂网进入中国互联网企业百强。四是旅游文化服务能力进一步提升。持续加大“老家河南”宣传推介，全力打造精品线路，着力推进旅游业态创新，旅游业对稳增长、保就业的支撑能力不断增强。预计全年接待海内外游客6.58亿人次，同比增长13%，旅游总收入6558.60亿元，同比增长14%。乡村旅游富民工程加快推进，帮扶贫困户5200多户，旅游脱贫成为脱贫攻坚的重要力量。二里头遗址博物馆开工建设，大运河文化带规划研究编制工作加快推进，以拜祖大典、牡丹文化节、戏剧杂技等大赛为主的重大文化艺术演出活动广泛开展。南阳市（镇平县）玉文化产业示范园区成功申建国家级文化产业示范园区，全省国家级文化产业示范园区、文化产业基地达到13个。五是社会养老服务功能进一步完备。惠及1500万老年人的《河南省老年人权益保障条例》颁布实施，城市社区日间照料中心、敬老院、农村幸福院等养老服务机构建设全面推进。截至2017年底，国家级示范社区超过60个，在建和规划养老产业示范园区（养老社区）超过80个，各类养老服务机构3900多家，养老床位数47.5万张，每千名老人拥有养老床位提高至33张。六是商贸流通进一步繁荣。2017年全省社会消费品零售总额达到19666.77亿元，增长11.6%，增速高于全国1.4个百分点。电子商务发展迅速，2017年前10个月，电子商务交易额10539亿元，增长27.6%；网络零售额1545亿元，增长31.7%。电子商务产业体系初步形成，认定备案电商企业达到5810家，其中平台类企业695家、跨境电商产业链企业近4000家，中华粮网、世界工厂网、企汇网、中钢网等一批本土电商平台位居细分领域前列。全省电子商务应用企业23万家，应用电子商务的中小企业、外贸企业比例分别超过50%和80%，电商扶贫服务站点覆盖1670个建档立卡贫困村，带动4.6万贫困人口就业。

二 2018年服务业发展形势分析及预测

2018年是全面贯彻落实十九大精神的开局之年，也是推进供给侧结构性改革的关键一年，在市场需求升级、产业结构优化、发展动能转换的背景下，服务业发展机遇与挑战并存。

从风险挑战看，河南省服务业发展既面临一些共性问题，也存在一些自身特有的制约因素。一方面，外部形势依然严峻复杂。预计2018年和2019年全球经济仍将维持温和复苏态势，但受经济和非经济诸多复杂因素的影响，世界经济面临的不确定性和下行风险依然较大。我国经济在结构性、周期性和外在性因素的共同作用下，投资边际效益下降和融资成本上升相交织，传统消费增势放缓和高品质供给不足相交织，西方国家“逆全球化”思潮抬头和国内要素成本上升相交织，导致内生动力增长不足，去产能、清场“僵尸企业”难度加大，再加上当前国内金融杠杆、流动性、信用风险、房地产泡沫、地方政府债务等潜在风险，宏观调控和改革中面临的两难甚至多难选择增多。另一方面，河南省自身还存在着深层次矛盾问题。一是结构不优。服务业占比低于全国平均水平8.9个百分点，其中物流、信息、金融、研发设计、商务中介等生产性服务业比重明显低于全国平均水平，交通运输、批发零售、住宿餐饮、房地产等传统行业占比偏高。二是龙头企业和高端人才缺乏。有竞争力的龙头企业和服务品牌不多，品牌化、标准化建设相对滞后，服务业集聚发展的载体平台能级不高，具备国际视野的现代服务业高端人才严重匮乏，服务业整体创新能力和竞争实力不强。三是对内对外开放水平不高。国际化、法制化、规范化的营商环境尚未形成，部分行业存在市场准入壁垒和扶持政策不到位、监管体系不健全等现象。

从机遇条件看，一是世界科技革命加速服务业态、内容和商业模式创新。随着国际服务贸易和投资全球化快速发展，服务业已成为促进全球产业变革的重要力量和国际竞争合作的主战场。二是我国宏观经济稳中向好。随着我国加快推进“一带一路”建设和自由贸易试验区创新发展，服务业对外开放和市场准入将进一步扩大，新产业、新技术、新业态、新模式不断涌现，服务业实现高质量发展的新引擎、新方向、新动力将进一步明晰。三是河南省服务业进入加速发展、全面跃升的关键阶段。新型工业化、信息化、城镇化和农业现代化协同加快推进，服务业与制造业双向渗透融合趋势日趋明显，城乡居民收入持续增长、消费快速升级，平台经济、共享经济、体验经济等迅猛发展，这些都将进一步拓展服务业需求潜力，开辟创新发展空间。

初步预计，2018年全省服务业增加值增速将保持在9%以上，规模将达到2.1万亿元左右，占地区生产总值的比重达到44%左右；服务业固定资产投资增速在10%左右，税收收入占全部税收比重达到60%，服务业新增从业人员占全社会新增从业人员比重达到50%以上。

三　加快推进现代服务业强省的对策建议

（一）以质量效率为核心，推动转型攻坚取得新突破

紧紧围绕服务业供给侧改革主线，突出需求导向、目标导向、问题导

向，持续推动重点产业转型攻坚，强化高端化、融合化、集群化发展。一是推进主导产业转型攻坚。继续实施国际国内双枢纽战略，加快建设郑州国际冷链物流枢纽等20个物流重点工程，全面推进冷链物流、电商物流、快递物流发展，不断创新“一单到底、货通全球”的多式联运模式，切实降低实体经济物流成本。强化优质旅游产品和服务供给，全面推进重点县市全域旅游、旅游景点“两次创业”、乡村旅游提质，加快郑汴洛全域旅游示范区创建步伐，分类指导培育一批乡村旅游集中片区，全面提升“老家河南”整体形象。创新健康养老模式，深耕居家社区养老、机构养老、医养融合、健康服务等领域，积极引进优质资源，全面实施“十百千”健康养老示范工程，不断培育壮大健康养老服务产业集群。推动华夏历史文明传承创新，规划建设大运河文化带，大力发展数字传媒、创意设计、体育休闲等产业，加快郑州国际文化创意产业园、省出版集团数字出版产业园等重大项目建设，构筑全国重要的文化高地。提升金融服务实体经济功能，复制推广兰考县普惠金融改革试验区经验，加快金融组织、产品和服务模式创新，推动郑州银行回归A股和洛阳银行上交所首发上市，新增一批境内外上市企业和新三板挂牌企业，推动龙子湖智慧岛私募基金集聚发展，不断壮大金融豫军。加快电子商务、大数据云计算、物联网等信息服务业发展，实施“互联网+”、人工智能创新发展和数字经济试点等重大工程，高标准建设EWTO核心功能集聚区，努力打造网络强省。二是推进新兴产业创新发展。大力发展知识产权、工业设计、研究开发、检验检测等科技服务，加快专利导航产业发展试验区、工业设计园区和国家质检中心郑州、新乡、许昌三大检验检测基地建设，打造一批国家级创新和研发设计平台。提升家政服务平台化、网络化、标准化水平，实施家政服务技能人才提升工程，建设一批家政服务职业培训示范基地。推进郑州、洛阳服务外包示范城市建设，积极引进国内外知名服务外包企业，加快在岸离岸联动的服务外包产业园发展，积极承接境外客户服务、呼叫中心和动漫游戏等外包业务。构建多层次、多元化教育培训体系，积极引进国际一流教育培训机构，建设一批专业技术人员继续教育基地、海外劳务培训基地、高水平应用型培训基地，壮大网络培训、远程教育等新业态规模，打造一批引领性、标杆性品牌。三是推进传统产业升级改造。广泛利用先进理念、现代技术和新型商业模式，加快实体零售线上线下融合、电商线下实体创新发展、专业批发市场转型升级、社区智慧便利店加密布局，不断激发传统商贸流通业发展的活力动力。全面贯彻落实国家租售并举、先租后买、利用集体建设用地建设租赁住房等政策，规范发展二手房市场和房屋租赁市场，科学发展养老、休闲养生等地产业态，稳步推进既有建筑节能、社区适老化改造，推广装配式建筑，不断提升物业管理和服务水平。

（二）以融合创新为导向，推动服务供需高水平平衡

顺应消费升级需求，推动现代信息技术与产业转型发展深度融合创新，大力发展新产业、新业态、新模式，培育新的增长点。一是推进“互联网 +”物流。实施物流信息互联互通工程，建设智能化仓储物流设施，完善智能物流配送体系，开展无车承运人试点，大力发展“互联网 +”车货匹配、运力优化、仓储交易等物流新模式，提升物流技术装备标准化水平。二是推进“互联网 +”供应链。培育供应链发展新技术和新模式，提高河南省企业供应链管理整体水平，加快形成覆盖重点产业的智慧供应链体系。三是推进“互联网 +”旅游。加快旅游服务设施信息化智能化改造，完善四级联动旅游产业运行监测平台，探索制定智慧旅游企业标准，推广龙门石窟、洛邑古城智慧旅游先进经验，培育一批智慧旅游示范基地。四是推进“互联网 +”健康养老。加快智慧健康养老产业发展，推广互联网医疗挂号、联合会诊、健康管理等健康服务新模式，支持智慧医院和智慧医疗服务平台建设。五是推进“互联网 +”家政。完善巾帼“伊家政”等服务信息平台，完善家政服务企业、从业人员信用记录，并将记录与省公共信用信息平台、国家企业信用信息公示系统数据共享共用。六是推进“互联网 +”教育培训。鼓励职业技术学校、培训机构开展应用技能培训、证书培训等非学历网络教育和培训，加快推进中小学“宽带网络校校通”，建设一批智慧教育平台，构建教育信息化云服务体系。

（三）以提质工程为牵引，推动服务业集聚高效发展

依托服务业“两区”、专业园区和特色小镇，加快服务业发展载体提质增效、服务业市场主体培育和服务业重大项目建设。一是推进服务业发展载体提质增效工程。坚持“分类指导、错位发展、锤炼特色”的原则，大力培育优势特色产业、楼宇经济、特色街区等产业集群，不断优化园区产业布局，创新业态模式和管理运营方式，营造良好营商环境，完善统计考评体系，建立健全服务业“两区”动态管理机制。按照“产业集群培育、功能集合构建、要素综合利用、产城融合发展”的要求，加快布局建设现代物流、健康养老、电子商务、文化创意、科创服务、专业市场等服务业专业园区，以及商贸流通、休闲旅游、文化创意、健康养老等特色小镇，不断丰富服务业发展载体。二是实施服务业市场主体培育工程。以省级服务业“双百”企业培育和百个省级服务名牌认定培育为牵引，加大用地、财政、融资和人力资源等方面支持力度，对符合“个转企、小升规、规改股、股上市”的企业实施分级分类精准扶持，在金融、物流、服务外包等生产服务业和旅游、养老、居民服务等生活服务业领域全面开展服务业标准化试点，加快培育壮大一批服务业龙头企业、成长型企业和具有自主知识产权、核心竞争力的服务品牌。三是加快服务业重大项目建设。以“储备一批、推进一批、投产一批”方式，滚动更新高成长服务业发展引导基金项目储备库，进一步完善省、市、县三位一体项目服务机制，引导产业基金、金融机构等社会资本加大对服务业重大项目的金融支持力度。

（四）以改革开放为动力，深化服务业供给结构变革

对标国际营商标杆，不断降低服务业市场准入门槛，强化事中事后监管，扩大对内对外开放领域，加快创建审批最少、流程最优、体制最顺、机制最活、效率最高、服务最优的营商环境，为服务业发展提供永续动力。一是深化“放管服”改革。复制推广自贸区制度创新成果，研究制定扩大

社会资本进入医疗、养老、教育、文化、体育等领域的政策措施，集中解决健康养老、医疗康复、技术培训、文化体育等领域准入门槛高、互为前置审批等问题，清理和取消不合时宜的非行政许可审批事项，探索项目投资法人承诺制，推广许可默认备案、信用承诺即入、证照脱钩等商事制度改革。创新“互联网+监管”新模式，加大服务业领域的反垄断审查力度，改革自然垄断行业监管办法，完善查处仿冒名牌、虚假宣传、价格欺诈、商业贿赂、违法有奖销售、商业诋毁等不正当竞争行为监管的体制机制，支持重点行业协会建立经营自律规范、自律公约和职业道德准则，尽快实现由行业归属监管向功能性监管转变，由具体事项的细则式监管向事先设置安全阀及红线的触发式监管转变，由分散多头监管向综合协同监管转变，由行政主导监管向依法多元监管转变。二是扩大服务业领域双向开放。充分利用自贸区和郑州航空港等高端开放平台，按照试点先行先试、经验推广复制的思路，全面深化服务业领域开放。在郑州进一步深耕物流、金融领域开放，探索国际多种联运的便捷监管模式和以“一单制”为核心的多式联运方式，积极构建智能终端保税产业链；在洛阳深耕科技服务领域开放，重点加强与“一带一路”沿线国家合作设立国际研发中心；在开封深耕文化旅游领域开放，重点在旅游景区（点）保护、开发和经营上引进境内外资本；在中原城市群其他城市加强郑州跨境电商综合试验区、综合保税区、海关特殊监管区域和功能性口岸的全面对接，扩大国际贸易单一窗口覆盖范围，促进进出口信息互联互通。三是强化服务业试点引领。结合物流、旅游、健康养老等转型攻坚，加快推进郑州市国家现代物流创新发展试点、国家供应链体系建设试点、城市共同配送试点和信阳国家级农产品冷链流通标准化试点、洛阳电子商务与物流快递协同发展试点、栾川旅游用地政策改革试点、涧西区国家服务业综合改革试点等建设，及时总结梳理一批产城融合发展、园区开发运作、信息平台建设、业态模式创新、体制机制改革等方面的典型案例，分领域分层次开展复制推广，全面推动服务业高质量发展。

参考文献

河南省统计局：《2017 年全省经济运行稳中向好》，河南省统计网站，2018 年 1 月 20 日，http：//www. ha. stats. gov. cn/sitesources/hntj/page_ pc/tjfw/zxfb/article123cdd44b9eb4dfab3d79478c9e7d344. html。

河南省统计局：《2016 年全省经济实现“十三五”良好开局》，河南省统计网站，2017 年 1 月 22 日，http：//www. ha. stats. gov. cn/sitesources/hntj/page _ pc/tjfw/zxfb/article12d6797f9a1d4b26954115aae2d1e15d. html。

《赵茂宏：2017 年 CPI 温和上涨 PPI 涨势趋稳》，国家统计局网站，2018 年 1 月 19 日，http：//www. stats. gov. cn/tjsj/sjjd/201801/t20180119_ 1575476. html。

陈润儿：《河南省政府工作报告》，《河南日报》2018 年 2 月 2 日，第 1 ~3 版。

B.7 高质量发展背景下河南省固定资产投资现状分析与对策建议

李 斌*

摘 要： 本研究以高质量发展背景下河南固定资产投资为视角，分析固定资产投资对河南高质量发展的重要意义，在此基础上对河南固定资产投资的主要特点和主要问题进行客观分析，认为融资渠道、投资结构等因素制约河南固定资产投资，进而提出河南固定资产投资的重点领域，并从转变投资理念、拓宽融资渠道、扩大投资需求、抓好重大项目等角度提出促进河南固定资产投资的对策建议，为相关部门制定决策提供科学有效的借鉴和参考。

关键词： 河南 固定资产投资 投资效率 有效投资

当前，河南经济已经由高速增长阶段进入高质量发展阶段。固定资产投资作为促进经济发展的重要因素，在高质量发展背景下意味着更加注重投资质量和效益，这对河南固定资产投资提出了更高的要求。鉴于此，对高质量发展背景下河南固定资产投资的现状特色和制约因素进行分析，找出河南固定资产投资的重点领域和对策措施，对于扩大河南有效投资，提升投资效率，助推河南经济走高质量发展道路具有重要的意义。

---

* 李斌，管理学博士，河南省社会科学院经济研究所助理研究员。

一　2017年河南省固定资产投资的主要特点

（一）投资规模总量持续扩大

2017 年河南省固定资产投资 43890.36 亿元，比上年增长 10.4%，增速高于全国 3.2 个百分点，自 4 月份连续稳定在 10.4% ~10.9% 的增长区间（见图 1）。其中，国有控股投资 9275.75 亿元，同比增长 17.3%；民间投资 34276.03 亿元，同比增长 9.1%，增速同比提高 3.2 个百分点。分产业看，第一产业投资 2382.58 亿元，同比增长 23.3%；第二产业投资 19172.70 亿元，同比增长 3.5%；第三产业投资 22335.07 亿元，同比增长 15.7%。工业投资 19190.97 亿元，同比增长 3.5%。基础设施投资 8831.39 亿元，同比增长 30.4%。从到位资金看，实际到位资金 42602.31 亿元，同比增长 8.9%。其中，国家预算资金 1616.68 亿元，同比增长 24.8%；国内贷款 4069.55 亿元，同比增长 0.3%；利用外资 83.58 亿元，同比增长 40.9%；自筹资金 33846.79 亿元，同比增长 9.6%。新开工项目计划总投资 36437.55 亿元，同比增长 2.0%。

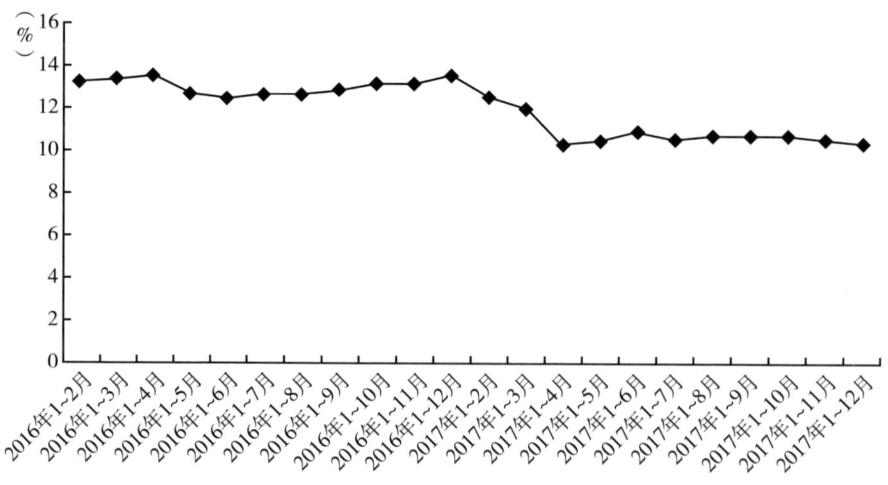

图 1　2017 年河南省固定资产投资（不含农户）增速情况

2017 年中部六省中，河南固定投资总额已超 4 万亿元，位居全国第三，中部六省第一，湖北、湖南均超 3 万亿元，安徽接近 2.9 万亿元，江西突破 2 万亿元。除了山西以外，中部其余五省的固定投资增速均保持两位数增长，远高于全国 7.2% 的平均水平。从中部六省横向比较来看，2017 年 1～12 月，河南省固定资产投资绝对数高于第二位的湖北省 1.2 万亿元（见表 1）。

表 1　2017 年 1～12 月中部六省固定资产投资情况

省　份	2016 年		2017 年 1～12 月			
	增速(%)	全国位次	绝对数(亿元)	全国位次	增速(%)	全国位次
山　西	0.8	29	5722.16	26	6.3	22
安　徽	11.7	12	28816.37	10	11.0	11
江　西	14.0	4	21770.43	13	12.3	10
河　南	13.7	6	43890.36	3	10.4	15
湖　北	13.1	7	31872.57	6	11.0	11
湖　南	13.8	5	31328.08	7	13.1	8

（二）投资空间结构持续改观

从河南省各省辖市层面来看（见表 2），2017 年 1～12 月，郑州市固定资产投资达到 7573.44 亿元，总量位居全省第一。洛阳市固定资产投资总量达到 4566.41 亿元，总量位居全省第二。其中郑洛新自主创新示范区的三个城市，2017 年 1～12 月固定资产投资达到 14350.38 亿元，占全省固定资产投资额的 32.69%。从固定资产投资增速层面来看，2017 年 1～12 月，平顶山市固定资产投资增速为 12.3%，位居全省第一；商丘市固定资产投资增速为 12.2%，位居全省第二；驻马店市固定资产投资增速为 12.1%，位居全省第三。郑州市固定资产投资增速为 8.2%，位居第 17 位。由此可见，从固定资产增速角度来看，郑州作为全省河南辐射带动力最强的城市，其固定资产投资增速有所降低，位于第二梯队的各省辖市增长潜力巨大，展示出河南省各辖市投资空间结构持续改善，发展均衡化程度逐步提升。

表 2　2017 年 1～12 月河南省各省辖市固定资产投资情况

省辖市	2017 年 1～12 月			
	绝对数(亿元)	位次	增速(%)	位次
郑　州	7573.44	1	8.2	17
开　封	1668.18	15	9.3	15
洛　阳	4566.41	2	11.8	4
平顶山	1945.17	12	12.3	1
安　阳	2281.29	7	9.9	12
鹤　壁	901.71	17	11.5	9
新　乡	2210.53	9	10.1	11
焦　作	2453.77	5	11.6	8
濮　阳	1703.60	14	11.8	4
许　昌	2531.80	4	11.8	4
漯　河	1185.29	16	11.8	4
三门峡	1976.89	11	11.5	9
南　阳	3733.21	3	9.9	12
商　丘	2233.14	8	12.2	2
信　阳	2415.04	6	8.9	16
周　口	2047.29	10	9.9	12
驻马店	1897.13	13	12.1	3
济　源	566.48	18	4.0	18

从河南省各直管县层面来看（见表 3），2017 年直管县固定资产投资增长强劲，2017 年 1～12 月，河南省 10 个省直管县固定资产投资总额达到 3186.5 亿元，占全省固定资产投资额的 7.26%，其中巩义市固定资产投资额达到 618.21 亿元，在省直管县中排名第一。从固定资产投资增速来看，10 个直管县固定资产投资增速均为两位数，其中，巩义、兰考、汝州、滑县、长垣、永城、鹿邑、新蔡八个直管县固定资产投资增速达到 13.7%，并列第一。上述现象表明，2017 年河南省县域经济活力强盛，作为区域发展重要载体的县域经济，在促进河南经济均衡发展中的作用越来越明显。

表3 2017年1~12月河南各直管县固定资产投资情况

直管县	2017年1~12月			
	绝对数(亿元)	位次	增速(%)	位次
巩　义	618.21	1	13.7	1
兰　考	198.99	8	13.7	1
汝　州	374.31	3	13.7	1
滑　县	197.71	9	13.7	1
长　垣	330.85	5	13.7	1
邓　州	360.93	4	10.6	10
永　城	403.35	2	13.7	1
固　始	325.89	6	12.0	9
鹿　邑	214.55	7	13.7	1
新　蔡	161.71	10	13.7	1

（三）投资结构分布有所改善

2017年河南省新旧动能转换态势良好，反映在固定资产投资领域，主要表现为投资结构分布不断优化。首先，从三大主要领域看，全省房地产开发投资7090.25亿元，比上年增长14.7%，增速比1~11月回落0.8个百分点；工业投资19190.97亿元，增长3.5%，增速比1~11月回落1.7个百分点；基础设施投资完成8831.39亿元，增长30.4%，增速比1~11月回落2.1个百分点。工业投资中，采矿业投资506.58亿元，比上年下降10.8%，降幅比1~11月扩大0.6个百分点；制造业投资16739.77亿元，增长3.1%，增速比1~11月回落1.3个百分点；电力、燃气及水的生产和供应业投资1944.63亿元，增速12.3%，增速比1~11月回落6.2个百分点。其次，基础设施投资中，交通运输和邮政业完成投资1756.28亿元，比上年增长39.4%，增速比1~11月加快4.8个百分点；信息传输业完成投资124.78亿元，增长54.6%，增速比1~11月回落8.7个百分点；水利、环境和公共设施管理业完成投资5005.7亿元，增长35.4%，增速比1~11月回落2.1个百分点。

二 2017年河南省固定资产投资的主要问题

（一）房地产投资比重大，投资结构有待进一步优化

2017 年，河南省房地产业固定资产投资为 9507.21 亿元，比 2016 年增长 6.2%，地产业固定资产投资占社会固定资产投资的 21.7%，投资增长依赖房地产拉动态势较为明显。从第三产业内部投资结构看，2017 年河南省房地产业固定资产投资占第三产业比重高达 42.6%；同期，批发和零售业占第三产业固定资产投资比重为 5.6%；交通运输、仓储和邮政业占第三产业固定资产投资比重为 11.1%；住宿和餐饮业占第三产业固定资产投资比重为 1.9%；信息传输、软件和信息技术服务业占第三产业固定资产投资比重为 1.4%；水利、环境和公共设施管理业占第三产业固定资产投资比重为 22.4%；教育、卫生、社会工作、文化、体育和娱乐业占第三产业固定资产投资比重为 9.0%。由此可知，第三产业投资基本集中于房地产和基础设施建设上，用于发展金融、物流等现代服务业及科教文卫等社会事业方面的投资比重依然很低，投资结构有待进一步优化。

（二）工业投资增速放缓，内部结构仍需优化

2017 年河南省工业固定资产投资达到 19190.97 亿元，其中装备制造、食品制造、新型材料制造、电子制造、汽车制造五大主导产业固定资产投资 8321.58 亿元，占全社会固定资产投资比重由 2016 年的 22.2% 降低至 19.0%，同比减少 3.2 个百分点，增速与 2016 年相比减少 5.9%，其中新型材料制造业完成固定资产投资 297.19 亿元，增速与 2016 年同比减少 56.9%。冶金、建材、化工、轻纺、能源等传统产业 2017 年固定资产投资达到 7075.59 亿元，占全社会固定资产投资比重由 2016 年的 16.5% 降低至 16.1%，同比减少 0.4 个百分点；2017 年河南省高新技术产业固定资产投资达到 7836.24 亿元，比 2016 年同期增长 1.6%，但该产业固定资产投资占

全社会固定资产投资比重由 2016 年的 19.4% 降低至 17.8%，同比减少 1.6 个百分点；高技术产业（制造业）2017 年实现固定资产投资 1826.4 亿元，与上年同比增长 0.2%，该产业固定资产投资占全社会固定资产投资比重由 2016 年的 4.6% 降低至 4.2%，同比减少 0.4 个百分点；煤炭、非金属矿物制品、黑色金属、有色金属等高能耗产业 2017 年实现固定资产投资 5088.58 亿元，同比增长 4.6%。由此可见，2017 年河南省工业领域固定资产投资结构尚不合理，五大主导产业投资增速放缓明显，高新技术产业和高技术产业（制造业）在固定资产投资中占比偏低，未来将成为制约河南经济高质量发展的不利因素。

（三）融资渠道相对较窄，多元化渠道有待建立

当前，虽然 PPP、BOT 等新的融资模式已经得到一定程度的运用，融资渠道多元化的趋势逐渐显现，但河南省融资渠道单一的现状仍未根本改变。2017 年，河南省固定资产投资（不含农户）实际到位资金 42602.31 亿元，比上年增长 8.9%，增速比 1～11 月加快 0.1 个百分点。其中，国家预算资金 1616.68 亿元，同比增长 24.8%，增速加快 1.5 个百分点，占资金来源比重为 3.8%；自筹资金 33846.79 亿元，占资金来源的比重为 79.4%；国内贷款 4069.55 亿元，同比增长 0.3%，增速回落 2.2 个百分点，占资金来源的 9.6%；利用外资 83.58 亿元，占资金来源的 0.2%，利用外资增长 40.9%，增速加快 1.1 个百分点；其他资金增长 5.9%，增速与 1～11 月份增速持平。由此可见在固资产投资到位资金中，自筹资金仍是河南省固定资产投资的主要渠道，从高质量发展的角度来看，河南省固定资产投资融资渠道相对较窄，不利于推动经济社会的高质量发展，急需构建多元化的投资渠道，支撑固定资产投资的增长。

三　河南省固定资产投资的重点领域

在高质量发展背景下，河南应聚焦乡村振兴、百城提质、产业转型、创新驱动、生态环保等关键领域和薄弱环节，持续扩大有效投资。

（一）乡村振兴

坚持农业农村优先发展，按照产业兴旺、生态宜居、乡风文明、治理有效、生活富裕的总要求，强化乡村振兴领域投资。一是深入推进精准脱贫。抓住产业扶贫、金融扶贫、易地搬迁等关键环节，深入实施大别山革命老区振兴等发展规划，推进脱贫攻坚。二是大力发展现代农业。坚持质量兴农、绿色兴农、结构兴农、品牌强农，加快由增产导向转向提质导向。加强高标准粮田建设，持续提升粮食产能。大力发展粮油深加工和主食产业化，推进农村第一、第二、第三产业融合发展。加强农业科技创新，在生物育种、农业智能装备等领域突破一批关键共性技术，强化农业技术推广和成果转化。三是发挥农民主体作用，创新生产经营机制、社会服务体系、产业组织模式、乡村管理方式，提高农民组织化程度。大力培育新型农业经营主体，发展多种形式适度规模经营，推动小农户和大生产、大市场有机衔接。

（二）百城提质

百城提质工程是河南推进城镇化的重要抓手，也是基础设施领域扩大有效投资的重要领域。长期以来，河南城镇基础设施和公共服务设施发展滞后，突出表现在规模总量小，发展水平低，与新型城镇化的推进速度不匹配，不能满足城镇居民和农业转移人口市民化的需求。实施百城建设提质工程，要在城镇基础设施和公共服务设施加大投资力度，重点是谋划实施一批水、电、路、气等基础设施、生态建设、土地开发、旧城改造、公共服务等各类城市建设提质工程，提高城市的综合承载能力。

（三）产业转型

加大供给侧结构性改革力度，关键是释放有效投资，抑制无效投资，提升投资质量和效益。一是明确产业转型发展的投资方向。按照全省制造业、服务业、种养业供给侧结构性改革专项方案中明确的三次产业高端化方向，扩大制造业投资，加大现代服务业投资，抢占产业链高端、价值链高端、技术链高端。二是发挥产业投资基金撬动作用。通过财政性资金撬动社会资本进入重点培育发展的战略性新兴产业，改造提升传统产业，着力培育形成新的经济增长点的领域。三是扩大创新投资范围和力度。以郑洛新国家自主创新示范区和知识产权强省试点省建设为抓手，鼓励创新型企业加大创新投入力度，推进建设国家级重点实验室和工程（技术）研究中心，布局一批制造业创新中心、“双创”平台，积极发展协同创新中心、产业技术创新战略联盟，促进科技金融融合，实现创新投资的快速增长。

（四）生态环保

牢固树立绿水青山就是金山银山理念，不断加强生态文明建设领域投资，推进河南生态文明建设，增加优质生态产品供给。一是深入推进大气污染防治。着力控制污染源头，狠抓末端排放治理，强化“六控”措施落实，健全绿色环保调度和差别化管理制度，加快产业结构、能源结构调整，大力发展城市公共交通，稳步推进清洁取暖，努力让人民享有更多蓝天白云。二是持续实施水污染防治。系统推进水污染防治、水生态保护和水资源管理，全面落实河长制湖长制，强化重点流域和城市河流治理、城市生态水系建设，加强饮用水源保护，推进地下水污染综合防治。三是启动土壤污染防治攻坚。根据城乡总体规划和空间布局，重点将资金投向拟开发建设居住、商业、学校、医疗和养老机构等项目的地块整治，开展土壤污染治理与修复。四是加强生态保护修复。改革生态环境监管监测体制，完善生态文明建设考核机制。推进生态保护红线、永久基本农田、城镇开发边界三条控制线划定实施，加强自然保护区建设与管理，推动绿色矿山建设，加强地质灾害防治。

（五）民生服务

强化民生领域投资，坚持抓重点、补短板、强弱项，着力优化基本公共服务供给。一是围绕推动城乡义务教育一体化发展，持续改善贫困地区义务教育办学条件，完善职业教育体系，深入推动高等教育内涵式发展等领域加强教育投入。二是加快健康中原建设。围绕基层医疗卫生服务能力提升工程、远程医疗信息服务体系、中医药传承创新工程、药品生产质量安全提升行动、爱国卫生运动、全民健身、食品安全建设等领域，加快健康领域投资力度，推进健康中原建设。三是围绕群众性精神文明创建、基层公共文化设施建设、网络建设治理等领域，强化投资力度，推进文化高地建设。四是围绕扩大社会就业、健全社会保障体系、加大住房保障力度等领域，加强民生投入，切实保障改善民生，增进人民群众福祉。

四　扩大河南省固定资产投资的对策建议

（一）转变投资发展理念

高质量发展背景下，固定资产投资应坚持投资质量第一，投资效益优先，应以投资效果系数和固定资本形成总额两项指标为导向，转变投资发展理念，不应一味单纯追求投资总量和增速，要更加注重投资的效率和质量，以有质量的投资支撑有质量的发展。河南省固定资产投资要紧紧围绕调整存量、优化增量，加快新旧动能转换，要着力提高投入产出效益，把扩大投资规模与优化产业结构结合起来，稳定一产，优化二产，提升三产，增加高技术产业、战略性新型产业、现代服务业等行业投入，促进投资向实体经济集聚。兼顾投资的短期效果和长期效果，项目谋划要长短结合，既要规划一批投入少、建设周期短、见效快的项目，又要谋划一批对投资有强拉动、利长远、增后劲的“关键性、支撑性、标志性”重大建设项目，扩大有效投资，提高投资效益，为河南经济健康发展发挥支撑作用。

（二）积极拓宽融资渠道

面对河南固定资产投资资金来源渠道较为单一的情况，要积极拓宽融资渠道，构建多元化的资金来源供给体系。一是针对各类企业特别是众多中小型企业面临的融资难、融资贵问题，千方百计降低企业的融资成本，同时增加实体经济直接融资的比重，支持企业利用短期融资券、企业债等方式融资；二是加强政银合作，通过“政府投资 + 金融资本”的模式引导金融机构积极参与收益稳定、回收期长的基础设施建设等项目融资服务；加强政府与民间资本的合作，通过“政府投资 + 民间资本”模式，采取 PPP 机制撬动更多社会资本投入重点领域；三是深化投资领域行政审批制度改革，规范审批流程，提高服务效率，进一步激发各类市场主体活力，在此基础上，充分发挥各类创新创业投资基金和各类产业投资引导基金的作用，是鼓励更多民间资本进入。

（三）扩大有效投资需求

在新旧动能转换进程中，要挖掘新的投资增长点，巩固装备制造、食品制造、新型材料制造、电子制造、汽车制造五大主导产业领域的投资成果，着力引进和扶持有发展前景的高新技术产业企业。大力支持企业创新，充分调动科研人员的创新积极性，充分释放企业科研创新红利，使科研成果迅速转化为发展项目，打造投资增长新引擎。要促进传统产业转型升级，在去产能的同时，煤炭、有色金属、建材等行业应瞄准市场前沿，立足市场需求，适应市场变化，建立自主创新体系，提高技术改造的针对性和有效性，提高产品的深加工能力，带动产品结构优化升级，挖掘传统产业的优势，振兴制造业实体经济。

（四）抓好重大项目建设

重大项目建设是扩大投资的重要载体和抓手。一是抓好重大项目谋划。围绕河南在民生改善、社会事业、流域治理、城乡统筹、城市基础设施、现代服务业等领域投资需求，积极谋划重大项目。二是抓好项目开工上下联动。强化省、市、县上下联动，推动各地、各部门抓紧梳理、提出一批项目开工计划，倒排时间节点，加快前期工作，落实建设条件，有序推进重大工程项目建设。三是瞄准国家专项建设基金、中央预算内投资等重点投向，在基础设施、民生改善、乡村振兴、产业转型升级等领域，筛选储备一批项目并有序推进。四是抓好投资项目统计入库。针对项目虽已实际开工，但未及时入库统计的问题，要集中调度，督促协调，明确时限，加快办理，并加强与统计部门衔接，确保及时入库统计。

参考文献

河南省统计局：《河南统计年鉴（2016）》，中国统计出版社，2017。

河南省统计局网站，http：//www. ha. stats. gov. cn。

王季旻、赵文沛：《2011～2016 年河南省固定资产投资分析》，《华东科技（学术版）》2017 年第 12 期。

胡淑红、赵艳、李荷娟：《河南省投资与经济增长的关联度实证研究》，《金融理论与实践》2017 年第 4 期。

B.8

2017~2018年河南省消费品市场形势分析与展望

石　涛*

摘　要：　2017年，河南省消费品市场总体发展平稳，增速高于全国平均水平，同比增速略微收窄，较2016年同期收窄0.1个百分点。消费格局上，河南省继续保持中部省份规模及增速优势，省内消费品市场仍旧集中分布于郑州等五市。消费结构上，餐饮类消费逆势上扬，全省十五类商品增速由上年的“三升十二降”转为“十升五降”，其中，汽车类消费降幅最高。面对国际经济形势的诸多不确定性，以及国内经济继续稳健发展的良好态势，河南省消费品市场发展机遇与挑战并存，预计2018年河南省全社会消费品总额规模持续扩大，增速稳中略有收窄，增速保持在11.5%左右。

关键词：　消费品　消费格局　河南省

2017年是河南省贯彻新发展理念，着力推进供给侧结构性改革的关键之年，面对复杂的国内外经济形势，河南省打好“四张牌”，不断挖掘消费潜能，全省消费品市场总体保持了稳定的增长态势。全国经济增速向好、全省城乡居民可支配收入增速的加快是全省消费品市场增长的关键支撑要素。

* 石涛，经济学硕士，河南省社会科学院经济研究所助理研究员。

2018 年，国内宏观经济发展继续面临一定的不确定性因素，河南省社会经济发展的压力仍旧较大，为此，深入分析 2017 年河南省消费品市场发展的现状，展望 2018 年河南省消费品市场的趋势，对于推进河南省消费品市场持续稳定增长，具有显著的现实意义。

一 2017年河南省消费品市场运行总体状况

2017 年，河南省消费品市场总体平稳，实现商品零售总额 19666.8 亿元，同比增长 11.6%，增速高于全国平均水平 1.4 个百分点，较上年收窄 0.1 个百分点。同时，河南省消费品市场态势处于中部地区较好位次，规模优势进一步释放。

（一）河南省规模及总体状况

图 1 显示了 2017 年 3 ~12 月河南省和中国全社会消费品零售总额及增速趋势。规模上，河南省全社会消费品零售总额规模逐步扩大。2017 年中国全社会消费品总额达到 366262.0 亿元，河南省全社会消费品总额占比为 5.4%，较上年同期提高 0.1 个百分点，占全国消费品市场份额稳步提高。同时，3 ~12 月份河南和中国全社会消费品零售总额平均值分别达到 1640.1 亿元、30521.8 亿元，较上年分别提高 171.1 元、2581.2 元，增幅较大。增速上，河南省全社会消费品零售总额增速稳步加快。2017 年河南和全国全社会消费品零售总额增速分别达到 11.6%、10.4%，分别较上年同期收窄 0.3 个百分点、0.2 个百分点。同时，3 ~12 月河南省和中国全社会消费品零售总额增速均值分别达到 11.7%、10.1%，河南增速高于同期全国平均水平 1.6 个百分点。可见，河南省消费品市场规模逐步扩大，增速稳中略收窄。

（二）中部六省发展速度对比分析

表 1 显示了 2017 年前三季度年中部六省全社会消费品零售总额规模及增速对比情况。从该表中可以看出：规模上，2017 年前三季度，河南省、

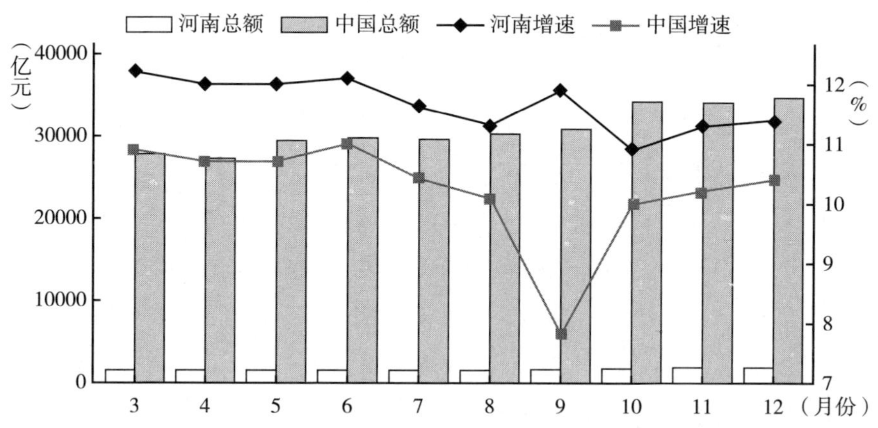

图1　2017年3～12月中国和河南全社会消费品零售月度总额及增速趋势

江西省、安徽省、湖北省、山西省、湖南省全社会消费品零售总额分别达到14102.1亿元、5154.9亿元、8108.6亿元、12459.1亿元、4976.0亿元、10471.5亿元，同期河南省全社会消费品零售总额规模继续保持中部第一，分别高出江西省、安徽省、湖北省、山西省、湖南省63.4%、42.5%、11.7%、64.7%、25.7%。增速上，河南省、江西省、安徽省、湖北省、山西省、湖南省全社会消费品零售总额增速分别达到11.8%、12.6%、11.7%、11.8%、6.8%、10.5%，河南增速继续保持中部第二位的位次，低于江西省0.8个百分点，与湖北省增速持平，分别高于山西省、湖南省、安徽省增速5.0个百分点、1.3个百分点、0.1个百分点，可见，河南省全社会消费品零售市场规模在中部地区继续保持领先位次，增速仍旧保持较好位次。

表1　2017年前三季度中部六省全社会消费品零售总额及增速对比

地　区	总额(亿元)	全国位次(位)	规模差(%)	增速(%)	增速差(%)
河　南	14102.1	7	0.0	11.8	0.0
湖　北	12459.1	7	-11.7	11.8	0.0
湖　南	10471.5	17	-25.7	10.5	-1.3
安　徽	8108.6	9	-42.5	11.7	-0.1
江　西	5154.9	2	-63.4	12.6	0.8
山　西	4976.0	28	-64.7	6.8	-5.0

注：规模差以河南总额为基准值，增速差以河南增速为基准值。

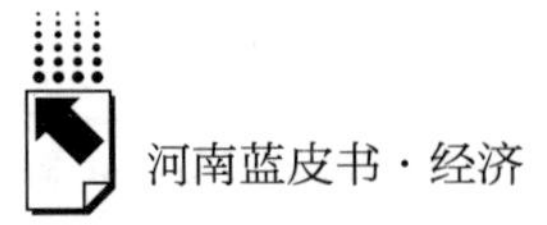

（三）河南省地市状况

图2显示了2017年前三季度河南省18个省辖市全社会消费品零售总额及增速趋势。总体上，2017年18个省辖市全社会消费品零售总额规模均值达到991.6亿元，同比均速为11.9%，分别较上年同期增长280.6亿元、0.1个百分点，18个省辖市全社会消费品零售总额规模进一步扩大，增速稳步提高。规模上，2017年，前11个月河南省18个省辖市全社会消费品零售总额规模前五位的省辖市从大到小依次是郑州、洛阳、南阳、周口、信阳，前五位省辖市全社会消费品零售总额占到18个地市总额的52.6%，前四位省辖市全社会消费品零售总额均值高于其余18个省辖市的同期均值，全省全社会消费品市场继续保持集中的空间分布态势。增速上，全社会消费品零售总额增速前五位的省辖市从大到小依次是驻马店、商丘、开封、周口、许昌，前五位增速均值达到12.3%，高于全省均值0.4个百分点，同时，全省仅有4个省辖市增速未达到全省平均值，18个省辖市全社会消费品增速普遍较高。

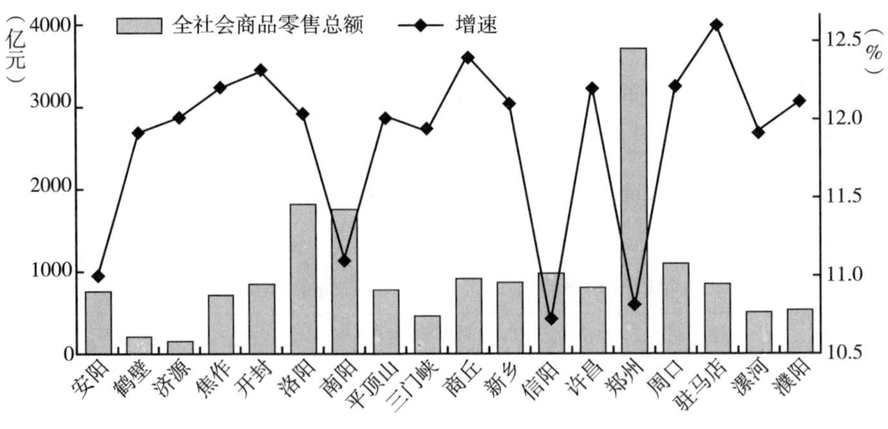

图2　2017年前三季度河南省18个省辖市全社会消费品零售总额及增速趋势

二　2017年河南省消费品市场运行特点分析

2017年，河南省全省消费品零售总额规模稳中有升，增速较上年同期继续收窄。全省消费结构继续稳健升级，餐饮行业增速快于商品零售行业，化妆品、家具、通信器材等产品保持了较快的增速，为全省消费品市场保持稳定增长提供了有力支撑，但是，城乡居民仍将保持一定的消费差距。

（一）餐饮行业增长快于商品零售行业

图3显示了2017年3～12月河南全社会餐饮及商品零售收入总额及增速趋势。总体上，商品零售行业规模仍旧高于餐饮行业，但是，餐饮行业增速快于商品零售行业。2017年，河南省限额以上单位消费品零售额实现收入8182.0亿元，同比增长11.2%，较上年同期提高0.3个百分点。其中，商品零售、餐饮收入分别实现销售额7668.7亿元、513.4亿元，占比分别达到93.7%、6.3%，餐饮收入市场份额仍旧较小，但其市场份额较上年同期提高0.1个百分点。从月份来看，3～12月商品零售、餐饮收入实现销售额均值分别达到662.6亿元、44.3亿元，较上年同期分别增加69.9亿元、4.4亿元，增幅较大；增速均值分别11.5%、12.1%，较上年同期提高0.3

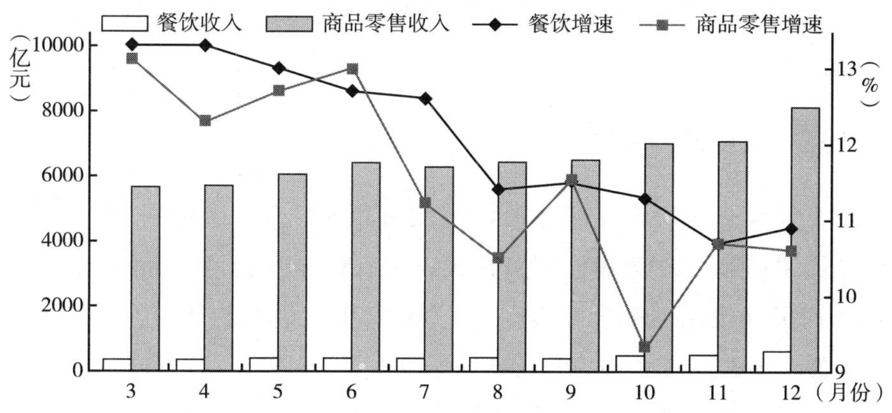

图3　2017年3～12月河南全社会餐饮及商品零售收入总额及增速趋势

个百分点、0.5个百分点。增速上，2017年商品零售、餐饮收入增速前高后低，月均增速分别达到11.2%、11.6%，餐饮收入比商品零售高0.4个百分点，与上年持平。

（二）消费结构逐步升级

图4显示了2016年和2017年河南全社会15种消费品累计零售总额及增速趋势。总体上，2017年河南省全社会15种消费品零售总额达到7114.7亿元，增速为14.1%，较上年同期分别提高698.9亿元、3.3个百分点，特定消费品消费规模持续扩大，增速明显提升。规模上，2017年全省15种消费品零售商品消费总额前五位从大到小的商品种类依次是汽车、石油及其制品、粮油食品、服装鞋帽与针纺织品、家用电器和音像器材，与2016年位次保持一致，销售规模分别达到2383.1亿元、856.7亿元、801.6亿元、686.8亿元、487.0亿元，其中，前五位商品销售总额1043.0亿元，较2016年上升94.3亿元。增速上，2017年15种消费品零售总额增速前五位从大到小依次是化妆品、家具、通信器材、中西药品、粮油食品，增速分别为37.5%、16.5%、15.9%、15.8%、15.6%，较2016年分别上涨34.1个百分点、0.1个百分点、6.4个百分点、4.9个百分点、1.2个百分点。值得注意的是，2017年仍旧有5种商品增速有所下滑，降低幅度从大到小分别为6.4%、4.9%、2.3%、1.9%、1.6%，降幅均值达到3.4%，较2016年同期提高2.3个百分点。

（三）城乡差异收窄

图5显示了2017年3～12月河南城镇和乡村全社会消费品零售月度总额及增速趋势。2017年，河南省城镇和农村全社会消费品零售总额分别达到7565.6亿元、616.4亿元，分别较2016年增长736.6亿元、62.0亿元，城乡消费品市场规模逐步扩大。2017年3～12月农村和城镇居民全社会消费零售总额月均规模分别达到54.5亿元、657.0亿元，增速均值分别达到11.3%、11.5%。同时，全年城乡消费总额增速分别达到

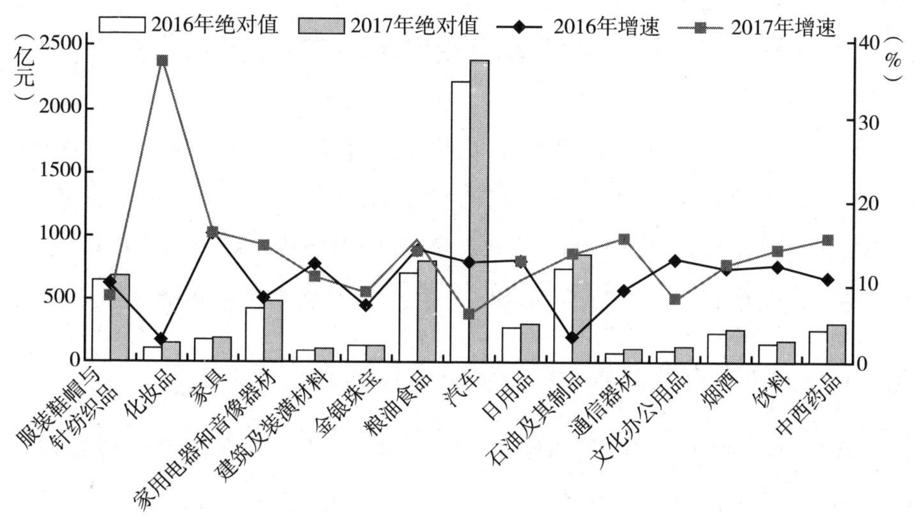

图 4　2016 年、2017 年河南全社会各种类商品零售累计总额及增速趋势

11.2%、11.0%，分别较上年同期提高 0.4 个、-1.9 个百分点，城镇居民消费增速快于农村居民市场增速。值得注意的是，2017 年城镇和农村消费零售总额比值达到 12.27，较 2016 年同期比值下降 0.04，城乡居民消费差距收窄。

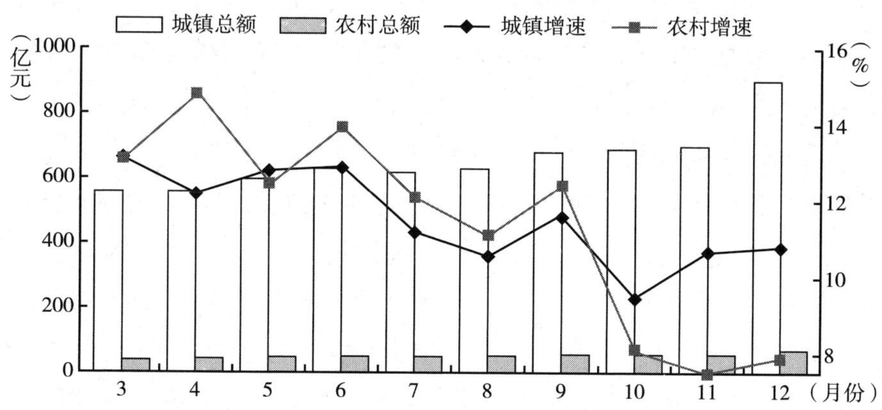

图 5　2017 年 3～12 月河南城镇和乡村全社会消费品零售月度总额及增速趋势

三 2017年河南省消费市场的关键影响因素

2017 年，河南省社会经济转型发展成效显著，社会经济发展动能逐步转换，居民人均可支配收入稳步提升，省内消费活力逐步激发，有效地支撑了全省消费品市场的快速发展。但是，受到国内经济结构性矛盾运行压力加大等诸多因素的干扰，2017 年河南省全社会消费品零售总额增速继续放缓。

（一）河南省消费品市场发展的支撑因素

2017 年，河南省社会经济稳中向好，城乡居民可支配收入稳步提升，互联网 + 物流便利性提速，提高了全省居民的消费能力，激发了居民的消费热情，消费结构持续升级，有力地推动了河南省消费品市场的稳定发展。

1. 城乡居民收入持续提高，消费能力逐步增加

2017 年，河南省城乡居民人均可支配收入达到 20170.0 元，同比增长 9.4%，同比增幅、增速分别达到 1726.9 元、1.7 个百分点，增速高于全国 0.4 个百分点。其中，城镇居民、农村居民可支配收入分别达到 29557.9 元、13729.6 元，较上年分别增加 2325.0 元、2032.9 元，同比分别增长 8.5%、17.4%，较上年分别提高 2.2 个百分点、0.2 个百分点，城乡居民收入规模及增速较大，居民消费能力逐步提升，为全省消费市场的扩大提供了有力的现实基础。

2. 消费服务模式持续创新，消费热情进一步释放

随着互联网便利性优势的逐步凸显，以网购、网络外卖订餐等典型的消费服务模式持续创新，释放了全省大众消费的活力。2017 年，河南省网购规模在阿里系平台位居全国第 7 位，占该平台消费总量的 4.3%，消费金额增速位居全国第 10 位，其中，河南省消费金额占比达到 2.9%，河南省消费金额占全国第 8 位，增速位于全国第 4 位。同时，全省餐饮行业持续环暖，全年实现收入 513.4 亿元，同比增长 11.6%，增速超过商品零售行业 0.4 个百分点，居民消费热情逐步释放。

3. 居民意识逐步增强，消费结构持续升级

2017 年，全省消费升级最为显著的是消费类商品销售额的增长。其中，化妆品零售总额达到 159.6 亿元，同比增长 37.1%，增幅高达 34.1 个百分点；家用电器和音像器材零售总额达到 487.0 亿元，同比增长 14.9%；通信器材零售总额达到 97.7 亿元，同比增长 15.9%，增幅高达 6.4 个百分点，居民对智能冰箱、洗碗机等新“大件”的消费需求显著提高，增幅高达 20%，同时，受益于人们健康意识的提高，中西药品类商品销售额达到 305.0 亿元，同比增长 15.8，增幅高达 4.9 个百分点。

4. 石油类消费稳健提高，夯实消费增长基础

石油及其制品类、汽车类消费仍旧是河南省消费品市场的重要基础，2017 年实现销售额分别达到 2383.1 亿元、856.7 亿元，二者占全省消费品零售总额的比重为 16.5%，较上年下降 0.3 个百分点，仍旧是全省消费增长的基础。其中，得益于 2016 年汽车消费的快速增长，2017 年全省石油及其制品类消费品的消费能力持续提升，同比增长 13.9%，较上年同期上升 10.3 个百分点，位于全省 15 种消费品增幅第二位。

（二）河南省消费品市场发展的制约因素

2017 年，面对省内经济结构性矛盾突出，新的消费热点尚未形成等诸多干扰因素，全省消费品市场发展步伐有所减缓。

1. 省内经济结构性矛盾突出

2017 年，与我国发达省份相比，河南省第三产业比例过低、第一产业及第二产业比例过高的现状并未改变，甚至低于全国平均水平。其中，高耗能、传统产业占比仍有上升趋势，产品处于价值链低端、产业链前端的地位没有显著改变，经济转型发展的结构性矛盾仍旧突出，经济发展的动能不足，居民消费的预期不高。2017 年，河南省全社会消费品总额增速达到 11.6%，较上年同期下降 0.3 个百分点，总体仍旧保持增速收窄态势，如扣除价格等因素的干扰，实际收窄的幅度仍将继续加大。

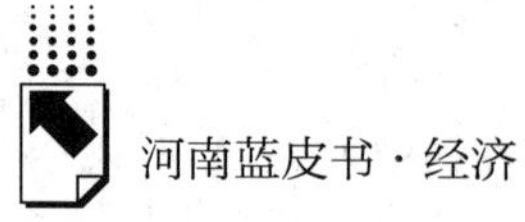

2. 消费指数仍旧保持高位运行

2017 年全省消费价格指数同比上涨 1.4%，上涨幅度最高的种类分别是医疗保健、居住、教育文化和娱乐、粮食，分别上涨 6.3%、3.6%、2.7%、2.0%，其中，农村、城镇分别上涨 1.2%、1.4%，可见，居民衣食住行消费上涨幅度较大，提高了居民基础性消费的成本，加大了居民消费的负担。值得注意的是，2015 年以来，河南省 CPI 指数已经连续 3 年处于高位运行态势，一定程度上抑制全省居民的消费意愿。

3. 消费热点尚未形成

2017 年全省 15 种消费品除了化妆品、石油及其制品等商品增速超过 5 个百分点外，其余 11 种商品消费增速低于 5 个百分点，较 2016 年减少 1 个，同时，增速低于 2 个百分点的商品种类达到 10 种，并且出现有 5 种商品增速出现下滑。一是文化办公用品、日用品、服装鞋帽及针纺织品等日常类消费品小幅下滑。2017 年，文化办公用品、日用品、服装鞋帽与针纺织品同比增速分别下滑 -4.9%、-2.3%、-1.9%，这与全省消费品价格指数走高有关。二是建筑及装潢材料缓慢下滑。限于全省房地产市场限购等政策冲击，2017 年建筑及装潢材料同比小幅下滑 1.6 个百分点。三是汽车行业下滑较大。2017 年，汽车类消费品同比下滑 6.4 个百分点，位于 15 种消费品中下滑幅度最高的商品，主要在于 2017 年国家将 1.6 升及以下小排量汽车的购置税由 5% 增至 7.5%，导致汽车消费热情下滑，同时，2016 年汽车优惠政策也释放了部门消费潜力，导致 2017 年汽车类商品消费增速下滑。此外，受到诸多因素的干扰，家具、烟酒、粮油食品、饮料、金银珠宝等商品消费增幅不高。

四　2018年河南省消费品市场运行态势分析

2018 年是十九大的开局之年，是全面步入新时代的关键之年，是河南全力推进扶贫攻坚，全面实现小康社会的重要年份，在全省经济动能逐步转换，经济稳健增长的同时，仍将面临着网络经济冲击、经济下行压力加大等复杂的国内、国际消费环境，全省消费品市场仍旧保持稳中趋缓的发展势头，预计2018年全年全省全社会消费品零售总额增速保持在11.5%左右，略低于2017年同期水平。

（一）2018年河南省消费品市场稳定增长的支撑条件

1. 中国（河南）自由贸易试验区正式挂牌

2017年4月，中国（河南）自由贸易试验区正式挂牌，随着《中国（河南）自由贸易试验区总体方案》《中国（河南）自由贸易试验区建设实施方案》《中国（河南）自由贸易试验区管理试行办法》等政策的相继出台，河南自由贸易区正式进入实体运作，全省社会经济发展提供了又一重量级国家平台，极大利好全省消费品市场的发展，仅2017年全区入驻企业数量超过2万家。河南自由贸易区的实体运作，拥有更多的贸易自主权，全面深化落实各项改革任务，逐步深化消费端供给侧结构性改革，不断创新创造消费热点，有利于全省消费市场的稳定发展。

2. 河南跨境电商进入黄金时代

2017年河南省加快了跨境电商综合试验区的发展步伐，不断推进供给侧结构性改革，从制度创新入手，在顶层设计、平台建设等方面积累了丰富的经验，其中1210通关监管模式得到国家认可并在国内全面推广，"查验双随机"等成果成为行业模板。2017年，全省认定了21家跨境电商示范区，人才培养暨企业孵化平台5家，有力地支撑了全省跨境电子商务的发展，全年全省跨境电商验放出口商品清单超过327.6万票，同比增长34.8%，货品价值同比增长355.7%。跨境电商的快速发展有利于河南省构建全球买卖体系，有利于刺激省内消费需求。

3. 共享经济的持续火热

2017年，共享经济在国内持续火热，从共享单车到共享雨伞，"互联网+"消费模式持续创新，新的消费热点不断激活。来自国家信息中心分享经济研究中心的数据预测，在未来，中国几年内共享经济将继续保持年均40%左右的高速增长趋势，共享经济规模到2020年将占GDP的10%，这一比值到2025年将上升至20%。2017年，摩拜、oFo等共享企业相继入驻河南，打开了省内共享经济市场，随着产业的深化，将有利于河南省消费市场结构的优化提升。

（二）2017年河南省消费品市场稳定增长的制约因素

1. 国内外经济发展不确定因素仍旧存在

2018年，地缘政治风险、恐怖主义等因素仍旧持续，区域不稳定性因素持续。随着新兴经济体的“弯道超车”，发达经济体经济增长仍旧乏力，全球贸易保护主义情绪有加深的倾向，导致全球经济合作及协调发展的难度加大，有可能拖累全球经济的增长以及生产率的提高。同时，目前美国实行的“美国优先”战略让全球经济发展充满变数。面对复杂的国内国际社会经济环境，多家权威机构预测，2018年中国经济增长预计在6.7%左右，略低于2017年。整体经济形势面临的不确定因素，也给居民消费预期带来了负面影响，一定程度上不利于河南消费市场的发展。

2. 汽车购置税优惠到期及反腐力度加大影响持续

得益于2016年中国实现1.6升及以下排量小汽车购置税减半政策，近几年来，汽车类消费占全省消费总额的比重保持在12%左右。但2018年，小排量汽车购置税减半政策到期，这将不利于省内汽车类商品消费规模的扩大。同时，随着国家反腐力度的加大，持续抑制珠宝首饰等奢侈品消费，省内奢侈品消费市场仍旧处于低迷状态。

3. 消费环境需要继续优化

一是消费维权数量持续提高。2017年前三季度全省12315受理消费维权362816件，较上年同期增长50233件，同比上升16.1个百分点，其中，咨询服务类消费咨询投诉最高，包括电信诈骗、不提供发票等方面。二是信用消费意识仍需强化。一方面是商户的信用意识还有待提高，另一方面消费者的消费信用意识也需要强化，尤其是在共享经济环境下，买卖双方均是通过电子网络平台来实现交易，更需要双方信用意识的提高。三是消费问题处理机制还需健全。当前，省内已经建立起以12315为主的消费处理机制，但是，随着全省消费热点的转移，消费环境的变化，消费问题更加多元化、多样化，处理的难度加大，对多部门协调、协同的要求更高，这对消费问题机制的完善提出了新要求。四是消费类基础设施仍旧存在提升的空间。当前，省内各地在充电桩、停车场等消费基础设施建设方面还存在一定的提升空间，尤其是郑州，停车难、充电难的问题仍旧持续，这不利于新能源消费趋势的发展。

参考文献

河南省统计局、国家统计局河南调查总队：《河南统计月报》，2017 年 12 月。

河南省工商行政管理局：《2017 年前三季度河南省 12315 消费维权数据分析报告》，2017 年 10 月。

中国社会科学院：《经济蓝皮书：2018 年中国经济形势分析与预测》，社会科学文献出版社，2017。

河南省政府发展研究中心课题组：《2017 年河南经济形势分析及 2018 年展望》，《河南日报》2017 年 12 月 25 日。

B.9
2017~2018年河南对外贸易形势分析与展望

陈 萍*

摘 要： 2017年，全球经济形势持续向好，发达国家经济复苏强劲超出市场预期，特别是“一带一路”向纵深推进，跨境电子商务发展迅猛，为河南扩大进出口提供了较好的外部环境。河南对外贸易进出口总体稳中向好，进出口产品结构继续优化，传统大宗商品大幅增长，利用境外资金稳步增长，“一带一路”沿线国家贸易成为河南对外投资主要力量，对外投资呈现多元化趋势，自贸区改革实现新作为，航空港建设成效显著。结合河南外贸发展的国内外形势，对促进河南外贸高质量发展提出五个方面的建议：努力提高全要素生产率，构筑对外贸易发展新优势；实施新一轮高成长企业培育工程，优化外贸经营主体；大力发展服务贸易，优化贸易方式；深化外贸供给侧结构性改革，优化商品结构；借助国家战略叠加优势，建设内陆开放高地。

关键词： 河南 对外贸易 进出口

* 陈萍，经济学硕士，河南省社会科学院区域经济评论杂志社副研究员。

一　2017年河南对外贸易总体运行情况

（一）进出口再创新高，总体稳中向好

2017年河南省外贸进出口总值首次突破5000亿元大关，达到5232.8亿元，比上年同期（下同）增长10.9%，稳居全国第十，中西部第一。据统计，2017年全省出口3171.8亿元，增长11.8%（全国增长10%）；进口2061亿元，增长9.6%（全国增长18.7%）。仅12月当月进出口值为811.8亿元，增长50.4%。其中，出口554.2亿元，增长59.8%；进口257.6亿元，增长33.4%。全年外贸进出口值和12月单月进出口值均创历史新高。和全国进出口增速相比，河南的出口增速态势优于全国，但进口比全国平均水平低一半，从多年的数据也可以看出，河南省出口近10年增长速度都好于全国平均水平，而进口额大多数时间是弱于全国增长速度。如图1、图2所示。

（二）高新技术产品进出口增速突出，进出口产品结构继续优化

2017年，河南省机电产品、高新技术产品出口持续增长，其中机电产品出口2345.7亿元，增长9.4%。高新技术产品（与机电产品有重合）出口2070亿元，增长10.2%，其中手机出口1934.3亿元，增长7.9%，全年手机出口首次突破一亿台。服装、箱包、家具等传统劳动密集型产品出口173.7亿元，增长6.4%。农产品出口149.2亿元，增长16%；发制品出口87.7亿元，增长11.7%。进口方面，集成电路是河南省第一大进口商品，2017年，全省进口集成电路781.9亿元，增长4.6%。同期进口农产品105.7亿元，增长4.6%，进口铜矿砂66.8亿元，增长4.1%。进口化妆品64.9亿元，增长89.8%。不管是进口产品还是出口产品，高新技术产品的增速都明显好于传统产品，这与近两年在外贸领域实施的供给侧结构性改革成效密不可分。

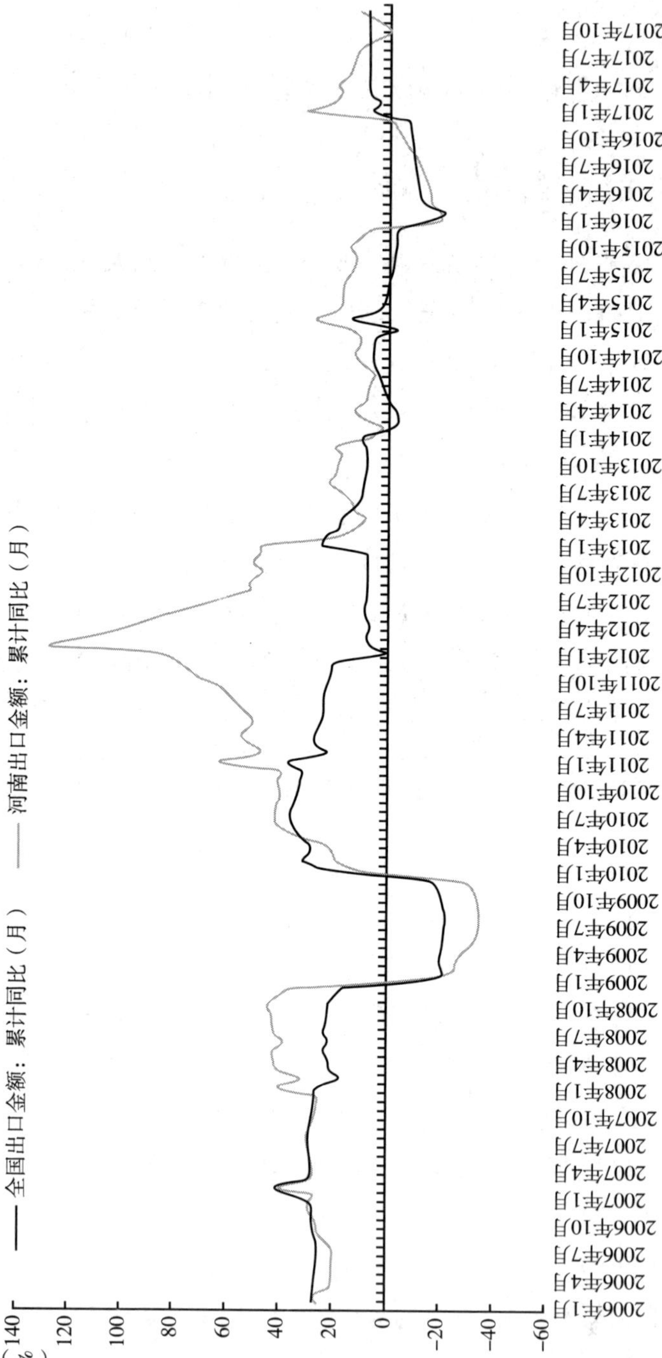

图1 河南与全国出口增速对比

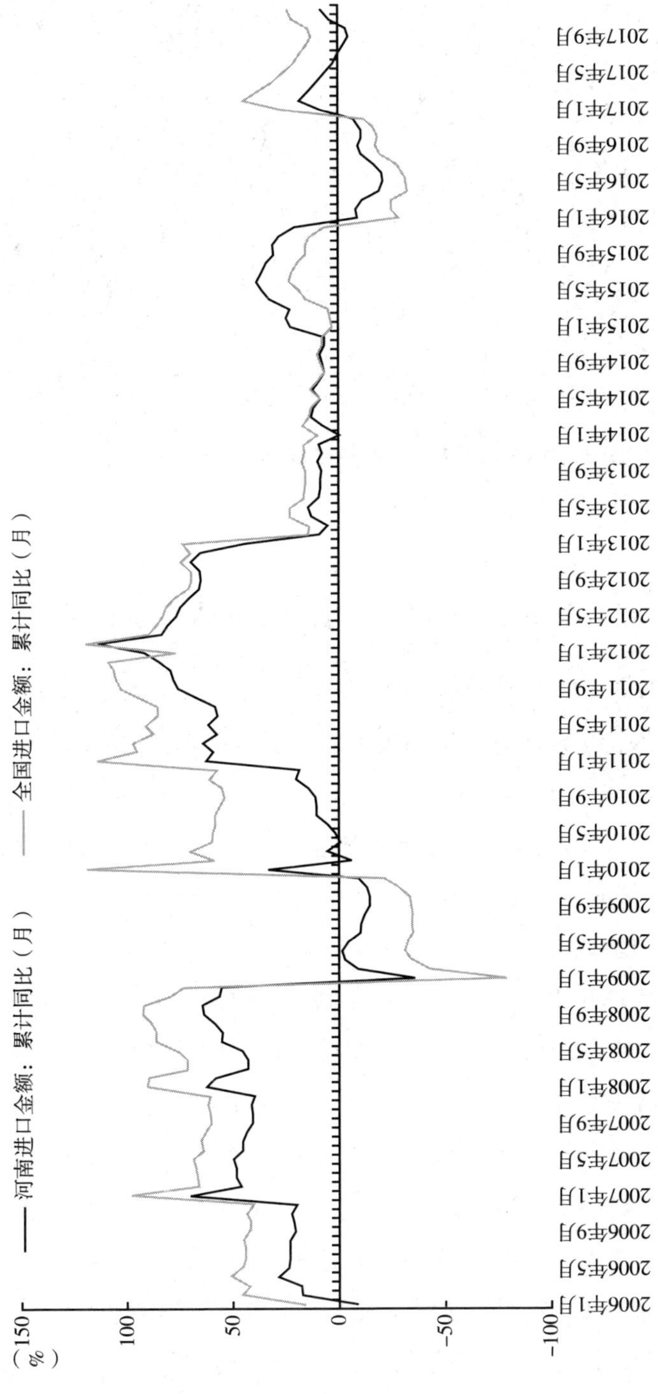

—— 河南进口金额：累计同比（月）　—— 全国进口金额：累计同比（月）

图2　河南与全国进口增速对比

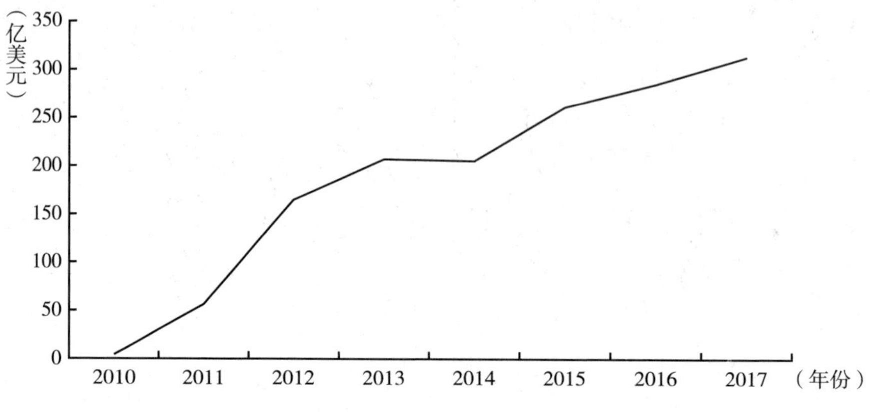

图3　2010～2017年河南省高新技术产品出口金额

数据来源：郑州海关统计，Wind数据库。

（三）传统大宗商品大幅增长，农产品迎来高速发展

河南是大宗原材料商品的重要生产省，受益于大宗商品价格上升，传统优势出口商品保持稳定增长，增幅较大的有明泰实业、龙鼎银业、中孚实业和河南万基等出口铝材76.8亿元，增长39.9%；许昌瑞贝卡、许昌瑞泰、许昌龙正等出口人发制品87.7亿元，增长11.7%；金利金铅和豫光金铅等出口白银25.1亿元，是上年出口额的6倍多；佰利联出口钛白粉23.3亿元，是上年出口额的近1倍。

河南食品农产品出口迎来高速发展期，货值由2013年的不足100亿元到2016年首次突破200亿元，3年内实现翻番，再到2017年达254.8亿元。河南在全国率先开展出口食品农产品“一县一品”“一县多品”创建，在全省筛选具有出口优势和潜力的食品农产品160多个品种，再从中优选香菇、苹果、茶叶等14个核心品类重点培育，引领食品农产品出口。香菇是河南省最大宗出口农产品，2017年出口香菇达87.6亿元。目前，河南“生态原产地保护”产品达65个，其中食品农产品类51个，连续6年居全国之首。全省已建成30家出口食品农产品示范区，数量居全国第二，产品达28大类。

（四）大力引进外资企业，利用境外资金稳步增长

全省设立外资企业210家，增长7.1%；实际吸收外资172.2亿美元，增长1.4%，完成年目标的101.4%。实际吸收外资主要集中在第二产业制造业，占比为60.1%。服务业领域吸收外资占比35.4%，继续上升，主要集中在批发和零售、租赁和商务服务业、科研等行业。外资大项目拉动作用明显。全省新设投资额1000万美元以上外资项目113个，投资总额203亿美元，占新设项目总投资额的97%。

（五）与“一带一路”沿线国家贸易增长迅速，成为河南对外投资主要力量

作为“一带一路”的重要节点，河南积极打造内陆开放高地，通过扩大对外合作范围、加大“走出去”力度，取得了一系列积极成果。2017年，对“一带一路”沿线国家进出口965.0亿元，增长20.2%，其中出口691.0亿元，增长14.5%；进口274.0亿元，增长37.6%。“一带一路”沿线国家在豫新设外商投资企业15家，实际吸收外资11.5亿美元。在“一带一路”沿线国家承包工程完成营业额17.3亿美元，增长16.1%，占总额的36.3%；对“一带一路”沿线国家投资7.6亿美元，增长75.5%，占对外投资总额的43.2%。

（六）对外投资呈现多元化趋势，投资热点有所转移

在对外投资方面，体现为以下三个大的特点：一是投资规模逐步扩大，大项目增多。随着河南经济发展水平的提高，企业实力的增强，对外直接投资获得了迅速发展，大项目逐年增加。二是投资主体多元化。全省对外直接投资呈现国有大型企业与民营企业并举，大型企业和中小型企业多元并存的格局。特别是近年来，民营企业“走出去”的意识和愿望更强，在境外开办企业的数量和投资额均超过国有企业。三是投资领域、渠道更加广泛。以往河南企业对外投资的重点多为资源开发类，近年来逐步向矿产勘探、建材、地产、加工制造、物流、农产品种植、畜禽养殖、工业园区等领域扩展。在以资源为目标的同时，以技术为目标、以营销网络为目标、以研发平台为目标的对外投资逐渐成为常态。四是投资地域更广阔。以往河南对外投资企业多分布于我国港澳地区和发达国家，近年出现了多元化趋势。目前全省有800多家境外投资企业主要分布在亚洲、欧洲、非洲、北美等地。尤其是近年来，随着国家“一带一路”倡议的实施，省内企业新的投资热点逐渐转向东南亚等“一带一路”沿线国家和非洲地区。

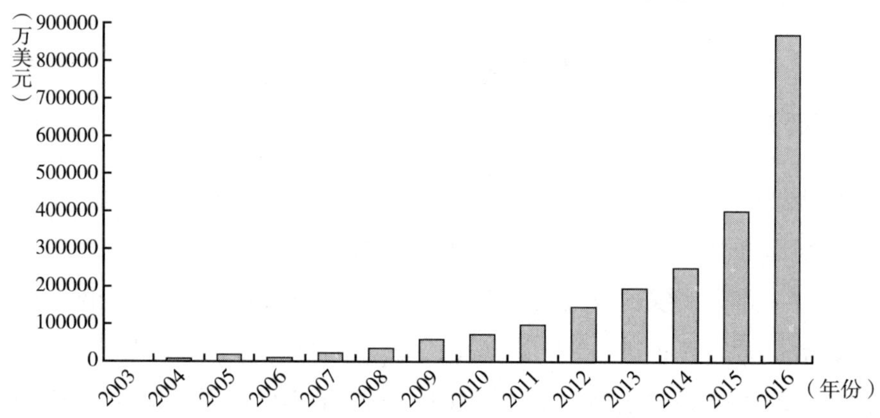

图4　2003～2016年河南非金融类对外直接投资存量增长

（七）自贸区改革实现新作为，激发对外开放发展

从2017年4月1日挂牌至2017年底，河南自贸试验区新入驻企业23623家，注册资本3175.4亿元。其中外资企业139家，国内外500强企业137家，带动了全省实际利用外资、进出口、财税收入的大幅增长。这些成绩的取得，得益于河南自贸区持续推进的一大批改革措施。在企业注册方面，自贸区实施“放管服”改革，全面推行“三十五证合一”和“一址多照”“一照多址”等新模式，企业在一个窗口提交一套材料即可办妥。同时，企业注册登记实现全程电子化，食品、药品、化妆品、医疗器械许可事项实现网上申报、受理、审批，都可在线实时查询及效能监察。在社会管理方面，

三个片区实施了首批455项省级经济社会管理权限，出台了41个配套文件481项支持措施。除此之外，为推进河南自贸试验区建设，还提出了160项改革试点任务，将在政务、监管、金融、法律、多式联运方面实施五大服务专项方案。这一系列的改革措施，持续推动河南对外开放向高质量方向发展。

（八）郑州航空港建设成效显著，成为中原腹地走向开放前沿的先锋

2017年，航空港枢纽建设成效突出，郑州机场客货运量跃居中部地区“双第一”，累计完成旅客吞吐量2430万人次，增长17.0%，在全国前15位机场中增速排名第一，吞吐量首次超过长沙、武汉，全国排名提升至第13位；货邮吞吐量成功跨越50万吨大关，增长10.1%，居全国机场第7位，首次跻身全球机场前50强。2017年，郑州海关监管航空口岸国际货邮量43.5万吨，增长66.2%，增速创2014年以来新高，郑州航空港正逐步成为中部地区进出口货物的集散地、转运枢纽。郑州—卢森堡航线已从每周4架次增加到每周40架次，辐射卢森堡、德国、英国、比利时等主要欧洲国家的重要区域和国内92个城市。在开放平台建设方面，河南联合签证中心正加快推进，已与尼泊尔、保加利亚、贝宁等多国达成合作意向。河南进口肉类口岸业务种类和规模领跑全国同类口岸。水果、冰鲜水产品、食用水生动物、鲜活水产品、邮政等口岸业务渐成规模，完成水果进口增长20%，进口鲜活海产品增长7.7%，承运邮件增长154%。郑州邮政口岸强势崛起。目前，郑州邮政口岸已开通郑州至亚、欧、美、澳等32个国际城市的直航航线，借助郑州国际航班资源，实现90%的省内国际快件通过郑州直航出口发运。郑州机场正从一个区域性机场转变成为一个辐射全球的立体综合交通枢纽。

二　2018年河南对外贸易面临的国内外形势分析

从全球对外贸易形势来看。从2016年下半年开始，全球经济复苏势头改善，增长动力总体不断增强。2017年以来，这一趋势得到延续，全球经

济实现了国际金融危机以来范围最广泛的复苏。从2017年全年来看，美国、欧洲、日本和加拿大等发达经济体经济增长普遍提速，积极因素不断累积。新兴市场和发展中经济体得益于外部环境改善，经济增长也在加快。从国内形势来看，中国经济处于结构不断优化，发展新动能加快成长，质量效益明显提高，需求结构持续改善的阶段，这都为对外贸易的发展奠定了基础。因此中国进口与出口均告别了此前连续两年的负增长，和全球经济的同步复苏。但是尽管中国出口增速转正，与同期其他主要出口大国相比并不算出色（如图5所示），占全球出口份额呈现下滑（如图6所示）。从进口来看，2017年的强劲增长主要受价格因素的推动，价格对中国进口增长的贡献率为52.6%，远高于出口的37.3%。从河南发展来看，全省内需增长平衡，就业形势稳定，经济结构持续优化，质量效益显著提升，特别是“一带一路”向纵深推进，跨境电子商务发展迅猛，为河南扩大进出口提供了较好的外部环境。展望2018年，海外需求或延续向好态势，国内需求整体不弱，河南经济总体稳定，这都将对河南进出口链形成持续支撑。预计2018年河南出口仍将处于稳定增长阶段，进口增速也会逐步回升，从而带动进出口形势稍好于上年。

但是，由于国际环境仍然错综复杂，贸易保护主义形势严峻，国际市场仍存在不稳定、不确定性。全球经济虽然总体复苏，受到发达国家制造业回流和新兴经济体中低端制造业崛起的双重挤压，中国出口在国际市场面临激烈的竞争。同时，十九大的召开对外贸发展提出了新的要求，为拓展对外贸易，培育贸易新业态新模式，扎实落实国家关于外贸稳增长调结构的政策措施，推进河南对外贸易持续稳定发展，还需要采取一系列的措施。

三　促进河南对外贸易高质量发展

（一）努力提高全要素生产率，构筑对外贸易发展新优势

伴随着各类生产要素成本进入集中上升期，传统低成本优势逐步弱化但

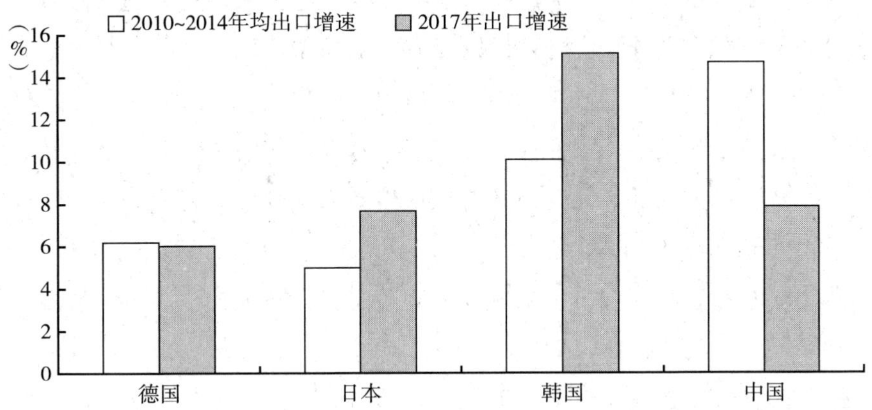

图 5　2017 年中国出口增幅与全球主要经济体出口增速对比

资料来源：wind 数据库，方正证券。

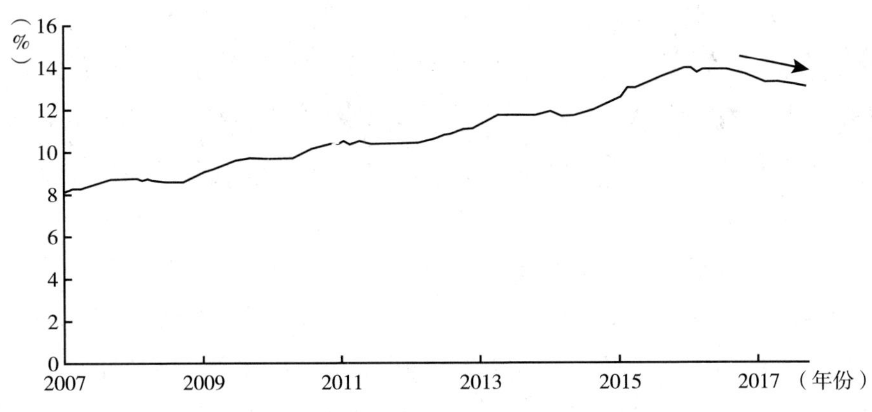

图 6　2017 年中国出口占全球出口的比重

数据来源：wind 数据库，方正证券。

并未催生新型比较优势的形成。在产业层面上即突出表现为面临价值链低端锁定、产品品质提升困难等风险。河南外贸在进入新阶段后，构筑新型比较优势，已成为当务之急，也是发展高水平开放型经济的战略需要。新型比较优势的培育应着重以下几个方面。首先，努力提高全要素生产率。进入高要素成本发展阶段，传统的外贸发展方式已经不能维持竞争优势，通过提高全要素生产率可以降低出口产品的单位生产成本，这是新型比较优势培育的重要方向之一，也是提升河南外贸国际竞争力的重要方向。其次，构筑综合服务企业。外贸综合服务企业是河南外贸发展的突出短板，没有一家全国知名企业，数量少、规模小、服务链条不完善，这是困扰河南多年的大问题，要采取有力措施，实现根本性突破。要尽快出台省级外贸综合服务企业认定管理办法和支持政策，引进全国知名外贸综合服务企业在河南省设立分支机构，推动省内专业外贸公司引入成熟管理经验，完善风控机制，提升服务能力，向外贸综合服务企业转型。

（二）实施新一轮高成长企业培育工程，优化外贸经营主体

落实国家和省政府出台一系列外贸发展政策，用足用活外经贸发展专项资金，支持企业技术创新、制度创新和管理创新，实施新一轮外贸高成长企业培育工程。省市县联动，精准施策，培育一批具有国际影响力的龙头企业和跨国企业。鼓励中小微企业走“专特精新”和与大企业协作配套发展的道路，加快培育一大批小而全、小而专、小而精的中小外贸主体。实施出口品牌战略，加快培育食品农产品等优势出口商品国际知名品牌。拓宽外贸企业出口渠道，巩固美国、欧盟、日韩、东盟等传统市场，加快开拓一带一路沿线国家市场，打造多元化市场体系。同时，研究出台推进外贸转型升级基地建设的政策措施，重新认定一批省级基地，支持省级基地创建国家级基地。鼓励基地加强公共服务平台建设，开展集体商标注册、地理标志产品保护等，推动基地开展对外交流合作，引进配套企业，完善产业链条，建设境外营销网络和公共海外仓。

（三）大力发展服务贸易，优化贸易方式

服务贸易具有能源消耗低、碳排放污染少、附加值高的优点。除了旅游、运输等传统服务业领域，金融、保险、计算机、信息服务等新兴服务贸易产业近年来发展迅猛。随着经济的发展，大多数国家服务产值的比重已超过国内生产总值的50%，欧美发达国家则高达70%以上。经济全球化和贸

易自由化的加速，使国际服务贸易迅速增长，离岸服务外包成为各国企业降低成本、增强竞争力的重要商业行为。发展服务贸易、服务外包对促进产业升级、促进劳动就业、促进国外直接投资和促进技术进步意义重大。要贯彻落实十九大精神，培育贸易新业态模式。完善服务贸易政策支持体系，建立重点联系企业监测制度，支持文化、旅游、建筑、软件、研发设计等服务出口，打造“河南服务”国际品牌。加快发展服务外包产业，发挥郑州国家服务外包示范城市的引领作用，推进省级服务外包示范园区建设，扶持一批优势突出、带动显著的龙头企业，培育一批创新能力强、特色鲜明的中小企业。

（四）深化外贸供给侧结构性改革，优化商品结构

从河南对外贸易的商品结构来看，尽管劳动密集型产品出口占出口总值以及贸易顺着总额的比重呈逐年下降趋势，资本密集型和技术密集型产品呈逐年上升的趋势，但劳动密集型产品仍然是河南对外贸易的主要来源。对于外贸企业而言，需求侧在外，单纯依靠低成本优势的出口必将导致产品质量欠缺、品牌不足、附加值不高等问题。在新形势下，要求企业通过提供高质量的商品来进一步刺激国外的消费需求，进一步促进经济的可持续发展。为此，要着力推动高技术、高品质、高附加值产品和装备制造产品出口，推动外贸走创新发展之路，打造“河南品牌”“河南品质”的外贸良好形象。

（五）借助国家战略叠加优势，建设内陆开放高地

深度融入国家“一带一路”建设。创新与“一带一路”沿路发展中国家的合作模式，树立良好的企业形象，实现与东道国的互利共赢。加强人文交流，通过人文桥梁，促进丝绸之路国家间合作的复兴。大力推进中国（河南）自由贸易试验区建设。深入研究河南自贸区发展的驱动因素与路径，实现由产品市场的开放走向要素市场开放，以“负面清单”管理推动体制机制改革，在更大范围内实现投资自由化，从制造业产品内国际分工转向便于价值链两端的攀升。深入提升郑州航空港经济综合实验区建设水平。

郑州航空港经济综合实验区已经成为河南对外贸易发展的门户，但下一步的发展要站位全球高度，全面提升开放水平，全方位推进港区现代化、国际化，打造港区经济核心增长极，借助引进更多巨型优质外资项目，以产业、市场、要素及合作等四维度、全方位开放为目标，大力推进对外开放国际化，把港区打造成我国中部地区汇聚全球产业、资本和人才的首选之地。

参考文献

赵振杰：《看一看 2017 年河南开放成绩单》，《河南日报》2018 年 1 月 31 日。

刘怀丕：《河南去年食品农产品出口创历史新高》，《中国国门时报》2018 年 2 月 12 日。

马玲：《外贸发展质量效益不断提升》，《金融时报》2017 年 11 月 9 日。

梁达：《我国外贸发展新动能正在加快积聚》，《上海证券报》2017 年 1 月 20 日。

商务部：《中国对外贸易形势报告（2017 年秋季）》，http：//www. cccfna. org. cn/article/分析报告/25660. htm。

B.10
2017年河南省财政运行分析及2018年展望

胡兴旺　赵艳青*

摘　要： 2017年河南财政收支运行总体平稳，为全省经济社会发展提供了有力支撑。但同时，财政运行和管理中也存在收支矛盾突出、资金使用效率不高、改革进展不均衡等问题。2018年河南省财政部门坚持以习近平新时代中国特色社会主义思想为指导，深刻把握新时代对财政工作的新要求，全面深化财税体制改革和实施更加有效的财政政策，更好地发挥财政在国家治理中的基础作用和重要支柱作用。

关键词： 河南　财政收支　可持续发展

2017年以来，全省各级财政部门认真贯彻落实省委、省政府决策部署，着力实施积极的财政政策措施，大力支持供给侧结构性改革，落实减税降费政策，扩大支出规模，优化支出结构，不断提高保障和改善民生水平；依法加强收入征收，财政收入增速与经济发展相适应，财政收入质量逐步改善。深化财税体制改革，创新财政投入方式，引导社会资本参与公共基础设施和公共服务的供给，全面提升财政绩效管理，财政运行情况总体较好，有力推动了河南经济稳中向好的发展态势。

---

* 胡兴旺，博士，研究员，河南省财政厅政策研究室主任；赵艳青，硕士，河南省财政厅政策研究室。

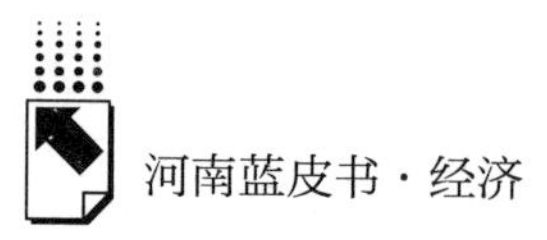

一　2017年河南省财政运行情况

2017 年全省财政收支运行总体平稳，圆满完成了年度预算收支任务。全省一般公共预算收入 3397 亿元，同比增长 10.4%，增幅比上年提高 2.4 个百分点，扭转了自 2012 年以来增速下滑的态势；一般公共预算支出 8224.7 亿元，增长 9.8%，突破 8000 亿元大关。

（一）一般公共预算收入平稳增长

2017 年全省一般公共预算收入中：地方税收收入 2316.2 亿元，增长 13.3%，税收收入占一般公共预算收入的比重为 68.6%，比上年提高 1.8 个百分点。分部门看：国税部门入库地方税收 1080.5 亿元，增长 12.2%；地税部门入库地方税收 1235.7 亿元，增长 14.4%。非税收入完成 1068 亿元，增长 4.7%。财政收入增长有以下特点。

一是增速呈回落趋势。全年一般公共预算收入增幅比前 11 个月和前 10 个月分别回落 0.7 个、1.7 个百分点；税收收入增长 13.3%，增幅比前 11 个月和前 10 个月分别回落 1 个、1.3 个百分点。二是主要税种增长放缓。国内增值税、改征增值税、企业所得税、土地增值税分别增长 23.1%、91.6%、11.6%、32.7%，增幅比前 11 个月分别回落 1.2 个、16.4 个、1.8 个、3.8 个百分点，比前 10 个月分别回落 1.7 个、33.9 个、2.6 个、6.8 个百分点。三是地区之间收入不均衡。18 个省辖市一般公共预算收入 3211.8 亿元，同比增长 10.8%。一般公共预算收入增速最低的南阳市（7.7%）比增速最高的濮阳市（16.6%）低 8.9 个百分点；人均一般公共预算收入最高的郑州市（10866 元）是人均一般公共预算收入最低的周口市（1268 元）的 5.7 倍；税收收入占一般公共预算收入最低的南阳市（62.9%）比税收收入占比最高的济源市（82.2%）低 19.3 个百分点。

（二）财政支出增长较快，民生和重点支出保障较好

2017 年全省一般公共预算支出 8224.7 亿元，比上年增长 9.8%，增速比上年加快 0.2 个百分点。各项重点及民生支出保障较好，全省民生支出 6389.9 亿元，占一般公共预算支出的比重为 77.7%，同比提高 0.5 个百分点。核算非营利性服务业增加值增长速度的八项支出合计增长 16.4%。分科目看，教育、科学技术支出分别增长 12.2%、45.3%；社会保障和就业、医疗卫生与计划生育支出分别增长 9.6%、9%；农林水、节能环保、城乡社区分别增长 7.4%、24.3%、30.2%。一般公共预算支出增长较快，反映财政部门管理水平进一步得到了提升，财政资金绩效观念得到了进一步加强，财政改革的成效得到进一步的体现。

（三）财税体制改革稳步推进

一是深入推进预算管理改革。通过深化中期财政规划管理、推动省以下财政事权和支出责任划分改革、强化预算绩效管理、推进预决算公开深入推进预算管理改革。二是深化财政体制改革。制定全面推开营改增试点后省与市县增值税收入划分过渡方案，下发省以下财政事权和支出责任划分改革意见，完善财力性转移支付办法，提高县级基本财力保障水平。三是规范加强政府性债务管理。通过健全完善工作机制、建立政府债务预警机制和应急处置机制，规范政府举债行为、加强政府债券预算管理，防控政府债务风险。四是积极落实各项税制改革。紧跟中央部署，全面推开营改增，全力做好实施环境保护税各项准备，积极推进水资源税改革试点。五是深化财政资金基金化改革。完善政府投资基金“1 + N”制度体系，统筹资金 45 亿元，设立中小企业发展、现代农业发展等 11 只基金，撬动社会资本 181.3 亿元。

二　2018年财政形势分析及政策取向

（一）财政形势分析

2018 年，从经济形势看，尽管存在着美国财政货币政策进一步转向带

来的潜在风险和冲击，国际经济环境有一定的不确定性，但从目前主要国际组织的普遍预期来看，全球经济有望继续保持温和复苏的势头，有助于我国对外贸易保持平稳增长。从国内来看，我国经济已由高速增长阶段进入高质量发展阶段，积极因素不断增多，2018 年将延续 2017 年稳中向好的发展趋势。从省内看，全省发展优势日益累积，经济继续保持稳中有进、稳中向好的运行态势，发展动能持续增强，质量效益持续改善。但也要看到，全省长期积累的结构性矛盾仍较突出，新旧动能转换任务艰巨，经济运行仍存在不少突出矛盾和问题，经济下行压力较大。

从财政形势看，增收空间有限，支出压力加大。河南省经济面临的宏观环境依然复杂多变，各项财政减收增支因素十分集中。收入方面，河南省经济稳定运行的基础仍不牢固，民间投资和工业投资持续低迷，传统产业转型解困压力较大，经济完全企稳回升还有一个过程。实施更加积极的财政政策，深入推进供给侧结构性改革，进一步落实减税降费措施，尤其是 2017 年全年实施“营改增”的后翘影响，在减轻企业负担的同时，对财政收入的减收影响将进一步加大。支出方面，增支政策多、刚性强，既要保障和改善民生，不断满足人民日益增长的美好生活需要，持续推进精准扶贫精准脱贫、就业和社会保障等民生支出，又要坚持发展是第一要务，支持发挥优势打好“四张牌”，加快建设现代化经济体系，都需要财政投入，财政收支矛盾将更加突出。充分考虑经济发展和减税降费因素，2018 年全省一般公共预算收入增长目标为 8% 以上，税收占一般公共预算收入比重 70% 以上。

（二）财政政策取向

2018 年，全省各级财政部门要全面贯彻落实党的十九大精神，坚持以习近平新时代中国特色社会主义思想为统领，紧紧围绕省委十届四次全会的战略部署，密切联系财政改革发展实际，认真落实更加积极有效的财政政策。一是进一步增强财政保障能力。切实加强财政收入管理，大力推进财源建设，全面开展综合治税，在发展质量和效益持续提升的基础上提高财政收入质量，做大河南省财政蛋糕，增强财政服务保障能力。二是进一步完善财政政策体系。加强财政政策统筹整合，优化财政支出结构，创新财政投入方式，切实发挥财政政策引领和支撑作用。三是进一步提高财政治理能力。创新财政管理方式，强化财政资金盘活和统筹机制，提高资金使用效率；积极落实各项债务风险化解措施，健全政府举债融资行为监管问责机制，切实防范地方债务风险。四是进一步深化财税体制改革。落实中央与地方财政管理体制改革，加快推进建立省及省以下财政关系；深化预算管理制度改革，全面实施绩效管理；按照国家统一部署，深化税收制度改革，健全地方税体系。

三　促进财政可持续发展的建议

2018 年，要把学习贯彻党的十九大精神作为首要政治任务抓紧抓好，围绕省委、省政府和财政部确定的重点工作，发挥财政职能作用，支持打好三大攻坚战，推动党的十九大精神在河南财政各项工作中落地生根、开花结果，为加快建设现代化新河南提供强有力的财力保障和政策支撑。

（一）围绕建设现代化经济体系，发挥财政政策支撑作用

紧紧围绕省委、省政府重大决策部署，坚持质量第一、效益优先，构建实体经济、科技创新、现代金融、人力资源协同发展的产业体系。一是大力支持供给侧结构性改革。围绕提高供给体系质量，持续推动去产能、去库存、去杠杆、降成本、补短板，实现转型发展。二是聚焦支持河南省创新、协调、开放发展。围绕以“三区一群”等国家战略实施为引领，进一步研究完善财政支持政策，积极落实各项财政奖补政策和税收优惠。三是支持实施乡村振兴战略，支持农业结构调整、农业基础设施建设、培育新型农业经营主体，改革财政支农投入机制，加快推进农业农村现代化进程。四是支持坚持打赢环境治理攻坚战，推进绿色发展，建立健全绿色低碳循环发展的经济体系。

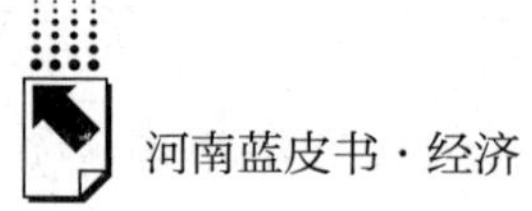

（二）围绕提高保障和改善民生水平，发挥财政政策保障作用

深入贯彻以人民为中心的发展思想，不断完善公共服务体系，不断满足人民日益增长的美好生活需要，努力增强河南人民获得感。一是全力支持精准扶贫、精准脱贫。创新财政助力金融扶贫模式，充分发挥财政政策保障作用，支持河南省脱贫攻坚稳步推进。二是切实支持民生事业发展。优先发展教育，持续提高河南省教育发展水平，积极支持“双一流”建设和高等教育内涵式发展；支持健康中原战略，深化医药卫生体制改革，进一步提高我省城乡居民基本医疗保障水平，鼓励支持民间资本和社会力量申办养老机构，积极推进医养结合，支持养老机构提升服务能力；积极推动文化领域涉企资金基金化改革，引导社会资本投资文化产业，促进文化产业升级；推动保障房建设，支持政府为住房困难群体提供基本租购住房服务。三是大力支持提高就业质量和人民收入水平。继续支持大学生就业创业、农民工返乡创业，继续实施全民技能振兴工程；认真履行财政再分配职能，促进收入分配更合理、更有序，积极推动实现居民收入与经济增长基本同步。

（三）围绕新型城镇化和基础能力建设，发挥财政政策引领作用

着力构建规范高效的政府投融资体系，充分发挥财政资金撬动作用，引导社会资本参与基础能力设施建设和公共产品供给，加强基础能力和开放平台建设，提高新型城镇化发展水平。一是以深化涉企资金基金化改革为突破，充分发挥新型城镇化发展基金等基础设施类基金作用，引导社会资本投资基础设施建设等重点领域。二是推广运用 PPP 模式，创新基础设施和公共服务领域投融资机制，吸引社会资本参与河南省基础设施和公共服务项目的投资运营。三是发挥功能类企业投融资功能作用，争取开发性、政策性金融资源支持，继续支持县市开展百城建设提质工程投融资，服务全省重大工程项目建设。

（四）围绕改革创新，全面深化财税体制改革

按照党的十九大对财税体制改革提出的新要求和省委十届四次全会精

神，坚持创新思维，全面深化财税体制改革。一是稳妥推进财政事权划分改革。按照财政事权划分原则，合理确定省以下政府间财政事权；根据省以下财政事权划分、财政体制及基层政府财力状况，合理确定省以下各级政府的支出责任。二是完善预算管理制度。推动预算编制的科学化和标准化，继续加大财政资金统筹力度，进一步推进预决算公开，提高财政管理透明度。三是深化预算绩效管理改革，建立预算绩效全过程管理机制，将绩效理念和方法融入预算编制、执行和监督全过程，形成“花钱必问效，无效必问责”的良性机制。四是按照国家统一部署，落实各项税制改革任务。认真做好中央各项税收试点改革和税收改革各项准备工作，全面深入推进综合治税。五是积极支持开展深化政府投融资体制、国资国企、社会保障、事业单位政府购买服务等领域改革。

（五）围绕防范风险，着力提高财政治理能力

创新管理理念，积极构建规范的地方政府举债融资机制，防范和化解财政风险，不断提升财政治理能力。一是支持打好防范化解重大风险攻坚战。严格防控政府债务风险，建立健全债务动态监控系统，坚持“开前门”“堵后门”，有效加强债务管理。支持妥善化解企业风险，推动银行金融机构支持企业稳妥降低杠杆率，帮助企业降本增效。防范养老保险支付风险，强化养老保险基金收支管理，确保养老金及时足额发放。二是深化中期财政规划管理，指导市县加快推进中期财政规划管理工作，妥善安排财政收支预算，严格做好与化解政府债务风险政策措施的衔接。三是加快政府职能转变，进一步规范融资平台公司融资行为管理，构建市场化运作的融资担保体系，推动融资平台公司尽快转型为市场化运营的国有企业、依法合规开展市场化融资。四是科学制定地方债券发行计划，根据经济社会发展实际合理控制节奏和规模，提高债券透明度和资金使用效益，建立信息共享机制。五是争取中央财政加大对我省新增一般政府债券倾斜力度，精心组织实施“土地储备”和“政府收费公路”等国家批准的专项债券品种试点工作，保障重点领域合理融资需求。

参考文献

中国共产党第十九次全国代表大会报告：《决胜全面建成小康社会 夺取新时代中国特色社会主义伟大胜利》，2017 年 10 月 18 日。

河南省第十次党代会报告：《深入贯彻党中央治国理政新理念新思想新战略 为决胜全面小康让中原更加出彩而努力奋斗》，2016 年 10 月 31 日。

河南省社会科学院课题组：《努力打好“四张牌” 让中原更加出彩》，《河南日报》2016 年 12 月 22 日。

B.11
河南省2017年物流业运行分析及2018年展望

毕国海　李 鹏*

摘　要： 2017年河南物流业围绕供给侧结构性改革，加大转型发展攻坚力度，完善物流业发展的规划政策，创新体制机制，国际多式联运、冷链物流、快递物流和电商物流等重点领域加快发展，全省物流业呈现良好发展态势。2018年，物流运行的宏观经济环境总体向好，河南将着力推动示范物流园区提质升级，积极引进培育龙头企业，以冷链、快递、电商物流和多式联运为重点，大力发展特色行业物流，加快推进物流业转型发展攻坚。

关键词： 河南省　物流业　转型发展

2017年，全省深入贯彻落实省委省政府各项工作部署，坚持稳中求进的工作总基调，在经济社会保持稳步发展的同时，运行质量有所提升。全省物流业围绕供给侧结构性改革，加大转型发展攻坚力度，完善物流业发展的规划政策，创新体制机制，国际多式联运、冷链物流、快递物流和电商物流等重点领域加快发展，全省物流业呈现良好发展态势。

---

* 毕国海，河南省物流与采购联合会副会长、河南省物流学会会长；李鹏，河南省物流与采购联合会秘书长，高级物流师。

一　总体运行情况

（一）物流运行质量提升，“降成本”取得实效

随着供给侧结构性改革的深入，河南持续推进物流降本增效，物流领域“降成本”取得积极成效。2017 年，全省社会物流总费用 7063.2 亿元，增长 7.4%，比全国平均增幅低 1.8 个百分点，社会物流总费用与 GDP 的比率为 15.7%，比上年降低 0.7 个百分点，单位 GDP 所消耗社会物流费用进入连续回落阶段。

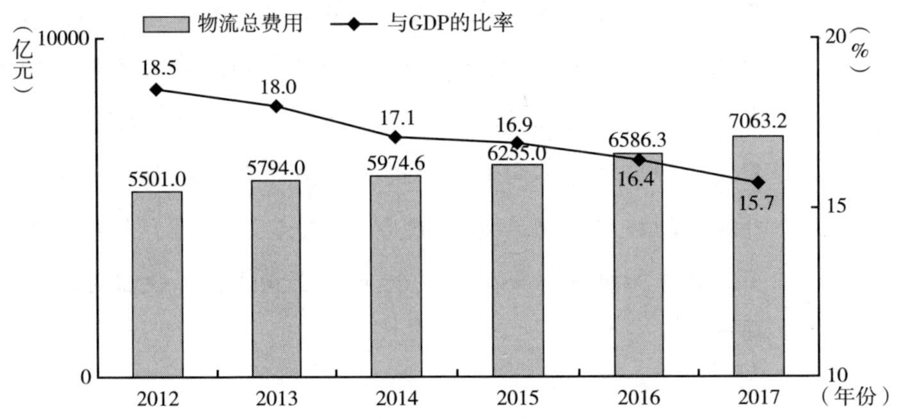

图 1　2012～2017 年河南省社会物流总费用与 GDP 的比率变化

从物流各环节的费用情况看，运输费用和管理费用增幅较上年有所提升，保管费用减缓。2017 年，社会物流运输费用 4462.5 亿元，增长 7.4%，比上年上升 0.7 个百分点，约占全省社会物流总费用的 63.2%，管理费用 673.3 亿元，增长 9.4%，比上年上升 1.8 个百分点；保管费用 1927.4 亿元，增长 7.2%，比上年下降 1.3 个百分点。

（二）物流需求稳步提升，需求结构不断优化

2017 年，全省社会物流需求稳中有升，社会物流总额达到 111395 亿元，同比增长 9.1%，比上年提高 0.3 个百分点，高于全国增速 2.4 个百分点。

表 1　2017 年河南省社会物流总费用构成及占比

单位：亿元，%

指标名称	总额	增长	占总费用比
社会物流总费用	7063.2	7.4	100.00
运输费用	4462.5	7.4	63.2
保管费用	1927.4	7.2	27.3
管理费用	673.3	9.4	9.5

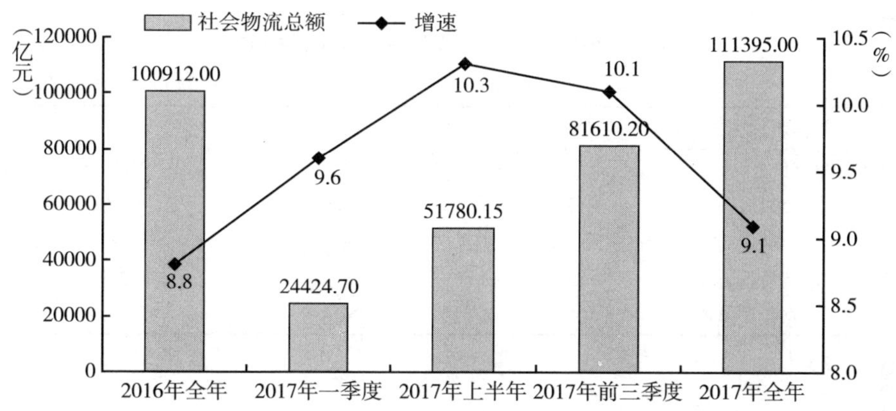

图 2　2016～2017 年河南省社会物流总额趋势变化

从结构上看，产业结构改革步伐加快，新兴产业继续保持强劲增长趋势，消费类物流贡献持续提升，工业生产类物流需求结构加快调整。单位与居民物品物流高速增长，物流总额达 333 亿元，增长 42.9%，比上年提高 0.5 个百分点；工业品物流总额达到 91968 亿元，增长 9.5%，比上年提高 0.3 个百分点，汽车及零部件、智能手机、节能环保设备等高技术工业品物流需求增长较快；农产品物流总额、再生资源物流总额分别增长 4.6%、17.3%，同比分别提高 0.2 个和 3.1 个百分点；进口货物物流需求加速回暖，物流总额 2061 亿元，增幅由上年的负增长（－1.9%）转为正增长（6.7%）；外省流入物品总额达 9949.08 亿元，增长 10.3%，比上年减缓 0.3 个百分点。

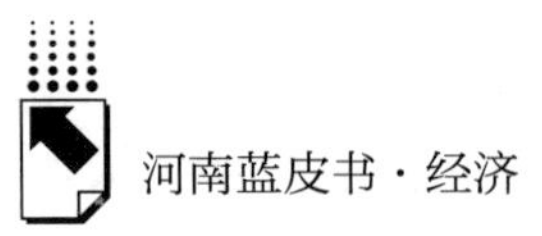

（三）物流业规模不断壮大，产业支持作用不断增加

2017 年，全省物流业增加值达到 2352.8 亿元，占 GDP 的比重为 5.2%，占服务业增加值的比重为 12.3%。从结构上看，交通运输业占比最大，达到 59.4%，完成增加值 1397.3 亿元，增长 8.6%；邮政快递业增长最快，增幅达到 29.8%，完成增加值 213.5 亿元；仓储业、贸易物流业分别完成增加值 192.1 亿元和 549.9 亿元，同比增长 8.2% 和 14.1%。

表 2　2017 年河南省物流业增加值及构成

单位：亿元，%

指标名称	增加值	增长	占比
物流业增加值	2352.8	8.7	100
其中：交通运输业	1397.3	8.6	59.4
仓储业	192.1	8.2	8.1
贸易物流业	549.9	14.1	23.4
邮政快递业	213.5	29.8	9.1

（四）产业转型升级态势明显，专业化不断提升

随着全省物流业转型攻坚战持续深入，物流细分行业增势良好，快递物流持续增长，跨境电商物流增速迅猛。2017 年，全省快递服务企业完成业务量 107377.6 万件，同比增长 28%，高于全国平均增速 11.6 个百分点；实现快递业务收入 115.9 亿元，首次突破百亿元，同比增长 22.8%。其中，省会郑州市快递业务量 49139.2 万件，快递业务收入 57.8 亿元，分别居全国第 18 名和第 15 名，分别占全省业务总量的 45.8% 和 49.8%，尤其是国际/港澳台业务量累计完成 2562.4 万件，同比增长 231.2%。

（五）物流基础设施不断完善，投资拉动作用持续增强

物流相关固定资产投资保持较快增长，投资对于拉动物流业发展作用进一步增强。2017 年完成 2487.5 亿元，比上年增长 27.9%，占全省固定资产

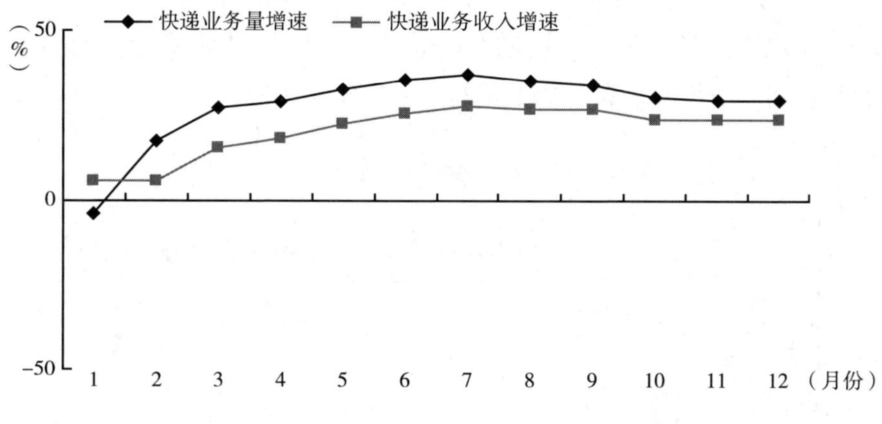

图 3　2017 年河南省快递业务量增速和收入增速走势

投资的 5.7%，增速高于第三产业投资 12.2 个百分点，高于全省固定资产投资 17.5 个百分点。其中，航空运输业固定资产投资增长迅猛，完成投资 44.8 亿元，同比增长 61.7%；道路运输业、仓储业分别完成投资 1470.3 亿元、731.3 亿元，同比分别增长 46.0% 和 6.8%，比上年分别上升 43.5 个百分点和 5.1 个百分点。

（六）货运实物量保持回升势头，货运业务发展良好

2017 年，全省货物运输量累计增幅由 1 月份的 4.8% 上升到 12 月份的 11.7%，货物周转量增幅由 1 月份的 8.0% 上升到 11.2%，呈现逐步回升态势。全年完成货物运输量 22.9 亿吨，货物周转量 8160.3 亿吨公里，分别增长 11.7% 和 11.2%，比上年都提升了 5.1 百分点。其中，航空货运继续保持较快增长。郑州机场货邮吞吐量首次突破 50 万吨，达到 50.5 万吨，增长 10% 以上，开通了全货运航线 34 条，全货机通航站点 37 个，全货机航班量每周计划 110 班以上。铁路货运企稳回升。全省铁路货运量 9338 万吨，同比下降 2.3%，降幅比上年明显减缓，货物周转量 1731.3 亿吨公里，同比增长 2.7%，中欧班列（郑州）保持高频往返均衡常态化开行，累计开行超过 1000 班，实现每周“去八回八”高频次运营，全年开行 3673 列，同比增

长 116%，超过过去 6 年的总和。公路货运平稳增长。全省公路货运量 21.3 亿吨，同比增长 15.8%，比上年提高 8.9 个百分点；货物周转量 5380.2 亿吨公里，同比增长 11.2%，比上年提高 4.7 个百分点。

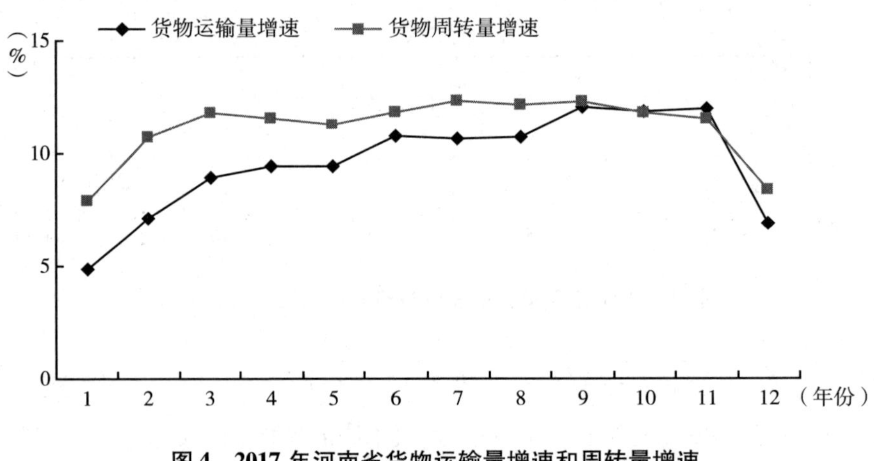

图 4　2017 年河南省货物运输量增速和周转量增速

二　2018年物流业运行预测和分析

2018 年，物流运行的宏观经济环境总体向好，政策环境不断改善，物流业作为支撑国民经济发展的基础性、战略性产业，面临诸多发展机遇与挑战，产业转型升级、降本增效举措也将稳步推进。2018 年及今后一个时期，河南物流业将呈现以下几方面特点。

（一）物流政策环境将持续改善

2017 年，河南启动了全省物流业转型发展攻坚战，出台了一系列规划、方案和政策措施，极大地鼓舞了各级政府及市场主体发展现代物流的热情和信心。同时，国家密集出台了《关于进一步推进物流降本增效，促进实体经济发展的意见》《关于积极推进供应链创新与应用的指导意见》《对严重违法失信主体联合惩戒备忘录》《关于推动物流服务质量提升工作的指导意见》等一系列政策措施。2018 年，随着各项政策措施全面落实，“放管服”改革深入推进，制约行业发展的制度环境将进一步好转。

（二）社会物流成本将持续降低

当前，河南物流效率相对于发达国家仍有一定差距，降本增效仍然是工作重点。未来一段时期，优化经济结构、提升物流运作水平，降低制度性交易成本将是降本增效的重要途径。物流企业应把现代供应链创新应用，与相关产业深度融合，提升物流运作效率作为主攻方向。2018 年，初步预计全省社会物流总费用与 GDP 的比率再降低 0.5 个百分点左右。

（三）智慧物流将推动动力变革

当前，新一轮科技革命和产业变革形成势头，互联网与物流业深度融合，智慧物流蓬勃发展。未来一个时期，物联网、云计算、大数据、区块链等新一代信息技术将进入成熟期，全面连接的物流互联网将加快形成，“万物互联”呈指数级增长。物流数字化、在线化、可视化成为常态，人工智能快速迭代，“智能革命”将重塑物流行业新生态。

（四）物流设施网络将进一步完善

党的十九大报告明确提出：加强水利、铁路、公路、水运、航空、管道、电网、信息、物流等基础设施网络建设。各种运输方式合理分工，“线路”与“节点”衔接配套，实现全程物流“一单到底”，无缝对接。物流园区、配送中心、末端网点等多级物流网络与综合运输体系将逐步互联互通，河南将形成一批物流枢纽和重要物流节点。

（五）绿色低碳物流将加快发展

随着环境负荷日益加重，物流业面临严峻挑战。重型柴油货车开始执行国五排放标准，多地对柴油货车实行环保新政。自然环境与政策措施“倒逼”绿色物流加快发展。节能降耗、新能源替代、可再生能源利用、减量

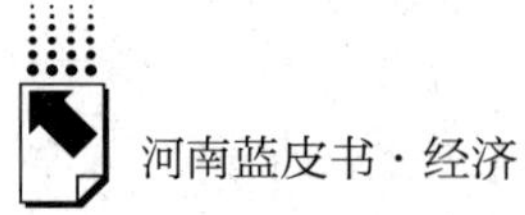

化包装等绿色物流技术，带板运输、共同配送、多式联运、逆向物流等绿色物流模式将进入快速发展期。菜鸟联合阿里巴巴公益基金会，中华环境保护基金会，以及中通等主要快递公司共同发布了“中国绿色物流研发资助计划”，标志着绿色物流进入创新驱动时代。

三　对策建议

2018 年，河南将着力推动示范物流园区提质升级，积极引进培育龙头企业，以冷链、快递、电商物流和多式联运为重点，大力发展特色行业物流，加快推进物流业转型发展攻坚。

（一）大力发展冷链物流

加快实施郑州国际冷链物流枢纽等 20 大物流重点工程，建设一批冷链物流城市配送中心、农产品产地冷库等设施，全年新增 100 万立方米冷库，新建 20 个以上大型冷链物流园。制定实施冷冻食品、生鲜肉制品、乳制品等冷链物流地方标准，选择 10 家企业开展冷链物流对标行动。开展全省冷链物流从业人员轮训，选择 3 个省辖市开展标准化托盘循环共用试点。

（二）加速发展快递和电商物流

启动 EWTO 核心功能集聚区规划编制，推动 G20 国家复制 1210 监管模式。开展进境邮件“一点通关、分拨全国”试点。布局建设 100 个跨境电商海外仓，开工建设中通国际业务基地、京东亚洲一号仓、顺丰产业园等一批重点项目。探索审慎监管模式，全面落实快递业“三个 100%”审验制度。

（三）创新发展多式联运

加快郑州机场北货运区物流设施建设，加快建设郑州机场国际多式联运数据交易服务平台和国际陆港中欧国际多式联运综合信息服务平台，深化国际物流数据标准联盟合作。扩大“卡车航班”运营规模，建立覆盖500公里的集散分拨体系。推进中欧班列（郑州）“一干三支”公铁海多式联运示范工程和汉堡、慕尼黑核心枢纽建设，开工建设汽车口岸二期，力争全年开行班列750班。加快“1+6+N”铁路物流基地布局，开展道路货运无车承运人及甩挂运输试点，探索开展驼背运输。

（四）推动示范物流园区提质升级

研究出台加快省级示范物流园区发展政策意见，动态调整省级示范物流园区，成立河南物流园区联盟，搭建全省物流仓储资源信息交易平台，组织开展园区服务、冷链设施、动产质押等标准化推广认证，实施物流园区降本增效专项行动。争取一批枢纽城市和园区纳入国家物流枢纽布局建设规划。

（五）加快物流信息化、标准化、诚信化建设

支持企业加大物流设施设备自动化、智能化的研发和推广；加强多式联运、冷链物流、快递物流和电商物流等信息化平台建设；鼓励企业积极参与制定并优先开展物流标准化试点、示范，提高河南省物流标准化水平；积极推动我省物流企业开展诚实信用建设，构建物流诚信体系，建立诚信档案，实施对不诚信企业的多方联合惩戒措施，促进河南省物流业诚信化发展。

参考文献

河南省人民政府：《河南省物流业转型发展规划（2018～2020年）》。

何黎明：《2017年我国物流业发展回顾与展望》，《中国流通经济》2018年第2期。

孙夏令、李秀萍：《供给侧改革视域下物流业转型发展——以河南省为例》，《商业经济研究》2018年第2期。

李文哲：《河南物流业加速转型升级》，《经济参考报》2017年12月12日。

B.12
2017~2018年河南居民消费价格走势分析

崔理想*

摘　要： 2017年河南居民消费价格同比上涨1.4%，涨幅同比回落0.5个百分点，总体呈现温和上涨态势。其中，城市居民消费价格同比上涨1.5%，农村居民消费价格同比上涨1.2%，涨幅分别同比回落0.4个、0.8个百分点。分类别看，较上年同期，“七大类”商品及服务价格变化特征总体呈现“六涨一降”。分月份看，1月、12月居民消费价格涨幅同比最大，均达到2.3%；3月涨幅同比最小，仅为0.3%；各月份中，1月、8月、12月涨幅同比有所扩大，10月、11月涨幅同比持平，其余月份均涨幅同比收窄，其中3月涨幅回落最显著，达到2.1个百分点。预计2018年河南省居民消费价格将保持温和上涨态势。

关键词： 居民消费价格指数　温和上涨　河南

2017年，河南坚持以新发展理念为引领，坚持稳中求进工作总基调，深入推进供给侧结构性改革，着力发挥优势打好“四张牌”①，积极推进“三区一群”② 四大发展战略，扎实开展“四大攻坚战”③，狠抓各项政策落

---

* 崔理想，经济学硕士，河南省社会科学院经济研究所助理研究员。

① “四张牌”，即产业结构优化升级、创新驱动发展、基础能力建设和新型城镇化。

② “三区一群”，即郑州航空港经济综合实验区、中国（河南）自由贸易试验区、郑洛新国家自主创新示范区和中原城市群。

③ “四大攻坚战”，即农村脱贫攻坚战、国企改革攻坚战、环境治理攻坚战和发展转型攻坚战。

实，全省经济保持总体平稳、稳中向好发展态势，GDP 同比增长 7.8%。被称为经济“晴雨表”的 CPI，2017 年全年总体呈现温和上涨态势，涨幅比 2016 年有所收窄。

一　2017年河南省居民消费价格的总体情况

（一）CPI 同比变化态势

2017 年河南 CPI 同比上涨 1.4%，涨幅同比回落 0.5 个百分点。其中，城市居民消费价格同比上涨 1.5%，涨幅同比回落 0.4 个百分点；农村居民消费价格同比上涨 1.2%，涨幅同比回落 0.8 个百分点；农村居民消费价格变动程度略高于城市居民消费价格变动程度。2017 年河南居民消费价格水平低于全国平均水平 0.2 个百分点，并列中部六省第 3 位。中部六省其他省份 CPI 涨幅由高到低依次是江西（2.0%）、湖北（1.5%）、湖南（1.4%）、安徽（1.2%）和山西（1.1%）①。

2017 年 1～12 月，河南省居民消费价格同比分别上涨 2.3%、0.5%、0.3%、0.6%、0.8%、1.0%、1.0%、1.5%、1.8%、2.1%、2.1%、2.3%。各季度居民消费价格同比上涨分别为 1.0%、0.8%、1.4%、2.2%。全年 CPI 同比走势呈不对称“V”形。较上年同期，1 月、12 月居民消费价格涨幅同比最大，达到 2.3%；3 月涨幅同比最小，仅为 0.3%；各月份中，1 月、8 月、12 月涨幅同比有所扩大，10 月、11 月涨幅同比持平，其余月份均涨幅同比收窄，其中 3 月涨幅同比回落最显著，达到 2.1 个百分点（见图 1）。

较上年同期，2017 年“七大类”商品及服务价格变化特征总体呈现“六涨一降”，其中食品烟酒类同比下降 1.6%，衣着类上涨 1.3%，居住类上涨 3.6%，生活用品及服务类上涨 1.5%，交通和通信类上涨 0.2%，教育

① 注：中部六省其他省份 CPI 数据根据各省官方公布数据整理所得。

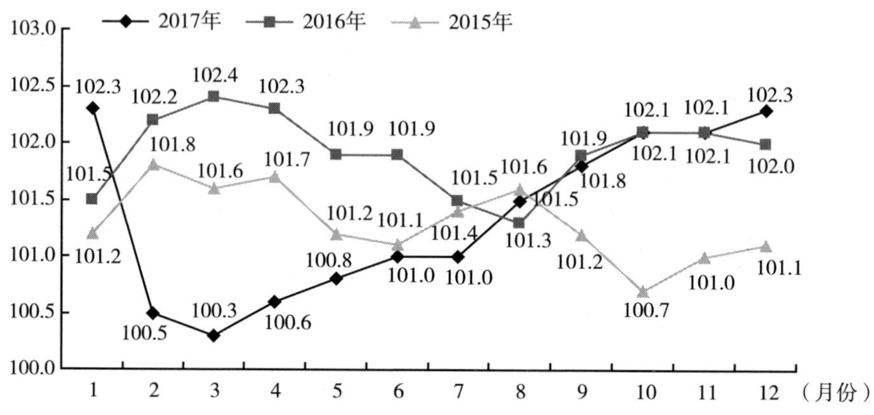

图1　2015～2017年河南省居民消费价格指数（月度同比）

文化和娱乐类上涨2.7%，医疗保健类上涨6.3%。在食品价格中，粮食同比上涨2.0%，畜肉下降7.8%，鲜菜下降10.0%。“七大类”商品和服务价格变动显著程度，依次为：医疗保健类（6.3%）、居住类（3.6%）、教育文化和娱乐类（2.7%）、食品烟酒类（-1.6%）、生活用品及服务类（1.5%）、衣着类（1.3%）、交通和通信类（0.2%）。值得一提的是，交通和通信类价格结束了连续三年的同比下降态势，呈现上涨态势。

涨幅方面，食品烟酒类价格涨幅同比回落4.8个百分点，衣着类价格涨幅同比扩大0.6个百分点，居住类价格涨幅同比扩大1.4个百分点，生活用品及服务类价格涨幅同比扩大1.3个百分点，交通和通信类价格涨幅同比扩大1.9个百分点，教育文化和娱乐类价格涨幅同比扩大0.3个百分点，医疗保健类价格涨幅同比扩大3.5个百分点。食品方面，粮食价格涨幅同比扩大1.9个百分点，畜肉价格涨幅同比回落20.6个百分点，鲜菜价格涨幅同比回落21.3个百分点。“七大类”商品和服务价格涨幅变动显著程度，依次为：食品烟酒类（回落4.8个百分点）、医疗保健类（扩大3.5个百分点）、交通和通信类（扩大1.9个百分点）、居住类（扩大1.4个百分点）、生活用品及服务类（扩大1.3个百分点）、衣着类（扩大0.6个百分点）、教育文化和娱乐类（扩大0.3个百分点）。

（二）CPI 环比变化态势

2017 年 1～12 月，河南省居民消费价格环比分别上涨 1.1%、－0.4%、－0.5%、－0.1%、－0.5%、－0.2%、0、0.9%、1.0%、0.1%、0.1%、0.6%，全年价格总体呈现“先降后升”态势。梳理分析发现，河南居民消费价格指数月度环比走势具有明显的周期性，整体呈“上升（1～2 月）→下降（3～6 月）→上升（7～9 月）→下降（10 月）→上升（11～12 月）”态势（见图 2）。

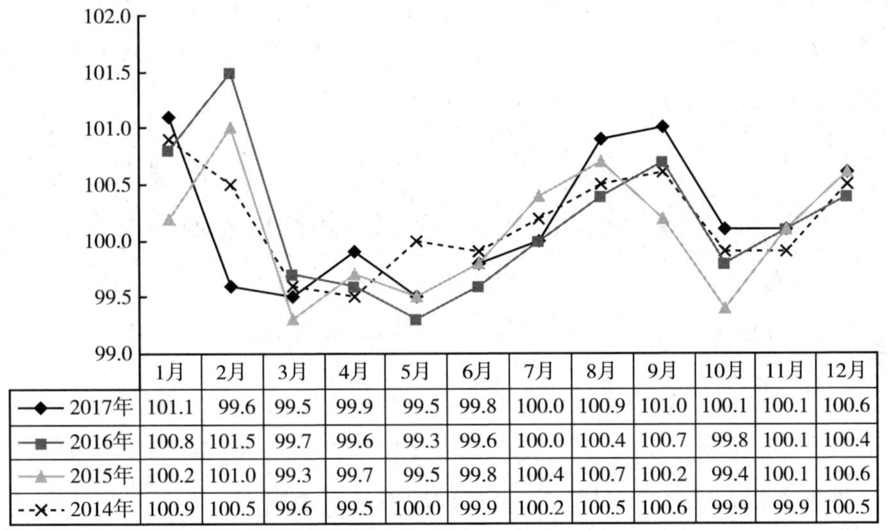

	1月	2月	3月	4月	5月	6月	7月	8月	9月	10月	11月	12月
2017年	101.1	99.6	99.5	99.9	99.5	99.8	100.0	100.9	101.0	100.1	100.1	100.6
2016年	100.8	101.5	99.7	99.6	99.3	99.6	100.0	100.4	100.7	99.8	100.1	100.4
2015年	100.2	101.0	99.3	99.7	99.5	99.8	100.4	100.7	100.2	99.4	100.1	100.6
2014年	100.9	100.5	99.6	99.5	100.0	99.9	100.2	100.5	100.6	99.9	99.9	100.5

图 2　2014～2017 年河南省居民消费价格指数变化情况（上月＝100）

2017 年 1 月，受节假日（尤其是春节）因素影响，居民消费需求旺盛，食品烟酒类、文化娱乐类、生活服务类等消费价格上涨显著，全省 CPI 环比上涨达到 1.1%。受“春节错月”影响，进入 2 月份，节日因素消退，粮食、畜肉、鲜果等食品供应充足，其价格开始下降，一定程度上抑制了 CPI 升幅，全省 CPI 环比下降 0.4%。进入 3～6 月，天气转暖，居民消费需求及规模逐渐下降，同时畜肉、蛋类、鲜果等食品价格继续下降，持续抑制 CPI 升幅，全省 CPI 环比指数呈现持续下降态势。进入 7～9 月，受节假日、秋收返乡等因素综合影响，居民消费需求及规模有所回升，进入年中消费旺季，食品烟酒类价格降幅收缩，非食品类价格涨幅涨多跌少，居民消费价格温和上涨。尤其是9月，受双节（中秋节、国庆节）即将来临影响，居民消费需求及规模达到年中高点，月度环比指数上升显著。进入10月，双节来临，居民旅游、游玩、娱乐等愿望较往年尤为强烈，居住、交通等消费需求及规模较上月有所增加，“七大类”中的非食品类价格更是全部同比上涨，其中医疗保健、居住等价格涨幅尤为明显。受这些因素综合影响，10月全省CPI环比指数并未出现往年同期的回落，而是保持温和上涨。进入11～12月，受换季、气候变化及部分商品供应偏紧等因素综合影响，医疗保健、教育文化和娱乐、居住、衣着等非食品类产品和服务需求旺盛，全省CPI温和上涨，环比指数分别上涨了0.1%、0.6%。

二　2017年河南省居民消费价格的影响因素

（一）食品烟酒类价格下降是CPI涨幅回落的主因

2017年，食品烟酒类价格下降1.6%，是近年来首次出现下降。在食品烟酒价格中，粮食同比上涨2.0%，畜肉下降7.8%，鲜菜下降10.0%。食品烟酒类价格较低既有鲜活食品价格周期性波动的原因，也有天气等自然因素的影响。比如说，2015年和2016年全省畜肉价格涨幅分别为3.5%和12.8%，拉动养殖效益逐年好转，而随着养殖规模的不断扩大，市场供应愈发充足，价格迅速回落则成必然之势。鲜菜价格变化也相类似，2015年和2016年全省鲜菜价格涨幅分别为7.3%和11.3%，拉动种植效应显著，市场供应能力不断增强，同时2017年天气较之前两年明显转好，气候适宜、种植规模扩大等因素综合影响，使河南鲜活食品市场供应充足，鲜菜价格有所下降。粮食方面，全年全省粮食总产量1194.64亿斤，比上年增产5.38亿斤，为历史第二高产年份。粮食价格保持总体平稳，涨幅同比略有扩大，上升了1.9个百分点。综上来看，畜肉、鲜菜等价格下降，是食品类价格下降的主要原因；而粮食价格小幅上涨，又抑制了食品类价格跌幅；各类食品价格的涨跌互现，促使食品烟酒类价格总体平稳。

（二）服务类价格平稳上升是CPI温和上涨的主力

随着河南现代服务业强省的深入推进，服务业态、服务品类、服务能力不断丰富提升，旅游、教育、娱乐、医疗保健等服务性消费规模不断扩大，而服务消费市场的活跃带动了服务类价格平稳上升，成为推动CPI上涨的关键动力。经初步核算，2017年全省第三产业增加值超过1.9万亿元，同比增长9.2%；其对GDP增长的贡献率达到48.4%，高于第二产业2.8个百分点。除食品烟酒类外的其他大类价格同比全部上涨，其中，医疗保健、居住、教育文化和娱乐、生活用品及服务等服务类价格同比上涨明显，医疗保健、交通和通信、居住、生活用品及服务等服务类价格涨幅尤为显著（见前文）。交通和通信类价格更是结束了连续三年的同比下降态势，出现同比上涨。2015年和2016年全省交通和通信类价格同比分别下降2.1%和1.7%，而2017年全省交通和通信类价格则同比上涨0.2%。究其原因，一方面国际原油价格上调、家庭购车支出增加、出行增多等带动交通费快速增长，尤其外出乘坐飞机、高铁、动车、出租车等，费用支出增长明显；另一方面国家电信部门连续出台“提速降费”举措，促使居民通信成本有效降低。一增一降，带动2017年全省交通和通信类价格整体微涨。日益多样化、多层次的服务项目消费需求及供给，拉动全省服务业繁荣发展。

（三）经济持续平稳运行是CPI温和上涨的基础

2017年河南坚持稳中求进工作总基调，贯彻新发展理念，主动作为，多策并施，全省经济保持中高速平稳运行态势，经济结构持续优化。经初步核算，全省生产总值44988.16亿元，GDP同比增长7.8%，增速高于全国平均水平0.9个百分点。其中，第一产业增加值同比增长4.3%，第二产业增加值同比增长7.3%，第三产业增加值同比增长9.2%。五大主导产业增加值增长12.1%，传统产业增长2.7%；五大主导产业增加值占工业比重

（44.6%）超过传统产业（44.2%）。高技术产业增加值增长16.8%，战略性新兴产业增长12.1%。供给侧结构性改革深入推进，“去降补”成效显著。全年煤炭行业“去产能”任务提前完成，企业负债率持续下降，生态保护和环境治理业、互联网和相关服务业、公共设施管理业等短板领域投资快速增长。经济的平稳运行，为物价温和上涨奠定了良好基础。

除了上述三因素外，居民收入持续增加、消费潜力不断释放、PPI由降转升等因素，也在一定程度上推动CPI温和上涨。2017年，河南全省居民人均可支配收入20170.03元，同比增长9.4%，增速同比提高1.7个百分点，高于全国0.4个百分点。全年全省社会消费品零售总额近2万亿元，同比增长11.6%，增速高于全国1.4个百分点。2017年，工业消费品市场需求继续回暖，PPI由降转升，同比上涨6.8%，工业生产者购进价格上涨7.3%。

三　2018年河南省居民消费价格的走势分析

2018年是河南贯彻党的十九大精神的开局之年，是改革开放40周年，是实施“十三五”规划承上启下的关键一年，也是新一届政府的起步之年。预计2018年，河南将继续坚持稳中求进工作总基调，坚持贯彻新发展理念，坚持推动高质量发展，预计全年CPI仍将保持“温和上涨”态势。

（一）推动CPI上涨的主要因素

1. 经济将保持中高速平稳运行

按照相关规划部署，2018年河南将继续坚持稳中求进工作总基调，统筹稳增长、促改革、调结构、惠民生、防风险，加快转变经济发展方式、优化经济结构、转换增长动力，继续保持“三个同步”① “三个高于”②；坚持

① “三个同步”，即城乡居民收入与地区生产总值同步增长、生态环境质量与经济质量效益同步改善、社会事业进步与经济发展水平同步提高。

② “三个高于”，即生产总值增速高于全国平均水平、财政收入增速高于全国平均水平、居民收入增速高于全国平均水平。

贯彻创新、协调、绿色、开放、共享五大发展理念，深入实施国家“七大战略”①，持续打好“四张牌”，增创发展新优势，开创发展新境界；坚持推动高质量发展，聚焦质量变革、效率变革、动力变革，推动河南制造向河南创造转变、河南速度向河南质量转变、河南产品向河南品牌转变。预计2018年河南经济仍将保持中高速平稳运行，生产总值同比增长7.5%左右，将为物价温和上涨奠定良好基础。

2. 食品类产品供需将有效调整

食品价格是影响居民消费价格的重要因素。2017年食品烟酒类价格涨跌互现、跌多涨少，全年同比下降1.6%，其中畜肉、鲜菜等价格下降是其下降主因。预计2018年“看不见的手”和“看得见的手”，将联合对食品烟酒类价格进行有效调控。预计，经过市场引导和政府有效调控，种植业、养殖业规模及供应能力将有所调整，供需矛盾有效缓解，物价更加平稳运行。同时，居民收入平稳增长，也推动食品烟酒类价格回升。2017年河南居民人均可支配收入同比增长9.4%，根据政府预期目标，2018年居民人均可支配收入增长8%以上。居民收入平稳增长，将推动人们更加关注“舌尖上”的美食与质量安全，人均食品烟酒类支出将继续保持高位占比态势，进而带动食品烟酒类价格有所回升。

3. 服务类产品供给将不断丰富

2018年，是河南深入推进现代服务业强省建设的一年，也是《河南省“十三五”现代服务业发展规划》颁布实施的重要一年。根据相关规划部署，2018年河南将重点开展深入推进服务业供给侧结构性改革专项行动，充分挖掘健康、养老、教育、文化、旅游等消费领域潜力，培育健康养老、教育培训、优质旅游等新增长点等工作，预计2018年河南服务业发展将迈上新台阶，服务业态、服务品类、服务规模将不断丰富，市场供应能力和可选择性将更大更多，进而刺激服务消费更加活跃，带动服务类价格上涨，推

① “七大战略”，即科教兴国战略、人才强国战略、创新驱动发展战略、乡村振兴战略、区域协调发展战略、可持续发展战略、军民融合发展战略。

动 CPI 上涨。

此外，价格改革、有效投资持续扩大、居民消费需求平稳增长、城乡融合发展进程加快等，都将一定程度上拉动物价整体上涨。

（二）抑制 CPI 上涨的主要因素

1. 农产品供给能力保持稳定

随着农业供给侧结构性改革的深入推进以及乡村振兴战略的深入实施，预计 2018 年全省粮食产量仍保持高位运行，或出现“连增”态势，而粮价保持基本稳定，或略有回落，进而在一定程度上抑制 CPI 涨幅。另外，随着政府和市场对养殖业有效调整，预计 2018 年畜牧业生产将总体稳定，畜禽产品供需关系将更加平衡。总体来说，2018 年全省农产品物价仍将涨跌互现，拉动作用与抑制作用并存、相抵，进而抑制 CPI 升幅。当然，农产品供给能力受天气影响显著，存在一定不确定性，需注意加强预报、及时应对。

2. PPI 持续恢复性上涨

2017 年，国际大宗商品特别是原油和有色金属的价格明显上涨，对国内市场价格影响很大，是我国 PPI 止跌回升的重要因素之一。受此影响，2017 年全省 PPI 由降转升，且较快攀升，当然，主要还是恢复性上涨，并且涨势趋于稳定。预计 2018 年，随着供给侧结构性改革的深入推进，供需失衡状况将有所改善，相关行业价格上涨，但部分行业产能过剩问题尚未根本解决、工业领域供大于求的局面没有根本改变等问题短期内仍将存在，一定时期内 PPI 仍将保持恢复性上涨，其对 CPI 的传导仍相对温和，仍在一定程度上抑制 CPI 上涨。

3. 就业下行压力仍较大

2017 年河南省城镇新增就业、失业人员再就业、就业困难人员实现就业增速分别同比下降 0.6%、8.4% 和 11.4%。其重要原因之一是，随着供给侧结构性改革深入推进，产能过剩行业裁员压力持续加剧，而新兴产业和服务业吸收劳动力的能力总量略显不足。另外，投资和 GDP 增速放缓，就业面临较大增幅收窄压力。2017 年全省 GDP 增速、固定资产投资增速分别为7.8%、10.4%，涨幅同比分别回落0.3个、3.3个百分点。而根据政府预期目标，2018年GDP增速7.5%左右、固定资产投资增速8%左右，届时，投资和GDP增速的进一步放缓，将加大就业增幅收窄压力，而就业增幅收窄的压力又将对物价上涨产生结构性压制。

综上判断，上述因素的推动作用整体仍略大于抑制作用，2018年河南CPI将继续保持“温和上涨”态势。

参考文献

河南省统计局：《2017年全省经济运行稳中向好》，河南省统计网站，2018年1月20日，http://www.ha.stats.gov.cn/sitesources/hntj/page_pc/tjfw/zxfb/article123cdd44b9eb4dfab3d79478c9e7d344.html。

河南省统计局：《2016年全省经济实现“十三五”良好开局》，河南省统计网站，2017年01月22日；http://www.ha.stats.gov.cn/sitesources/hntj/page_pc/tjfw/zxfb/article12d6797f9a1d4b26954115aae2d1e15d.html。

《赵茂宏：2017年CPI温和上涨 PPI涨势趋稳》，国家统计局网站，2018年1月19日，http://www.stats.gov.cn/tjsj/sjjd/201801/t20180119_1575476.html。

陈润儿：《政府工作报告》，《河南日报》2018年2月2日，第1～3版。

崔理想：《2015～2016年河南居民消费价格走势分析》，载张占仓主编《河南经济发展报告（2016）》，社会科学文献出版社，2016。

崔理想：《2016～2017年河南居民消费价格走势分析》，载张占仓、完世伟主编《河南经济发展报告（2017）》，社会科学文献出版社，2017。

河南省统计局、国家统计局河南调查总队：《河南统计月报》（2016年11月、2017年1～11月）。

国家统计局河南调查总队：《调查资料》（第1期），2018年1月11日。

专题研究篇

Monographic Studies

B.13

打好“四张牌” 开启高质量发展新征程

完世伟 高 璇*

摘 要： 着力发挥优势打好“四张牌”，既是习近平总书记对河南的殷切期望，也是遵循发展规律，决胜全面小康、开启高质量发展新征程的基本遵循。聚焦优势打好“四张牌”，河南持续探索实践，已奠定了坚实基础，但与总书记期望相比，还有较长的路要走。这就要求继续打好“四张牌”：继续打好产业结构优化升级牌，强化发展新支撑；继续打好创新驱动发展牌，培育发展新动能；继续打好基础能力建设牌，构筑发展新优势；继续打好新型城镇化牌，拓展发展新空间。

关键词： “四张牌” 高质量发展 新征程 河南

* 完世伟，河南省社会科学院经济研究所所长、研究员；高璇，经济学博士，河南省社会科学院副研究员。

2014年习近平总书记调研指导河南工作时指出，河南要围绕加快转变经济发展方式和提高经济整体素质及竞争力，着力打好“四张牌”，以发展优势产业为主导推进产业结构优化升级，以构建自主创新体系为主导推进创新驱动发展，以强化基础能力建设为主导推进培育发展新优势，以人为核心推进新型城镇化。可以说，打好“四张牌”把准了河南发展脉搏，切中了河南发展的突出矛盾和重大关键问题，正逐渐成为引领河南发展的时代最强音。也只有真正打好这“四张牌”，才能推动河南经济社会持续健康发展，在决胜全面建成小康社会，让中原在更加出彩新征程中寻求新的支撑、新的动能、新的优势、新的空间。

一 打好“四张牌”意义重大，使命光荣

着力发挥优势打好“四张牌”，是习近平总书记调研指导河南工作时提出的殷切期望和嘱托，也是应对国内外经济形势变化、把握河南脉搏、实现中原更加出彩的必然选择，意义重大、使命光荣。

（一）打好“四张牌”是应对经济形势变化的必然选择

国际金融危机以来，世界格局深入调整，全球经济进入大调整、大变革、大转型时期，经济复苏势头缓慢脆弱，结构调整仍未迈出决定性步伐。我国内外部发展环境日益复杂严峻，经济发展中结构性问题和深层次矛盾进一步凸显，经济下行压力持续增大。当前河南正处于爬坡过坎、转型攻坚的关键时期，支撑河南经济发展的劳动力优势、资源优势等传统优势正在减弱，而创新、人才、制度等新的优势尚未形成，河南当前又处于结构性矛盾、机制性障碍、周期性问题叠加期，河南经济发展问题重重。可以说，要开启中原更出彩新征程，这就要求河南把握发展趋势，着力推进产业结构优化升级，以产业结构优化升级应对新技术、新产业、新模式、新业态等发展，形成新的经济增长点；着力推进创新驱动发展，以创新驱动抢占新一轮竞争制高点，培育新的发展动力；着力强化基础设施建设，以提高基础设施

水平，夯实发展基础，积蓄发展后劲，提升综合竞争力；着力推进新型城镇化，以提高城镇化水平，实施百城提质建设工程，不断提升公共服务能力、城乡协调能力、城镇综合承载能力。可以说，通过打好“四张牌”能够激发动力、夯实基础、增创优势，能够推动河南在新的历史起点上实现更高质量、更有效率和更可持续方向发展。

（二）打好“四张牌”是破解河南发展难题的现实要求

从发展阶段上看，河南正处在工业化、城镇化加速推进和攻坚转型关键阶段，这一阶段就需要处理新旧动能转化、产业结构优化、工业化与城镇化融合发展等问题，如果不能正确处理这些问题，河南经济社会发展将受到很大影响；从基本省情来看，虽然经过多年的努力，河南经济发展已经取得了显著进步，但人口多、底子薄、基础弱、发展不平衡的基本省情依然没有发生改变，影响河南发展的基础性问题依然存在；从发展面临的问题来看，河南产业结构层次较低，统计数据显示，2016 年河南服务业占比虽有所提升，但与全国平均水平相比，还有 10% 的差距；创新能力低，2016 年河南研发经费投入强度为 1.22%，仍较全国平均水平有较大差距；城镇化水平低，2016 年河南省城镇化率为 48.5%，低于全国平均水平 8.85 个百分点；基础支撑能力弱，高层次人才、公共基础设施等基础条件总体水平都还较差。“四张牌”正好回答了如何破解上述这些难题，可以说，通过打好“四张牌”，能够破解最为紧迫的现实问题，能够消除最为突出的发展矛盾，加快经济强省建设，推动河南持续建设发展。

（三）打好“四张牌”是开启中原更出彩新征程的基本遵循

发挥优势打好“四张牌”，为新时期推动河南经济社会发展指明了方向。着力打好产业结构优化升级牌，通过推动现代农业、智能制造、高成长性服务业，推动河南产业结构向高端迈进，河南经济向高质量方向发展；着力打好创新驱动发展牌，通过推动科技创新、管理创新、制度创新、业态创新，培育发展新动能；着力打好基础能力建设牌，提高基础设施水平，强化弱项、突出重点、弥补短板，形成新的发展优势；着力打好新型城镇化牌，以人的城镇化为核心，以中原城市群为支撑，提高城镇化水平、公共服务能力、城乡协调能力，走出一条具有河南特色的新型城镇化发展道路。可以说，打好“四张牌”，体现在河南经济社会发展谋划上、行动上，贯穿于河南经济社会发展全过程，为河南开启中原更加出彩新征程提供了基本遵循。

二　打好“四张牌”成就标注河南新态势

四年来，在河南省委、省政府的坚强领导下，牢记习近平总书记期望和嘱托，聚焦发挥优势打好“四张牌”，产业结构优化升级迈出坚实步伐，科技创新能力持续增强，发展基础支撑更加坚实，新型城镇化进程明显加快，全省经济呈现持续向好发展态势，经济实力显著增强，为决胜全面小康、开启中原更出彩新征程打下坚实基础。

（一）打好产业结构优化升级牌，产业结构持续优化

河南以建设“四个强省”为重点，积极适应消费升级新趋势，立足提高产业竞争力，着力构建产业发展新体系，大力实施转型发展攻坚战，深入推进供给侧结构性改革，加快推动产业结构战略性调整，努力破解转型发展瓶颈制约，产业格局出现重大变化，供给体系质量和效率明显提升。一是产业转型升级取得重大进展，第三产业成为拉动经济增长的第一动力。在经济增速换挡回落的背景下，第三产业保持平稳较快增长，“领跑”全省，2014～2017 年第三产业增加值年均增长 10%，高于 GDP 年均增速 1.7 个百分点，高于第二产业 2.1 个百分点；产业结构调整取得较大突破，第三产业占比大幅提高，2017 年，第三产业增加值占 GDP 比重为 42.7%，比 2013 年提高了 7.2 个百分点；第三产业贡献率大幅提高，成为支撑经济增长的主要动力，第三产业对经济增长的贡献率从 2013 年的 36.6% 提高到 2017 年的 48.4%，超过第二产业 5.7 个百分点，第三产业成为经济增长的第一拉动力量。二是做大总量与调优结构并重，制造业转型提质成效显著。制造业规模

不断扩大，2013～2016年全省规模以上制造业增加值年均增长11.2%，高于规模以上工业1.3个百分点；先进制造业不断发展壮大，2013～2016年，装备制造、食品制造、电子制造、汽车制造、新材料制造五大主导产业增加值年均增长12.7%，2016年五大主导产业增加值占规模以上制造业增加值比重为49%，比2013年提高了1.3个百分点；传统产业转型升级成效显现，通过承接转移、延链补链、技术改造、兼并重组、淘汰落后等手段，传统产业产品技术、工艺装备、能效环保等水平不断提升，产品结构正逐步由低加工度向高加工度转化、由产业链前端向中后端延伸。三是坚持需求导向，服务业发展层次持续提升。现代服务业逐渐壮大，物流业特别是冷链物流快速发展；旅游、文化、体育、健康、养老等“幸福产业”快速崛起；传统服务业不断改造提升，房地产业健康有序发展，交通运输业持续快速发展。四是强化农业基础地位，农村三次产业融合发展。粮食综合保障能力巩固提高，粮食总产量保持全国前两位；种养业结构稳步调整，“四优四化”建设成效显现；产业融合发展稳步推进，初步打造了一批“全链条、全循环、高质量、高效益”的农业产业化集群。

（二）打好创新驱动发展牌，创新能力不断增强

河南坚持把创新摆在发展全局的核心位置，深入实施创新驱动发展战略，强力推动郑洛新自主创新示范区建设，培育壮大创新主体，全省创新能力不断增强，新动能茁壮成长。一是郑洛新国家自主创新示范区建设迈上新台阶。自创区集中了全省60%的国家级创新平台、55%的高新企业、50%的创新型龙头企业、1/3的科技型中小企业和80%以上的国家重点实验室，成为引领全省创新发展的核心增长极。2016年自创区所在的郑洛新三市高新技术产业增加值占规模以上工业增加值的43.3%，高于全省8.4个百分点。二是科技创新基础能力不断增强。2016年国家级重点实验室14个，省级以上企业技术中心和省级以上工程实验室分别有1075个和459个，分别是2013年的1.2倍和1.7倍，有效发明专利是2013年的2.3倍，创新能力稳步提高。三是企业在创新中的主体地位增强。2016年企业研发投入增长

14.33个百分点，居全国第7位，占全省研发总投入的88.5%；创新型企业和高新技术企业加快培育，2017年创新型龙头企业达100家，高新技术企业达2270家。四是新业态、新模式茁壮成长。以互联网、云计算、大数据为代表的新一代信息技术与现代制造业、生产性服务业等融合创新，打造出一批新的经济增长点，带动了互联网相关行业高速增长。

（三）打好基础能力建设牌，综合实力持续提升

河南坚持弥补短板、筑牢支撑，强化弱项、综合提升，突出重点、激发动能，提高基础设施水平，发展基础不断夯实，发展后劲稳步蓄积，综合竞争优势不断增强。一是现代综合交通体系日臻完善。当前以郑州立体综合交通枢纽为中心，以航空网、干线铁路网、高等级公路网为主骨架的现代综合交通运输体系初步建成；郑州—卢森堡“空中丝绸之路”建设稳步推进，枢纽功能不断提升；“米”字形高速铁路网建设提速，河南交通区位优势不断夯实；公路网络更加完善，覆盖广度、通达深度、畅通程度显著提升。二是科学发展载体功能持续强化。产业集聚区、商务中心区和特色商业区、自由贸易试验区保持良好发展态势，成为转型发展的突破口、招商引资的主平台和经济发展的增长极。三是人力资源水平不断提升。积极培育和引进高层次人才，组织实施高层次专业技术人才集聚和培育工程、新型高层次科技人才队伍建设工程、高层次科技人才引进工程等，2016年底在豫两院院士27人、长江学者5人、全国杰出专业技术人才6人；引智工作力度不断加大，实现“外专千人计划”零的突破，建成各级各类留学人员创业园11家，留学回国人员总数达2.3万人；增强技能人才队伍建设，职业教育质量明显提升。

（四）打好新型城镇化牌，城镇承载力稳步提升

坚持以人的城镇化为核心推进新型城镇化建设，以中原城市群为支撑，提高城镇化水平，实施百城提质建设工程，公共服务能力明显提升，城乡区域发展更加协调，城镇化综合实力显著增强。一是中原城市群一体化发展活

力凸显。积极推进郑州建设国家中心城市，郑州与周边毗邻城市进一步联动融合发展，辐射带动能力增强，2016 年郑州市常住人口达到972.4 万，城镇化率达到71%，GDP 占全省的比重提高到 19.9%。洛阳副中心城市综合实力提升，中原城市群初具规模，人口和经济集聚度逐步提高，大中小城市和小城镇协调发展的格局初步形成。二是新型城镇化稳步推进。坚持以人的城镇化为核心，以“三个一批人”为重点，促进农业转移人口市民化，强化“一基本两牵动三保障”，实行城乡统一的户口登记制度，推进城镇基本公共服务常住人口全覆盖，使进城农民能够融入城市。2016 年末，全省常住人口城镇化率达到48.5%，比2013 年提高了4.7 个百分点，增速不仅高于全国平均水平，在中部6 省中也位居前列。三是百城建设提质工程强力推进。实施百城建设提质工程，坚持以水润城、以绿荫城、以文化城、以产兴城的城市发展理念，推进地下综合管廊、海绵城市、智慧城市建设，市政设施和生态环境设施扩容提质，城市功能不断完善，城市建设和管理服务水平全面提升。

三　以打好“四张牌”开启中原更出彩新征程

聚焦优势打好“四张牌”，河南通过持续探索实践，已奠定了坚实基础，但与新时代新要求相比较，还有很长的路要走。在开启中原更出彩新征程中，应继续打好“四张牌”：继续打好产业结构优化升级牌，强化发展新支撑；继续打好创新驱动发展牌，培育发展新动能；继续打好基础能力建设牌，构筑发展新优势；继续打好新型城镇化牌，拓展发展新空间。

（一）继续打好产业结构优化升级牌，强化发展新支撑

推动产业结构优化升级是推动区域持续健康发展的重要抓手，是区域保持竞争优势，抢占产业变革制高点的重要手段。作为传统经济大省，面对日益激烈的区域竞争，需要持续打好产业结构优化升级牌，使产业结构优化升级，破解结构性矛盾、调高技术水平、调强制造能力、调长产业链

条，实现产业高质量发展，形成发展新支撑。一是要坚持改造传统产业与培育新兴产业并举。通过技术改造、延伸产业链条、跨界融合创新等手段，深挖传统产业潜力，焕发传统产业生机活力；依托传统产业大力推动战略性新兴产业发展，形成经济发展新的增长点。二是要坚持补齐短板与升级长板并进。立足河南实际，通过引进、培育等，加快发展现代服务业、战略性新兴产业，补齐河南产业发展短板；立足河南优势产业，通过管理创新、技术创新、模式创新等，继续做大做强装备制造、食品、物流、材料等传统优势产业。

（二）继续打好创新驱动发展牌，培育发展新动能

创新是一个国家或地区保持长久持续发展的原动力。面对日趋激励的区域竞争，世界各国或地区都在积极推动创新驱动发展战略，并将创新作为推动经济发展的核心动力。创新一直是河南的短板，这就要求河南继续打好创新驱动发展牌，培育发展新动能。一是要推动科技创新与制度创新。通过科技创新，破解河南经济发展过程中存在的技术难题，提高河南创新能力；通过创新体制机制，激活各类创新主体活力。二是要推动自主创新与开放创新。通过加快开放创新，融入全球创新网络，整合全球创新资源；通过加快自主创新，突破一批核心技术和关键问题，让河南拥有更多自主知识产权，全面提升河南整体创新实力。三是要推动产品创新与模式创新。依托市场需求，推动产品创新，支持企业研发、生产、服务个性化产品、定制化产品，不断提升产品价值；充分利用互联网、物联网、大数据、云计算等新一代信息技术，推动商业模式创新，形成新的经济增长点。

（三）继续打好基础能力建设牌，构筑发展新优势

基础能力是衡量一个国家或地区发展潜力的重要指标，是提高区域竞争力的重要因素。为提高区域竞争力，世界各国或地区都在努力提高基础支撑能力，通过构建现代基础设施体系、完善基础支撑体系，不断强化基础支撑能力。河南具有独特的区位优势，这就要求继续打好基础能力建设牌，积极

作为，主动融入，突出重点、弥补短板，强化弱项，构筑发展新优势。一是要进一步完善现代基础设施体系。持续凸显区位优势，构建现代综合交通运输体系；优化能源消费结构，构建清洁低碳、高效安全的现代能源体系；补齐水资源短板，构建互联互通、调控有力的现代水网体系，实现水资源综合利用。二是要进一步推动科学载体提质增效。遵循创新、绿色、智慧发展理念，推动产业集聚区转型升级；遵循特色、现代化发展理念，加快"两区"发展；遵循创新、开放、合作、示范发展理念，推动自由贸易区高速发展。三是要进一步推动人才强省建设。结合新型城镇化进程，全面提升劳动力素质，实现人力资源再开发、再利用，保持河南省人力资源优势；积极应对区域人才竞争，加快引育高层次人才，推动河南实现人力资源大省向人才强省转变。

（四）继续打好新型城镇化牌，拓展发展新空间

城镇化水平是衡量一个国家或地区社会经济发展水平的重要标志。河南是一传统农业大省，农业人口较多，城镇化水平与全国平均水平相比还有较大差距，这就要求河南继续打好新型城镇化牌，加快农业人口向城镇有序转移，推动产业结构调整和消费结构升级，提高农业生产规模化、市场化、产业化水平，有效解决"三农"发展难题。一是推动人口向大城市与中小城市合理流动。从河南当前人口流动趋势来看，农业转移人口主要集中在郑州和发展基础较好的城市，人口转移不协调，这就要求在继续推动新型城镇化过程中，注重分类引导、错位发展，提升中小城市公共服务水平，实现人口向大、中、小城市合理流动。二是支持农业转移人口进程务工与进程落户。大力支持符合条件、有落户意愿的农业转移人口落户城市；对于落户意愿不强的进城务工人员提供基本的医疗、养老保障，解决进城务工人员的后顾之忧。三是加快振兴乡村。新型城镇化是城乡一体、城乡融合的城镇化，在推动农业人口有序向城镇转移的同时也要加快乡村振兴建设，推动公共基础设施向农业延伸，公共基础服务向农村覆盖，支持发展现代农业，努力提高农民收入水平。

参考文献

中国共产党第十九次全国代表大会报告：《决胜全面建成小康社会 夺取新时代中国特色社会主义伟大胜利》，2017 年 10 月 18 日。

河南省第十次党代会报告：《深入贯彻党中央治国理政新理念新思想新战略 为决胜全面小康让中原更加出彩而努力奋斗》，2016 年 10 月 31 日。

河南省社会科学院课题组：《努力打好“四张牌” 让中原更加出彩》，《河南日报》2016 年 12 月 22 日。

完世伟：《坚持稳中求进 决胜全面小康》，《河南日报》2017 年 1 月 13 日。

完世伟：《河南决胜全面小康论》，社会科学文献出版社，2016 年 12 月。

河南省社会科学院课题组：《决胜全面建成小康社会 开启中原更加出彩新征程》，《河南日报》2017 年 12 月 12 日。

B.14
河南推动高质量发展的思路与对策

徐夏楠*

摘　要： 党的十九大强调，要牢牢把握高质量发展这个根本要求。加快推动高质量发展，是河南保持经济持续健康发展的必然要求，是适应社会主要矛盾变化和全面建成小康社会的必然要求，是遵循经济规律发展的必然要求，是新时代全面建设经济强省的必然要求。实现高质量发展，河南应深化供给侧结构性改革，打好决胜全面建成小康社会三大攻坚战，做强做优实体经济，加快创新驱动提速增效，全面实施乡村振兴战略，加快形成全面开放新格局。

关键词： 河南省　高质量发展　创新　改革

党的十九报告指出中国特色社会主义进入新时代，我国经济已由高速增长阶段转向高质量发展阶段，我国社会主要矛盾已经转化为人民日益增长的美好生活需要和不平衡不充分的发展之间的矛盾。着力解决好发展不平衡不充分问题，需要大力提升发展质量和效益。河南省原省委书记谢伏瞻强调中国特色社会主义进入新时代，河南要有新气象、新作为，必须坚决贯彻新发展理念，有力有效推动经济高质量发展，奋力谱写新时代河南社会主义现代化建设新篇章。

高质量发展，就是能够很好地满足人民日益增长的美好生活需要的发

* 徐夏楠，河南省工程咨询中心高级经济师，硕士生导师，河南省学术技术带头人。

展，是体现新理念的发展。推动高质量发展，就要建设现代化经济体系，这是我国发展的战略目标，也是当前和今后一个时期确定发展思路、制定经济政策、实施宏观调控的根本要求。河南推动高质量发展对未来发展具有重大而深远的战略意义，是提高要素配置效率、缓解资源约束、防控化解风险、保持经济持续健康发展的必然要求；是适应社会主要矛盾变化，更好地满足人民美好生活需要的必然要求；是遵循经济发展规律，跨越“中等收入陷阱”的必然要求；是决胜全面建成小康社会，开启新时代河南全面建设社会主义现代化新征程的必然要求。

一　河南推动高质量发展的重大意义

（一）河南推动高质量发展是建设经济强省的必然要求

谢伏瞻在河南省第十次党代会上提出要建设经济强省的奋斗目标，明确指出要提高发展的平衡性、包容性、可持续性，实现经济总量大、结构优、质量效益好的有机统一。目前，对河南这个农业大省、经济大省来讲，我们的产业结构、创新动能、环境质量、社会事业等，与高质量发展还有不小的差距，发展质量和效益整体水平不高。发展方式粗放是根本原因，投资边际效益递减，能耗水平仍然较高，环境问题依然严重；结构性矛盾是长期制约因素，传统产品供给能力过剩与优质产品供给不足并存，服务业和高新技术产业占比偏低；增长动力转换滞后是突出短板，创新能力不足，行业龙头企业数量偏少，全社会劳动生产率低于全国平均水平；发展不平衡不充分是主要表现，城乡之间、城区之间发展水平和质量差异较大，民生欠账较多，居民收入不高，脱贫攻坚任务艰巨，基本公共服务供给不足。河南正处于转变发展方式、优化经济结构、转换增长动力的攻关期，从经济强省建设要求看，高质量发展的先进制造业、现代服务业、现代农业和网络经济是经济强省建设的四大支撑，要实现这四个方面由“大省”变“强省”，必须把加快新旧动力转换、提升供给体系质量和效率作为中心任务，推动产业迈向中高端。解决这一问题的出路就在于把握河南发展的阶段性特征，切实从高速增长转到高质量发展上来。

（二）河南推动高质量发展是满足人民日益增长的美好生活需要的基本支撑

一方面，人民生活显著改善以后，对美好生活的向往更加强烈，期盼有更好的教育、更稳定的工作、更满意的收入、更可靠的社会保障、更高水平的医疗卫生服务、更舒适的居住条件、更优美的环境、更丰富的精神文化生活。由于居民收入的持续增长尤其是中等收入群体不断扩大，消费结构也随之加快升级换代，消费需求已经从满足数量型转向追求质量型，对商品和服务质量的要求越来越高。河南社会经济发展虽然已经取得了巨大的成就，但要满足人民多层次、多样化、多方面的美好生活需要，迫切需要推动经济转向高质量发展，使经济体系能够提供更多质量上乘的产品和服务，更多环境友好的生产方式、生活方式、消费方式，更多的提升人民生活品质的物质文化产品等。高质量发展承载着人们对美好生活的期待，是不断增强人民群众获得感、幸福感的重要支撑。另一方面，河南基本省情是人口多、底子薄、基础弱，目前仍有卢氏等 4 个深度贫困县和 1235 个深度贫困村，19 个国定贫困县和 14 个省定贫困县，110 万农村贫困人口未脱贫，6. 29 万人亟须易地搬迁安置，民生欠账较多，城乡居民收入偏低，城乡之间、地区之间发展水平和质量差异较大。面对这种情况，河南只有打好精准脱贫攻坚战，深入推进百城建设提质，才能实现河南经济由高速增长阶段转向高质量发展阶段，打造产业兴旺、生态宜居、乡风文明、治理有效、生活富裕的美丽河南。

（三）河南推动高质量发展是适应经济新常态的客观选择

当前我国经济发展进入了新时代，对河南而言，劳动力数量和资源要素成本优势形成的驱动力明显减弱，依靠工业规模扩张的增长模式将难以为继，化解产能过剩任务艰巨，质量上供需错配问题更加突出，产业转型升级的任务更加紧迫，经济发展面临动力转换节点，资源环境已难以承载高消耗、粗放型的发展，并且受研发能力、高端人才资源等条件约束，全省在先进制造业、现代服务业发展，互联网、大数据、人工智能与实体经济融合方面还无法与北上广、长江经济带等省市相匹敌。因此，河南经济结构优化升级高质量发展，迫切需要以创新引领发展，以供给侧结构性改革为主线，以提高供给体系质量为主攻方向，构建市场机制有效、微观主体有活力、宏观调控有度的经济体制，逐步实现从粗放增长、追求数量和规模，到追求质量和效益、提高全要素生产率，从依赖投资、要素驱动到内涵发展、创新驱动、更多依赖人力资本的提高。同时还要看到，世界经济复苏回暖，我国经济稳中向好，统一开放、竞争有序的市场体系正在形成。我国已成为世界第二大经济体，对世界经济的贡献率超过30%。河南进入新的发展阶段，正处于一个大有可为的历史机遇期，推动高质量发展，是保持经济持续健康发展的必然要求，是适应我国社会主要矛盾变化和全面建成小康社会、全面建设社会主义现代化国家的必然要求，是遵循经济规律发展的必然要求。

（四）河南推动高质量发展是决胜全面小康社会、让中原更加出彩的重大举措

党的十八届五中全会提出创新发展、协调发展、绿色发展、开放发展、共享发展“五大发展理念”，对中国特色社会主义事业做出经济建设、政治建设、文化建设、社会建设、生态文明建设“五位一体”的总体布局，强调全面小康社会重在全面，注重的是解决发展不平衡、不协调、不可持续的问题。河南发展不协调，是一个长期存在的问题，突出表现在区域、城乡、经济和社会、物质文明和精神文明、经济建设和环境保护等关系上。全面小康是城乡区域共同的小康，是惠及全体人民的小康，到2020年全面小康社会的建成，不仅是在经济总量和速度上完成任务，更需要在生产能力迅速提高的同时，提升高质量多样化生态型产品的供给能力。针对现阶段全省社会事业发展、生态环境保护、民生保障等方面存在的一些明显短板，必须坚持协调发展，促进城乡区域协同发展、联动发展、一体发展，真正让全面小康覆盖全部省域；绿色发展建设生态文明体系，调整优化空间结构，推动低碳

循环发展；共享发展聚焦民生领域，发展高质量现代教育，推进健康体系建设，构建更完善的就业和社会保障体系；文化建设注重物质文明精神文明并重，在增强经济实力的同时注重提升文化软实力。河南有雄厚的产业基础、丰富的资源条件、清晰的发展思路，在推动高质量发展中先行一步，在让中原更加出彩中主动担当，是着力打造带动中原经济区经济发展新的增长极的重大举措。

二 河南推动高质量发展存在的突出矛盾和问题

（一）结构问题突出

从三次产业结构来看，近年来，河南促进第三产业发展的工作力度不断加大，产业结构调整取得较大成效，三次产业结构从2010年的13.7∶55.7∶30.6调整为2016年的10.6∶47.6∶41.8，但由于长期积累的产业结构矛盾，第三产业占生产总值比重偏低、第二产业占比偏高的问题依然存在，2017年河南省第三产业占比低于全国水平8.9个百分点。但经过大力调整，河南省三次产业结构正逐步实现“三二一”的转变。从中部六省的对比来看，河南省第三产业占比排第3位，与排名第4、第5的安徽省、江西省十分接近，与排名第1、第2的山西省、湖北省差距较大。传统产业产能严重过剩，2016年全省水泥产能利用率仅为65.8%，原煤为72.7%，粗钢为77.9%。工业中冶金、建材、化工、轻纺、能源等传统产业仍占规模以上工业的44.5%。传统产品供给能力过剩与优质产品供给能力不足并存，供给结构不能适应消费结构升级变化。

从城镇化角度看，河南省城镇化稳步推进，但城镇化水平相对依然处于较低水平。2000年以来，河南省常住人口城镇化率已由23.2%提升到2017年的50.16%，年均提升1.58个百分点。但2016年河南省城镇化率48.5%，低于全国城镇化率8.85个百分点。与中部六省其他省份相比，河南省城镇化率始终处于末位。

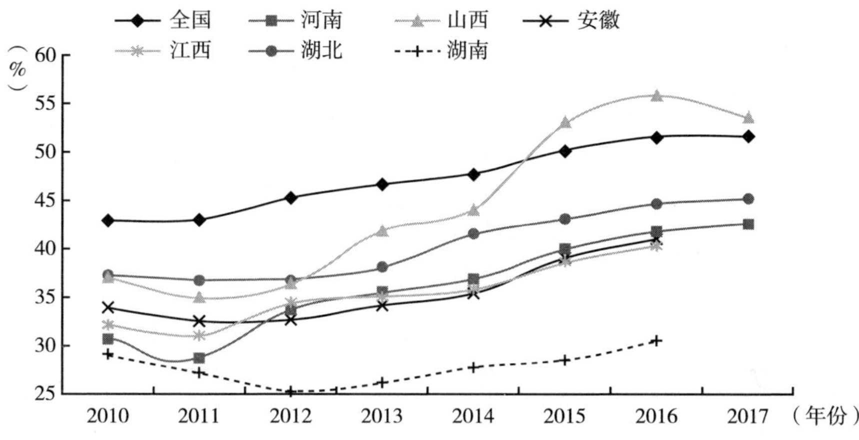

图1　2010～2017年中部六省及全国第三产业占比

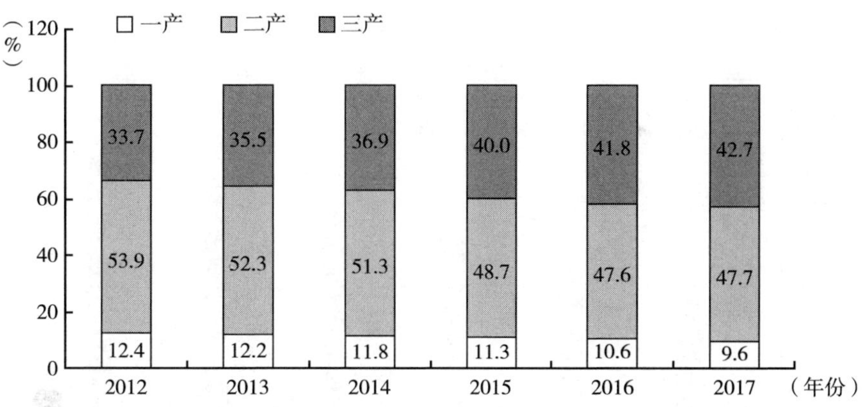

图2　河南省2012～2017年三次产业占比

（二）创新动力不足

从研发投入来看，河南省研发投入总体仍然处于较低水平。2016年，全省研发经费投入494.19亿元，研发投入强度仅为1.22%，相当于全国水平的一半；科学技术经费占一般公共预算支出的比重仅为1.29%，位于全国第17位；规模以上工业企业研发人员的人均经费为28.44万元，比全国

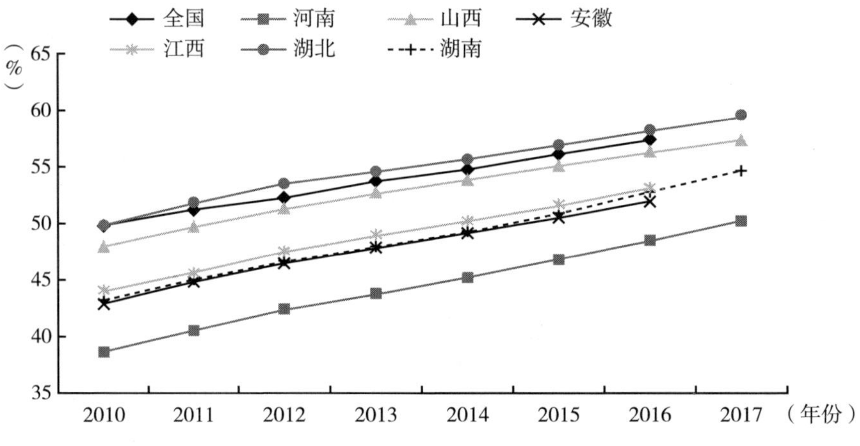

图3　中部六省及全国2010～2017年城镇化率

平均水平低10.2万元；全省大中型工业企业中开展研发活动的企业仅占8.7%，低于全国14.3个百分点，科技创新动力和能力均不足。

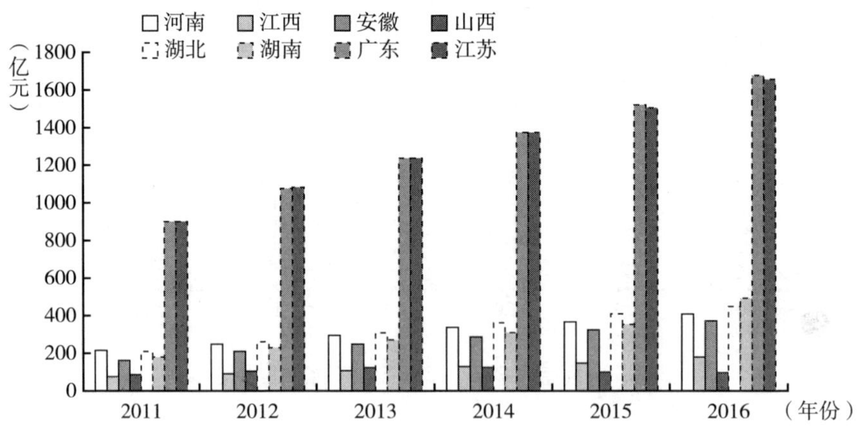

图4　2011～2016年中部六省及广东、江苏规模以上工业企业R&D经费

从智力现状来看，河南创新要素支撑“少”“散”“弱”，区域很难形成完善的科技创新生态。在创新驱动发展阶段，“人的智力”成为第一生产要素，知识、信息等无形资产成为主要的要素投入。河南省是一个人力资源大省，但拥有的创新要素如领军人才、创新团队、科研设施、测试设施、教育机构、科技成果、创新资金、行业协会、孵化机构和专业媒体等数量少、分布散、能力弱，甚至本地的一些优质创新资源还在源源不断地涌向相对发达的地区。

（三）投入产出效率偏低

从劳动生产率来看，根据全国及各省份生产总值和年均从业人员数据推算，2016 年河南省劳动生产率为 60169 元/（人·年），低于全国水平 95819 元/（人·年），在与其他省份的对比中，明显低于湖北、山西、江西等省份，更远远低于江苏省经济发达地区。从年均增长速度来看，2011 年以来各省份劳动生产率增长速度都有所提升，河南省 2011～2016 年劳动生产率年均增长 7.7%，依然比全国低 2.2 个百分点，速度增长缓慢使总量差距越来越大。

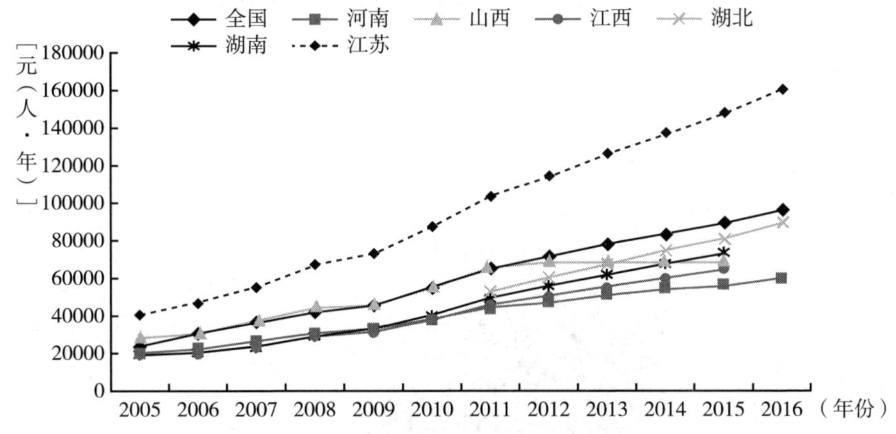

图 5　2005～2016 年不同省份及全国劳动生产率对比

从固定资产投资来看，2017 年全省固定资产投资（不含农户）43890.36 亿元，比 2016 年增长 10.4%。在固定资产投资中，基础设施投资 8831.39 亿元，占固定资产投资的比重 20.1%，制造业投资 16739.77 亿元，占固定资产投资的比重达 38.1%，占比相对依然最大。从增长速度来看，建筑业领域投资增长最快，2017 年采矿业增速最低，为 -10.8%。说明河南省转变经济结构压力较大，同时民生短板较为突出。2016 年全省每百元全社会固定资产投资只新增 7.9 元生产总值，仅为 2010 年的 36%。

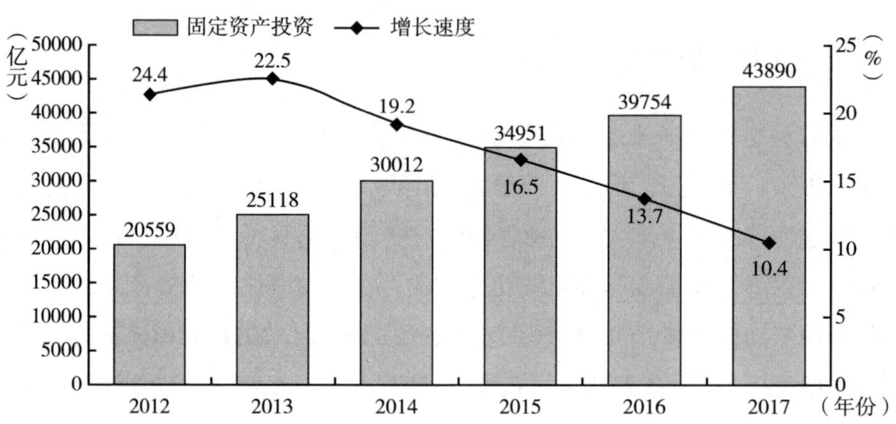

图 6　2012 ~ 2017 年固定资产投资及增长速度

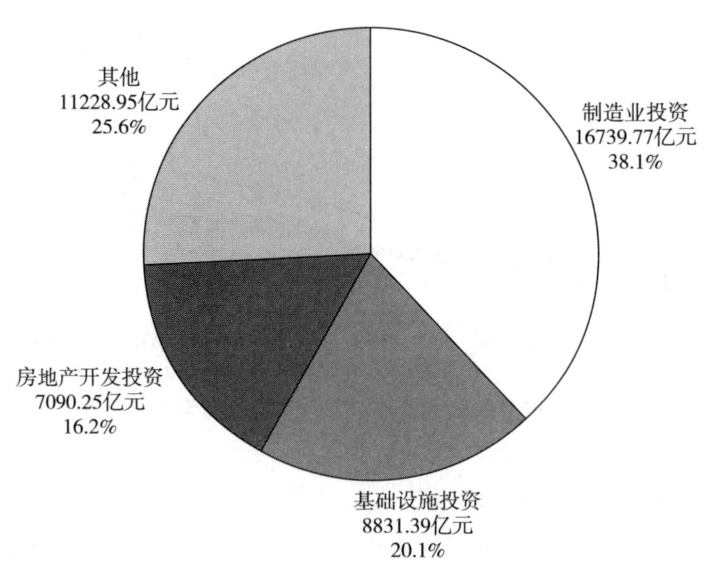

图 7　2017 年各领域固定资产投资额及其占比

表 1　2017 年分行业固定资产投资及增长速度

行　业	投资额(亿元)	比上年增长(%)
农林牧渔业	2574. 42	19. 2
工业	19190. 97	3. 5
采矿业	506. 58	-10. 8
制造业	16739. 77	3. 1
电力、燃气及水的生产和供应业	1944. 63	12. 3
建筑业	13. 38	276. 1
批发和零售业	1252. 40	2. 5
交通运输、仓储和邮政业	2487. 54	27. 9
住宿和餐饮业	434. 10	21. 2
信息传输、软件和信息技术服务业	310. 02	29. 7
金融业	42. 98	39. 7
房地产业	9507. 21	6. 2
租赁和商务服务业	422. 52	-6. 2
科学研究和技术服务业	295. 17	17. 0
水利、环境和公共设施管理业	5005. 70	35. 4
居民服务、修理和其他服务业	151. 55	-0. 4
教育	763. 43	43. 0
卫生和社会工作	594. 52	7. 0
文化、体育和娱乐业	657. 37	20. 0
公共管理、社会保障和社会组织	187. 08	54. 6
合　计	43890. 36	10. 4

资料来源：《2017 年河南省统计公报》。

从能源消耗来看，2016 年的能源消费总量达 23117 万吨标准煤，与 2010 年相比增长了 24. 3%。“十二五”期间，河南省节能降耗大力实施，能源消耗增速有所下降，但仍保持稳定增长，增速略高于全国水平。从能源消费增长和经济发展的关系来看，河南省的能源消费弹性系数一直略高于全国平均水平，说明河南省经济发展对能源消费增长的依赖程度要高于全国平均水平，由此也导致了河南省总体的能源利用效率偏低。而从单位能耗来看，自“十二五”以来河南省的单位 GDP 能耗有了显著下降，2016 年时已下降到了 0. 571 吨标准煤/万元，较 2010 年下降了 28. 66%，能源利用效率提高明显。就河南省能源利用效率在全国的水平来看，2016 年河南省单位 GDP 能耗略低于全国平均水平 0. 586 吨标准煤/万元，是广东的 1. 45 倍。环境污染严重。在京津冀及周边 6 省市 2017 年 9 月底的排名中，河南 PM10、PM2. 5 累计浓度仍然分别高居第 3 位和第 2 位。由此看来，河南省经济结构中能源产业和高载能产业占比过大，导致了能源利用效率在全国处于较落后水平，同时导致了碳排放强度较大。

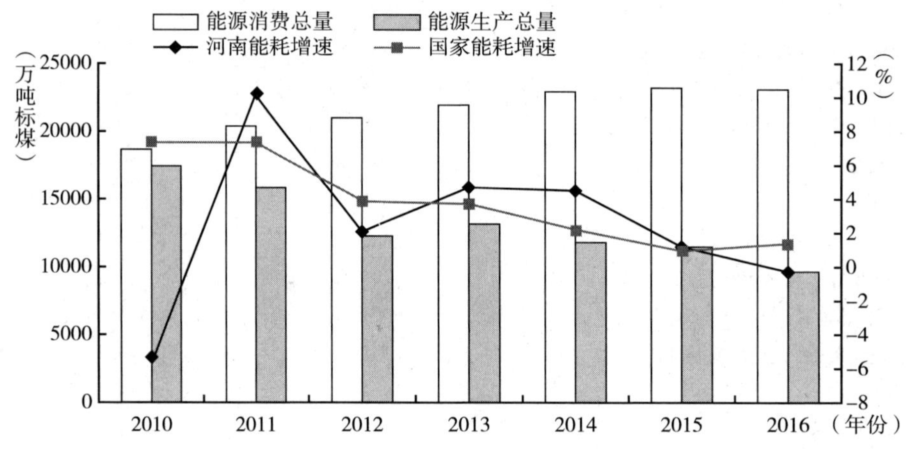

图 8　河南省能源消费及增速概况

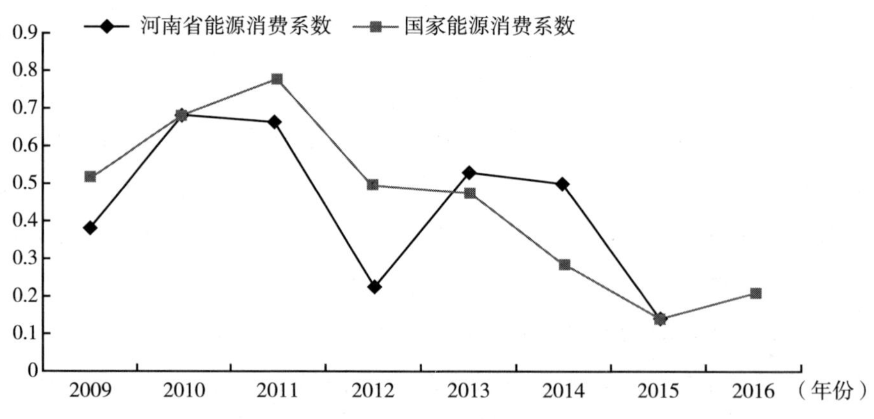

图 9　河南省历年能源消费弹性系数

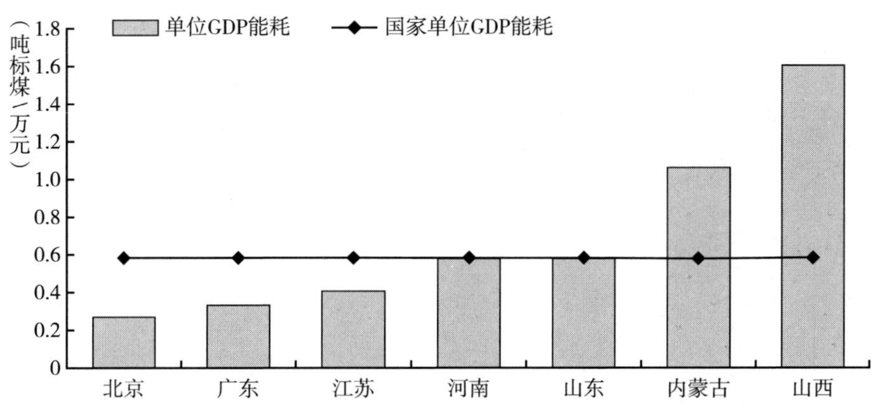

图 10　2016 年河南省单位 GDP 能耗比较

（四）对外开放水平不足

从进出口额来看，河南省由于自然条件、经济基础、政策优势以及投资环境等方面的制约，对外开放程度远远落后于沿海发达地区。由表 2 可以看出，虽然近年来河南进出口总额总量持续提升，但在全国中的占比仍然很低，不到 2%。且外贸出口结构不合理，出口结构单一，像钢铁、铝材等初级产品、低附加值的产品出口规模偏大，能源和原材料工业比重大、科技投入低和创新能力弱成为河南省外贸发展的重要制约因素。

表 2　2012～2016 年河南与全国对外贸易及实际利用外资增长态势比较

单位：亿美元，%

年份	进出口额			出口额			实际利用 FDI		
	全国	河南	河南占全国比例	全国	河南	河南占全国比例	全国	河南	河南占全国比例
2012	38671.2	517.5	1.34	20487.1	296.78	1.45	1117.0	121.18	10.85
2013	41589.9	599.57	1.44	22090	359.87	1.63	1187.2		
2014	43915.3	650.33	1.48	23422.9	393.84	1.68	1197.1	149.27	12.47
2015	39530.3	737.81	1.87	22734.7	430.6	1.89	1262.7	160.86	12.74
2016	36855.6	712.26	1.93	20976.3	428.34	2.04	1260	169.93	13.49

从利用外资水平来看，2012 年以来，河南实际利用外商直接投资（FDI）在全国的占比首次突破10%，且不断攀升，2016 年达到了 13.49%。这对河南对外开放、吸引外资和经济发展、建设经济强省做了良好的铺垫，但仍然低于河南省推进高质量建设期望值。

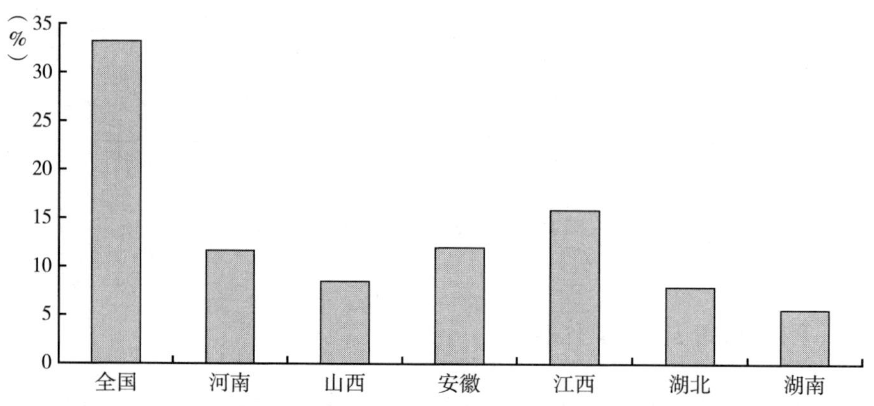

图 11　2016 年全国及中部六省对外贸易依存度比较

（五）民生事业短板突出

从居民收入来看，居民收入增长偏缓，总体水平偏低。2013～2016 年河南居民人均可支配收入始终低于全国平均水平且在中部六省中处于末位。从增长速度来看，2013 年以来，全国及各省份人均可支配收入增长速度均有所下降，但河南省人均可支配收入增速下降幅度较大，由 2014 年的 10.5%降到 2016 年的 7.7%，相对于广东、江苏的平稳下降，降幅趋猛。2016 年全省居民人均可支配收入 18443.1 元，相当于全国平均水平（23821 元）的 77.42%；城镇居民人均可支配收入 27233 元，比全国平均水平低 6383 元；农村居民人均可支配收入 11697 元，比全国平均水平低 666 元。

从教育投入来看，河南省多渠道筹措教育经费的机制还没有形成，2016 年国家财政性教育经费投入 1492.24 亿元，比全国平均水平低 0.53 个百分点；2016 年河南文盲人口占 15 岁及以上人口的比重为 5.65%，比全国平均水平高 0.37 个百分点，在中部六省仅比安徽略低。

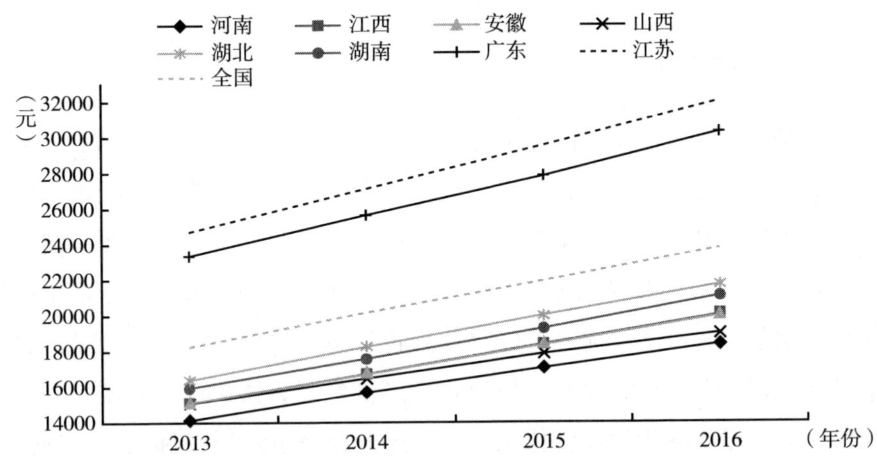

图 12　2013～2016 年全国及各省份人均可支配收入比较

表 3　2014～2016 年全国及各省份人均可支配收入增长比例

单位：%

年　份	2014 年	2015 年	2016 年
全　国	10.14	8.92	8.44
河　南	10.50	9.11	7.70
江　西	10.82	10.18	9.07
安　徽	10.83	9.33	8.91
山　西	9.38	7.95	6.69
湖　北	10.99	9.53	8.79
湖　南	10.10	9.62	9.30
广　东	9.67	8.46	8.75
江　苏	9.68	8.71	8.57

三　河南推动高质量发展的思路与对策

（一）基本思路

把推动高质量发展作为做好当前和今后一个时期经济工作的“纲”，紧扣我国社会主要矛盾变化，坚持把满足人民美好生活需要作为根本目的，坚持稳中求进工作总基调，坚持新发展理念，坚持质量第一、效益优先，统筹推进“五位一体”总体布局和协调推进“四个全面”战略布局，坚定推进供给侧结构性改革，着力发挥优势打好“四张牌”，着力打好“三大攻坚战”，着力提升“三区一群”建设水平，加快转变经济发展方式、优化经济结构、转换增长动力，建设现代化经济体系，全面提升经济发展质量和效率，确保如期全面建成小康社会，构建富强民主文明和谐美丽的社会主义现代化强省。

（二）发展对策

推动质量变革、效率变革、动力变革，河南必须以提高发展质量和效益为中心，多措并举，综合施策，提升供给体系质量，提升投入产出效率，加快劳动力数量红利向质量红利转换，全面提升利用外资质量水平，补齐民生短板，打造产业兴旺、生态宜居、乡风文明、治理有效、生活富裕的美丽河南。

1. 深化供给侧结构性改革，推动经济高质量发展

深化供给侧结构性改革是推动高质量发展的重中之重。对于河南来说，坚持新发展理念，高质量发展是根本方向，深化供给侧结构性改革成为实现发展目标的首要任务。一是要提高供给质量，支持企业增品种、提品质、创品牌，发展个性定制、高端定制，增强企业供给产品适应市场需求的灵活性。推进精益制造，弘扬工匠精神，以标准提升引领和倒逼质量变革。二是要调整优化结构，淘汰过剩产能。要在全省煤炭、钢铁、电解铝等过剩产能化解效果基础上，严格执行环保、能耗、质量、安全等标准，全面完成国家下达的煤炭等行业化解过剩产能任务。在种养业、服务业和制造业供给侧结

构性改革中，要加快发展高效种养业、现代服务业和争创“中国制造 2025”国家级示范区。加快装配式建筑业发展；培育现代物流、健康养老、教育培训、优质旅游等新增长点；加快国家大数据综合试验区建设，抓好数据资源集中整合、开放共享，大力发展数字经济。三是要深化转型攻坚，实现产业提质增效。要加快培育一批高技术、高成长、高税利产业，重点实施制造业和服务业重大项目，持续打好转型发展攻坚战。推动产业集聚区主导产业精准招商、产品技术工艺创新、落后产能“腾笼换鸟”，盘活闲置土地、厂房等要素资源，培育具有竞争力的产业集群，加快提质发展。

2. 加快创新驱动提速增效，让创新成为高质量发展的第一动力

在 2018 年全国“两会”期间，习近平总书记在参加广东代表团审议时强调，发展是第一要务，人才是第一资源，创新是第一动力。中国如果不走创新驱动发展道路，新旧动能不能顺利转换，就不能真正强大起来。对河南来说，在下一步的发展中，提升科技创新能力、夯实发展战略支撑，需要做到以下几点：一是完善创新体系，持续提升创新能力。要以郑洛新国家自主创新示范区建设为龙头，加快推进自创区体制机制改革，抓好辐射区建设，构建“3 + N”空间发展格局。培育壮大“四个一批”，加快创新体系建设，推动创新驱动提质增效。二是着力推进科技改革开放，进一步激发创新活力。要深化财政科技计划和资金管理改革，引导社会资本有计划、持续性地加大研发投入。要扩大科技开放，促进科技与金融、军工与民用、地方与国家三个融合。同时，大力推进大众创业、万众创新，营造鼓励创新创业、宽容失败的浓厚氛围。三是高质量推进自创区建设，让企业真正成为创新的主体。高水平建设郑洛新国家自主创新示范区，培育引进创新引领型企业、平台、机构、人才，开展科技成果转化、科技金融结合、科技开放合作、知识产权保护等先行先试。提质双创平台，激发企业内部创新活力、发展潜力和转型动力，优化创新创业生态，形成大中小企业合作共赢、双创资源富集、创新活跃、高效协同的产业创新集群。

3. 推动资源要素向实体经济集聚，提高投入产出效率

河南经济增长过多地依赖劳动力、土地、资金、能源等生产要素，全要

素生产率相对较低。高质量发展强调的是从主要依靠要素投入转向更多依靠全要素生产率的提高，实现经济质量上台阶。一是要增强人力资源优势，提升高等教育整体水平，积极引进嫁接国内外名校，集中政策资源支持郑州大学、河南大学“双一流”大学建设，推进特色骨干大学和应用技术类大学建设。实行以增加知识价值为导向的激励机制，完善人才服务保障体系，营造创新人才发展良好环境，采用“内培外引”的方式，努力培养造就规模宏大、结构合理、素质优良的创新型人才队伍。二是全面推行绿色生产和消费，建立健全绿色低碳循环发展的经济体系。推进资源全面节约和循环利用，强化能源、水资源消耗总量和强度控制，持续优化能源消费结构，开展全民节能节水行动。倡导简约适度、绿色低碳的生活方式，开展创建节约型机关、绿色家庭、绿色学校、绿色社区和绿色出行等行动。三是完善生态文明制度体系。完善环境治理和生态修复制度，健全用能权、用水权、排污权、碳排放权初始分配和有偿使用及交易制度。形成人与自然和谐发展的现代化建设新格局。

4. 积极扩大对外开放，加强吸引利用外资

一是着力优化外资营商环境。外资政策要充分体现投资环境公平性、法律法规执行一致性，从制度上保证政策透明度、稳定性和可预期性。促进内外资企业公平参与政府采购招投标。依法依规保护外资企业知识产权。深化外商投资管理体制和外商投资企业注册资本制度改革，落实内外资企业统一的注册资本制度。加大电子政务建设力度，提升外商投资管理信息化水平。建立健全外资企业服务体系，畅通外资企业联络渠道，建立产业招商联盟和招商引资智库。二是充分发挥载体平台利用外资功能。推进河南自贸试验区建设，优化海关特殊监管区域布局，积极申建自由贸易港。深度融入“一带一路”建设，推进郑州—卢森堡“空中丝绸之路”建设。推进“陆上丝绸之路”建设，提升中欧班列运营水平。推进“网上丝绸之路”建设，加快建设跨境电商综合试验区。推进郑州航空港经济综合实验区建设，拓展口岸功能，引进大型物流集成商，推进飞机租赁等新业态发展，提升国际航空货运枢纽和物流中心功能。深化制造业对外开放，扩大服务业领域有序开放

合作。推进境外经贸合作区建设，促进国际产能合作。

5. 提升保障和改善民生水平，确保如期全面建成小康社会

中国特色社会主义进入了新时代，河南发展也踏上了新征程，发展基础更加坚实，同时，发展不平衡不充分的问题依然突出，全面建成小康社会还有不少短板和薄弱环节。一是脱贫攻坚要以转移就业、产业扶持、易地搬迁、社会保障、特殊救助为重点，注重扶贫同扶志、扶智相结合，激发脱贫致富的内生动力，营造自强不息、勤劳致富社会风尚。二是增加城乡居民收入，逐步缩小收入分配差距，要以就业优先，支持灵活多渠道就业，鼓励创业带动就业。按照按劳分配原则，完善按要素分配的体制机制，促进收入分配更合理、更有序，扩大中等收入群体比重，使居民收入与经济同步增长、劳动报酬与劳动生产率同步提高。三是要优先发展教育事业。推动城乡义务教育一体化发展，持续改善贫困地区义务教育办学条件。扩大普惠学前教育资源，健全学生资助制度。全面普及高中阶段教育，办好特殊教育、网络教育和继续教育。提升全省高等教育整体水平，完善职业教育和培训体系，推进产教融合、校企合作。四是推进健康中原建设。倡导健康文明生活方式，预防控制重大疾病。抓好医疗改革，破解优质医疗资源不足、资源配置效率不高、医疗机构活力不强问题。推进医养结合，加快老龄事业和产业发展。五是健全社会保障体系。全面实施全民参保计划，完善城镇职工基本养老保险和城乡居民基本养老保险制度，完善统一的城乡居民基本医疗保险制度和大病保险制度，建立完善统一的社会保险公共服务平台。完善社会救助、社会福利、慈善事业、优抚安置等制度，加强残疾康复服务。加大住房保障力度，加快建设多主体供给、多渠道保障、租购并举的住房制度。

参考文献

习近平：《决胜全面建成小康社会 夺取新时代中国特色社会主义伟大胜利——在中国共产党第十九次全国代表大会上的报告》。

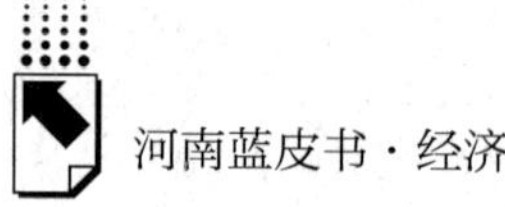

谢伏瞻：《高举旗帜牢记使命 携手共绘新时代河南社会主义现代化建设新篇章——在河南省第十三届人民代表大会第一次会议闭幕时的讲话》。

张占仓、李丽菲：《河南加快推进建设经济强省的思路与对策》，见《河南经济发展报告（2017）》，社会科学文献出版社，2017。

完世伟：《“十三五”时期河南发展思路与重大举措研究》，见《河南经济发展报告（2016）》，社会科学文献出版社，2016。

《河南省人民政府关于强化实施创新驱动发展战略进一步推进大众创业万众创新深入发展的实施意见》（豫政〔2018〕8号）。

《中共河南省委关于深入学习贯彻党的十九大精神决胜全面建成小康社会开启新时代河南全面建设社会主义现代化新征程的意见》。

B.15
河南省产业集聚区提质转型发展路径对策研究

许规舫　胡美林*

摘　要：伴随中国经济进入新常态，产业集聚区也进入了提质转型创新发展的新阶段。在新的历史时期，产业集聚区面临一系列新的矛盾问题。面对新形势、新要求，重点从集群转型升级、创新驱动发展、产城融合互动、体制机制创新等方面提出了具体的发展路径和对策建议。

关键词：产业集聚区　提质转型　河南

规划建设产业集聚区，是河南省委、省政府根据全省经济社会发展的阶段性特征，在对未来发展战略和实现途径进行科学判断的基础上做出的重大战略决策。经过十年的建设发展，产业集聚区实现了从无到有、从小到大，从重点突破到带动全局的重大转变，正在成为新时期河南加快发展、科学发展、转型发展的综合载体和突出亮点。伴随我国经济步入新常态，产业集聚区也进入了提质转型发展的新阶段。在新的历史时期，产业集聚区面临一系列新的矛盾问题，但有能力也更有责任在破解新常态下的发展难题、打造新常态下的竞争优势方面走到前面，持续上规模上水平上层次、提高吸引力竞争力带动力，在开启新时代河南全面建设社会主义现代化新征程中发挥更大作用。

---

* 许贵舫，河南省发展和改革委员会产业经济研究所所长、副研究员；胡美林，河南省发展和改革委员会产业经济研究所研究室主任、高级经济师。

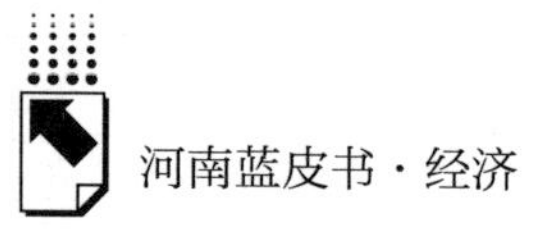

一 河南产业集聚区建设的成就

近年来，全省产业集聚区保持平稳较快发展良好态势，产业集群发展水平稳步提高，引领带动作用持续提升，为稳增长保态势提供了有力支撑。

带动经济增长的综合效应不断增强。产业集聚区的规划建设不仅为经济发展搭建了平台、打开了空间，而且日益成为扩大需求、拉动区域经济增长的主导力量。2017 年，全省产业集聚区建成区面积超过 2100 平方公里，建成区面积占产业集聚区规划总面积的 52% 以上；完成固定资产投资 21897.98 亿元，占全省的比重达到 49.9%；规模以上工业增加值增长 13.3%，占全省工业的比重达到64.9%；实现工业主营收入 54838.93 亿元，占全省的比重达到68%。

引领经济转型升级的主体作用日益突出。各地依托产业集聚区抓集群培育、开展针对性招商的意识不断增强，产业集群发展态势日趋明显，带动全省经济转型升级的主体作用更加突出。2017 年，全省产业集聚区高技术产业增加值增长 18.9%，高成长性制造业增加值增长 17.1%，分别高于产业集聚区规模以上工业 5.6 个和 3.8 个百分点。

承接产业转移的主平台作用更加凸显。产业集聚区规划建设以来，各地不断完善基础设施和公共服务设施，着力增强产业承载功能，持续加大针对性招商引资力度。经过多年的发展，产业集聚区已经成为河南参与全球产业分工体系的重要载体，是构建宽领域、多层次、全方位对外开放的一个重要平台，承接产业转移的主平台作用日益凸显。近五年来，全省产业集聚区实际利用外商直接投资近 400 亿美元、占全省的 60% 左右，年均增长 25% 以上。

吸纳转移就业的能力持续提升。各地把集聚区建设与新城区开发、老城区改造紧密结合起来，以产业集聚增加就业岗位，以城市基础设施完善提升承载能力，依城促产、以产兴城，着力增强产业集聚区对转移人口的吸纳能力。近五年来，全省集聚区规模以上工业从业人员增加 200 多万人，吸纳省内劳动力转移就业占到全省的1/4以上，规模以上工业从业人员占全省规模以上工业从业人员的比重达到60%以上，有力地促进了农村富余劳动力“家门口就业”。

技术创新能力不断提高。近年来，河南省以产业集聚区为重点开展重大科技专项，着力培育发展战略性新兴产业和改造提升传统优势产业，全省新建的省级企业研发中心中，70%以上布局在产业集聚区内，带动形成和壮大了一批特色鲜明、比较优势明显的产业集群，产业技术创新已经成为产业集聚区提质转型发展和区域经济增长方式转变的强大引擎。

体制机制不断完善。各级各部门把产业集聚区作为改革创新的“试验田”和“试金石”，积极推进政策引导机制、要素保障机制、激励约束机制、行政管理体制创新，推动各项改革在产业集聚区内先行先试，为全省改革发展探索了路子、积累了经验。省、市、县三级联动推进机制更加完善，各地竞相发展的态势全面形成，各部门都把集聚区建设作为创新工作的重要平台，重点支持、先行先试，深入开展各类专业示范创建活动，形成了群策群力、齐抓共建的强大工作合力。

二 河南产业集聚区发展面临的问题

产业集聚区规划建设以来取得了一系列显著的成绩，但在发展中还存在一些突出矛盾和问题，主要表现在以下几个方面。

一是集群发展水平亟待提升。经过多年的建设发展，产业集聚区集群效应不断显现，但仍有一些集聚区主导产业选择过多过宽，产业特色不突出，招商引资针对性不强，项目建设和产业发展存在“小、散、乱”现象；一些集聚区虽然集中布局了一批同类企业，但各个企业自成一体，没有形成专业化分工和上下游合作关系。

二是产城融合发展不够。一些地方不注重集聚区与城市发展的统筹协调，城市建设部门与集聚区管理部门各自分管建设，集聚区与城市相邻区域难以实现整体规划、联片开发。与此同时，一些集聚区“重生产、轻生活”

问题较为突出，城市公共服务向集聚区延伸不够，难以满足项目落地和职工生产生活需要，高端要素集聚和根植性相对较弱。

三是自主创新能力较为薄弱。一些地方抓集聚区建设仍着眼于铺摊子、扩规模，没有形成依靠科技创新推动产业转型升级的主动意识和自觉行动；全省产业集聚区内高水平的研发平台仍然较少，只有25%左右的工业企业建有研发机构，仅1/3的企业开展了科技创新活动，零专利的工业企业数量占到98%以上，且大部分产品处于产业价值链低端，科技含量和附加值较低。

四是土地集约节约利用程度亟待提高。一些集聚区对入驻企业把关不严，未严格执行投资强度、容积率、建筑密度等用地标准，单个项目占地仍然偏大；一些分期建设项目，后续项目迟迟不动工，造成大片预留土地闲置，用地粗放、浪费现象突出；一些适合多层标准厂房的项目仍是单层厂房，有些集聚区尽管建设了多层标准厂房，但建设水平不高，且存在一定的盲目性，与企业实际需要不符，造成土地资源闲置。

五是集聚区开发建设和中小企业融资约束问题突出。经济新常态下，经济增长正由高速增长转向中高速增长，与之相伴的是地方财政压力不断加大，对集聚区规模化开发建设资金需求形成了较大压力，亟须拓宽开发建设融资渠道。此外，集聚区内中小企业融资需求与金融机构资金供给不匹配问题依然突出，中小企业转型升级面临更大的融资约束瓶颈。

六是体制机制创新仍有待进一步加强。在新常态下，一个地区最大的吸引力已不仅仅是优惠政策，更重要的是良好的体制机制。目前，产业集聚区管理体制机制还没有完全理顺，行政管理效能仍有待进一步提高，产业集聚区市场化开发、建设及运营管理水平还有待进一步加强。

三　河南产业集聚区集群转型升级的路径选择

当前，产业竞争方式已经发生重大变化，集群已经成为提升区域产业竞争力的重要途径。针对产业集群发展存在的问题，重点从产业链延伸、服务型制造、智能化改造、嵌入全球价值链等方面探索转型升级路径，推动产业集聚区提质转型发展。

（一）以“链条延伸”推动产业集群转型升级

产业集群发展的根本优势在于具有相对完整的产业链，集群上下游企业通过协作配套实现生产效率提升和集群优势提升。推动河南产业集聚区集群转型升级，首要问题就是推动集聚区主导产业加大延链、补链、强链力度，引导同类产品同类企业集聚、上下游产业链协同发展，推动产业结构优化升级。

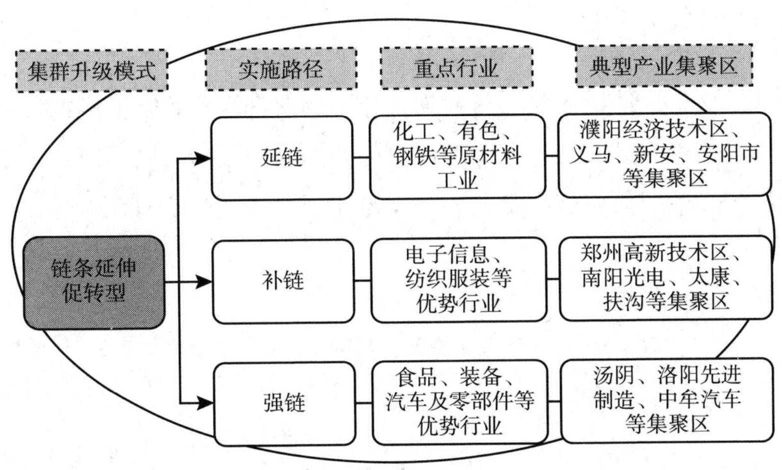

图1　河南链条延伸促转型模式

1. 延链

以化工、有色、钢铁等原材料工业为重点，加快向下游精深加工方向发展，推动“原字号”“初字号”工业向“三高三低”（高科技、高增值、高质量，低能耗、低物耗、低排放）型先进制造业体系转型，实现产业向高端化、终端化方向转型升级。

表1　河南省产业集聚区延链重点行业及发展方向

序号	重点行业	延链重点方向	重点打造产业集群	重点产业集聚区
1	化工	延伸拉长煤化工、石油化工、盐化工精深加工产业链，重点发展甲醇下游深加工、芳烃烯烃精深加工、氯碱精深加工产业链	重点打造濮阳千亿级石油化工基地，鹤壁、义马百亿级煤化工基地，平顶山百亿级尼龙化工基地	濮阳经济技术区，义马、鹤壁宝山循环经济区，平顶山化工等产业集聚区
2	有色	以铝、镁、钛、钼钨等优势行业为重点，围绕汽车、轨道交通、航空航天、电子信息、船舶、医疗等领域需求，大力发展终端应用产品	重点打造巩义千亿级铝加工产业集群，洛阳、三门峡千亿级有色精深加工产业集群	巩义、豫联、新安、伊川、洛阳高新、宜阳、鹤壁金山等产业集聚区
3	钢铁	加快发展精密铸造、结构钢、齿轮钢、特种钢等高附加值专用品种和复合材料	重点打造安阳、舞钢、宝丰等千亿级精品钢产业集群	安阳县、舞钢市、宝丰县等产业集聚区

2. 补链

以电子信息、纺织服装等行业为重点，针对纺织服装行业中的绿色印染整理、电子信息产业中核心关键部件等行业发展短板和缺失环节，加强项目和企业的针对性招商引资力度，提升本地化配套和生产能力，打通产业上下游产业链。

表2　河南省产业集聚区补链重点行业及发展方向

序号	重点行业	补链重点方向	重点打造产业集群	重点产业集聚区
1	电子信息	大力发展智能硬件、光通信及光电器件、集成电路等电子核心部件，加快推动本地化生产，完善产业链条	重点打造郑州航空港千亿智能终端产业集群，郑州高新、洛阳高新百亿级新兴业态（大数据、云计算）产业集群，漯河东城、南阳光电等百亿特色电子信息产业集群	郑州航空港区、郑州高新技术区、洛阳高新技术区、漯河东城、南阳光电、洛阳洛龙等产业集聚区
2	纺织服装	加快棉纺集中区高水平印染项目建设，积极引进机织和针织企业，推动棉纺企业延伸链条，扩大面料生产规模	建设太康、扶沟、淮滨、郑州、许昌魏都、夏邑等百亿级纺织产业集群	太康、扶沟、淮滨、郑州、许昌魏都、夏邑等产业集聚区

注：根据调研，目前河南省产业集聚区绿色环保型印染整理项目仍然空白，省内布料依然需要运往江浙、广东等沿海地区处理。

3. 强链

以食品、装备、汽车及零部件等优势行业为重点，针对产业链薄弱环节和关键环节，加强技术工艺和设备改造力度，培育提升产业链竞争新优势，推动产业向高端化方向发展。

表 3　河南省产业集聚区强链重点行业及发展方向

序号	重点行业	强链重点方向	重点打造产业集群	重点产业集聚区
1	食品	提升原料加工、辅料配料、质量安全、冷链物流等关键环节，打造全国最大的冷链食品研发生产基地	重点打造漯河、郑州、周口、信阳、驻马店、鹤壁等千亿级食品产业集群，打造汤阴、浚县、延津等百亿级特色产业集群	漯河经济技术区、郑州马寨、周口经济技术区、汤阴、浚县、延津、遂平、潢川等产业集聚区
2	装备	提升核心零部件、系统集成、服务增值等产业链关键环节能力，加快发展智能装备、成套装备，打造产业链竞争优势	重点打造洛阳动力谷高端装备、中原电气谷智能电网装备以及郑州、新乡、焦作等千亿级特色产业集群，打造开封汴西、林州、濮阳濮东、南阳高新、济源虎岭等百亿级特色产业集群	洛阳伊滨、洛阳先进制造业、洛阳工业、宜阳、许昌经济技术区、长葛、平顶山高新技术区、开封汴西、林州、濮阳濮东、南阳高新、济源虎岭等集聚区
3	汽车及零部件	提升汽车关键零部件模块化、总成化生产优势，带动整车发展。提升锂离子动力电池产业优势，加快发展新能源汽车	重点打造郑汴千亿级整车及零部件产业集群，建设孟州、博爱、西峡、淅川、林州、新乡工业、长垣等百亿级特色产业集群	中牟、汴西新区、孟州、博爱、西峡、淅川、林州、新乡工业、长垣等产业集聚区

（二）以“服务型制造”推动产业集群转型升级

主动顺应服务型制造的发展趋势，引导企业从产品供应商向一体化解决方案提供商转变，推动业务流程再造、商业模式及业态创新，加快制造与服务协同发展，提升产业集群竞争优势。

推进总集成总承包及全生命周期运营服务。以煤机装备、电力装备、节能环保等行业为重点，着力提高系统设计、系统集成和工程总承包能力，在咨询设计、工程承包、维修改造、融资租赁、金融配套等方面开展增值服务，加快由产品生产商向集装备技术研发、成套装备生产、生产线建设与运营、金融租赁服务于一体的总集成总承包综合服务商转型，推动传统优势产业竞争优势提升。

发展个性化定制服务生产方式。以食品、纺织服装、现代家居等终端消费品行业为重点，依托大数据、云计算、电子商务等服务平台，在设计研发、生产制造和供应链管理等关键环节开展柔性化改造，在产品外观、材料、功能等方面实施个性定制、精准营销。支持行业龙头骨干企业开展“多品种、中小批量、准时化”定制服务生产方式，对接用户个性化需求，促进制造企业生产和消费环节对接，提升产品功能和附加值。

开展专业化生产服务。支持技术密集型行业龙头骨干企业利用自身优势，依托行业重点实验室、工程技术研究中心等，面向行业提供专业化、社会化服务。例如在平顶山平新产业集聚区，平高集团利用自身技术优势开展工厂化检修服务及综合能源管理业务，在郏县产业集聚区，平煤机开展再制造等专业化生产服务等。

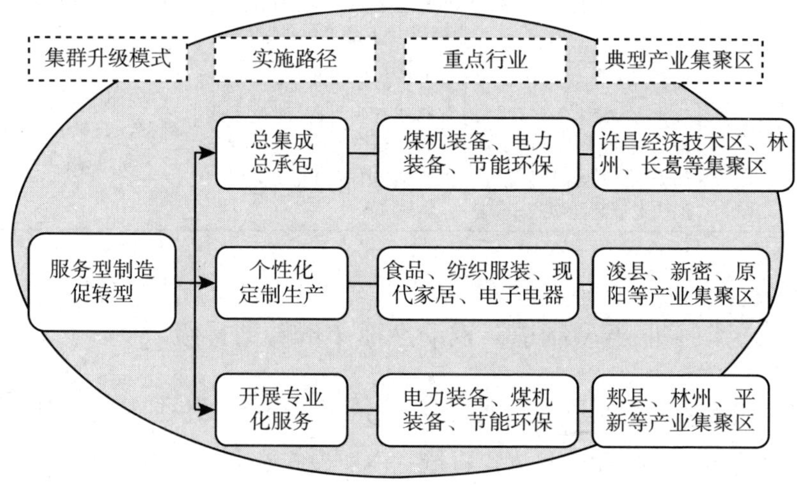

图2　河南服务型制造促转型模式

（三）以“智能化改造”推动产业集群转型升级

适应工业4.0时代要求，围绕能源、化工、冶金、装备等产业转型升级需求，以行业龙头骨干企业为依托，大力开展智能制造、智能工厂、智慧园区等试点建设。

推进智能制造。实施“互联网+”柔性制造专项行动，在集聚区开展工业云及工业大数据创新应用试点，支持制造业云平台建设，提供开放共享的数据挖掘分析、个性化定制和精准营销等大数据应用服务。鼓励互联网企业、制造企业无缝对接，培育智能监测、远程诊断管理、全产业链追溯等工业互联网新应用，建设智能制造解决方案云平台。

加快智能工厂建设。实施“互联网+”智能工厂示范专项行动，以生产过程可视化、生产系统智能化、创新制造营销协同化、价值链上下游企业系统创新和融合发展为重点，开展智能工厂示范建设，促进制造工艺的仿真优化、数字化控制、状态信息实时监测和自适应控制，实现智能管控。

加快智慧园区建设。实施智慧园区创建工程，强化集聚区信息基础设施建设，搭建园区公共信息服务平台，加快信息通信技术的推广应用，实现资源互通、信息共享、智能处理、协同工作，着力提升集聚区智慧化运营水平，推进主导产业智能化发展，推动产业集聚区转型升级，提高产业集聚区综合承载能力。

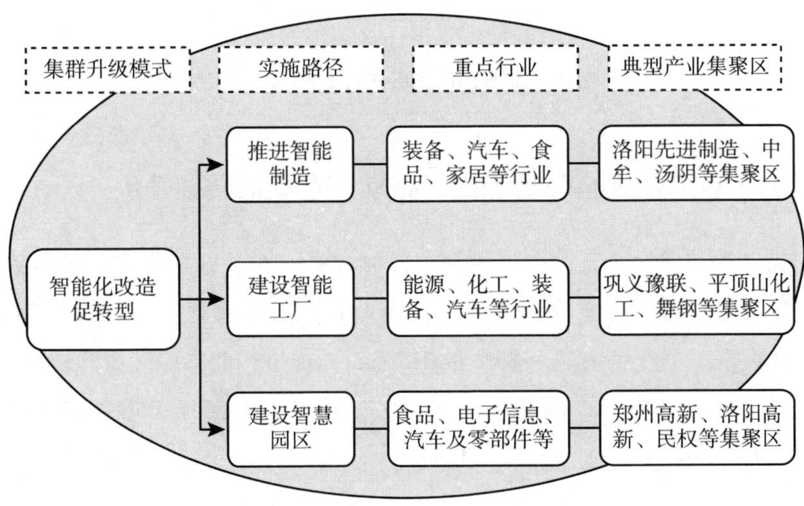

图3　河南智能化改造促转型模式

（四）以"培育新兴产业"推动产业集群转型升级

根据全球价值链理论（GVC），"链的升级"即产业转入新的、附加值更高的产业价值链，以此实现产业集群的转型升级。培育新兴产业在一定程度上是产业集群"链的升级"，通过结构转化实现产业转型升级。对于河南产业集聚区，特别是资源型城市的产业集聚区集群转型升级而言，通过立足自身基础优势，瞄准技术前沿，引进标杆企业，大力发展成长性好、竞争力强、关联度高的新兴产业，培育一批新兴特色产业基地，形成引领带动产业转型升级的新生力量，推动产业集群转型升级。

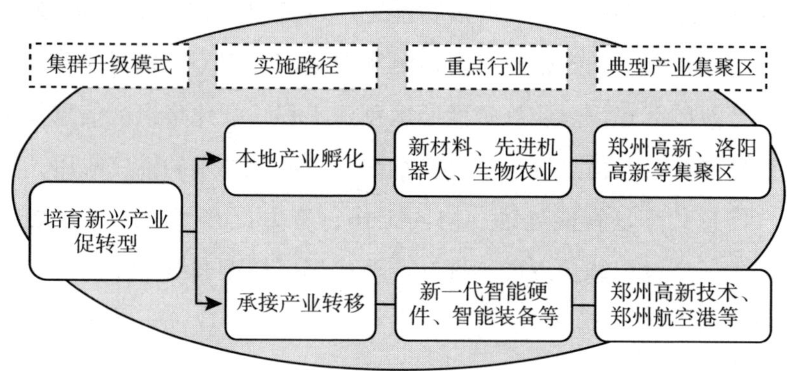

图4　河南培育新兴产业促转型模式

（五）以"嵌入全球价值链"推动产业集群转型升级

坚持"引进来""走出去"相结合，加大对内对外开放力度，依托产业集聚区打造对外开放合作平台，引导国外企业在产业集聚区设立研发制造基地，推动产业集聚区企业尽快融入全球价值链体系，促进产业集聚区集群转型升级。

打造开放合作平台。依托产业集聚区，积极吸引国际大型企业集团以及行业龙头骨干企业设立研发制造基地，加快在产业集聚区布局设点；结合产业集聚区配套服务设施发展，争取建设保税物流中心、保税仓库等海关特殊监管场所，提高对外贸易发展质量与效益，打造对外开放载体、平台和窗口。

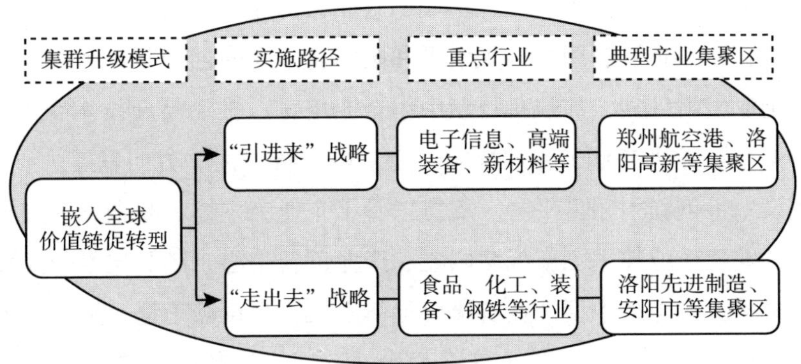

图5　河南嵌入全球价值链促转型模式

支持企业"走出去"。支持产业集聚区企业有序推进钢铁、化工、有色等传统优势产业产能转移，与"一带一路"沿线国家和地区合作建设研发生产基地。加强与发达国家和地区的产业协作配套，推动集聚区由内源型向内源型、开放型双轮驱动转变，增强产业发展动力，拓展市场需求空间，为产业转型升级提供有力支撑。

四　河南产业集聚区创新驱动发展的路径选择

在经济新常态下，过去依靠要素驱动的发展方式难以为继，创新驱动发展模式则有效消除了资源要素稀缺、要素报酬递减等发展瓶颈制约，为区域经济持续快速增长提供了有力支撑。在新的时期，应大力推进产业集聚区创新驱动发展战略，加快培育形成新时期集聚区提质转型发展的新动力，打造竞争实力强和可持续发展的创新型产业集聚区。

（一）加快"三个一批"创新型体系建设

以培育一批创新引领型企业、建设一批创新引领型平台、引进一批创新型人才团队为重点，加快推进产业集聚区创新体系建设。

培育一批创新引领型企业。加快建立创新引领型企业名录，支持符合条

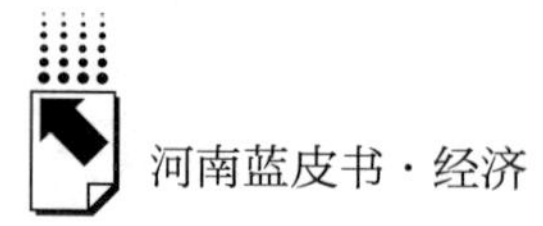

件的企业在重大关键技术研发、产业创新联盟构建、人才技术集聚等方面率先突破，打造一批具有国内领先水平和国际竞争力的创新龙头企业。实施高新技术企业倍增计划，加强科技型中小企业培育，推动高新技术企业、"科技小巨人"企业大幅增加，加快向"专、精、特、优"方向发展。

建设一批创新引领型平台。支持以骨干企业为主体，联合高等院校、科研院所，共建产业技术创新战略联盟、产业创新中心、产业技术研究院等新型研发机构。实施大中型企业省级以上研发机构全覆盖工程，推动大中型企业加快"两站两室三中心"（院士工作站、博士后科研工作站，重点实验室、工程实验室，工程技术研究中心、工程研究中心、企业技术中心）高能级研发平台建设。

引进一批创新型人才团队。完善柔性引才方式，出台更具吸引力的政策，建立绿色通道，引进更多高层次创新型人才和团队。深入实施"中原百人计划""河南省高层次科技人才引进工程"，大力引进两院院士、"千人计划"专家、国家重大科技成果完成人等海内外高层次人才和团队，支持其带技术、带成果、带项目到产业集聚区开展创新创业和成果转化。

（二）加快创新要素集聚

理论和实践表明，随着制造业空间聚集程度的不断提高，创新要素也呈现出显著的空间集聚现象。未来一个时期，推动集聚区提质转型发展的一个重要任务就是要推动创新要素向集聚区集聚发展。

推动人力资本集聚发展。目前，大部分集聚区处于发展阶段，人才引进难、流失快问题突出，据粗略估计，集聚区企业人才流失率达到 20% ~ 30%，人才的不稳定导致企业科研项目难以持续，影响了企业的科技创新。对此，应着力优化集聚区人才环境，加强集聚区专业技术人才培训和引进力度，健全完善集聚区人才社会保障服务平台建设，解除集聚区引进人才的后顾之忧。

推动风险资本集聚发展。相对银行及其他金融机构，风险资本（Venture Capital）具有较强的风险偏好性，其投资的对象是尚未成熟、处于创业期的创新型企业，在地域分布上呈现出显著的集聚特征。在产业研发试生产阶段，正是由于风险投资的参与和推动，使科技成果转化为生产力的周期大大缩短。推动集聚区提质转型发展，必须适应技术创新对资金的内在需求特点，引导各类社会资本针对集聚区创新发展需求，积极开拓天使投资基金、风险投资基金、私募股权投资基金等多元化融资渠道，提高对中小企业孵化、创新发展的资金支持力度，推动中小企业创新能力提升。

（三）完善创新载体建设

平台决定高度，载体功能有多强，创新发展水平就有多高。推进集聚区转型发展，应着力加快建立以国家自主创新示范区为引领、区域和产业创新载体为支撑的创新载体体系，形成集群创新效应。顺应信息网络时代“大众创业、万众创新”的新形势、新要求，依托产业集聚区积极建设大学科技园、创客空间、创新工场、星创空间等新型众创空间，创建一批“双创”示范基地，探索推广“高校 + 企业 + 双创平台”“龙头企业 + 众扶平台”“孵化器 + 双创企业”等新型“双创”模式，构建“创业苗圃 + 孵化器 + 加速器”的全程孵化体系，催生经济新业态、新模式、新产业。

五　河南产业集聚区产城融合发展的路径选择

当我国经济进入新常态，在转型发展的新时期，“以产兴城、依城促产、产城融合”发展理念更加受到重视，产城融合发展日益成为地方应对产业转型、加快城市综合功能提升的重要抓手，推动集聚区提质转型升级必须深入推进产城融合发展。

（一）坚持产城融合发展理念

坚持产城融合发展理念，准确把握内涵，在规划建设和发展理念上，应由单纯的“工业区”转向功能集合构建的“集聚区”，将集聚区置于整个城市和区域发展背景，从游离于中心城市发展体系之外的“产业孤岛”，向具有相对完备的生产生活服务设施与配套服务的产业新城转型。加强“职住平衡”和各种功能的协调，将城市功能有机融入集聚区建设发展中，使生产区、生活区、公共游憩区、配套服务区协调融合，在提高土地集约利用水平的同时，营造宜居宜业的良好环境。

（二）优化集聚区内部功能布局

根据集聚区发展阶段和发展需要，统筹推进建成区、发展区、控制区功能布局调整，科学确定工业、物流仓储、公用设施、公共管理与公共服务设施、商业服务业设施等各类用地规模和布局，形成功能匹配、紧凑集约、有序开发的空间格局。突出集聚区生产功能，统筹生活、商务、生态功能布局，依托相邻城区布局建设住宿、教育、医疗、体育等公共服务设施，配套建设商业、娱乐、休闲等设施，在确有需要的产业集聚区布局建设职工公寓等生活服务设施，提升宜居宜业水平。

（三）统筹集聚区与中心城区联动开发建设

坚持统筹布局、统一建设，推进中心城区和产业集聚区基础设施、公共服务设施规划建设的衔接协调、互联互通和共建共享，促使产业发展和城镇建设相互配合、协调同步、整体推进。推动城区水、电、气、暖、公交、邮政等基础设施、公共服务设施向开发区延伸覆盖，形成产业与城市共建共享、相互依托、互相促进的良性发展态势。结合“百城提质工程”，积极开展地下综合管廊、海绵型园区等试点建设，提升产业集聚区综合承载功能。

六　河南产业集聚区运营机制创新

适应市场化、社会化发展趋势，积极探索创新产业集聚区开发建设、运营管理等体制机制，推动产业集聚区建设水平和管理效能提升。

（一）创新产业集聚区开发运营管理机制

探索创新开展专业运营模式，提升集聚区建设运营效率，推动集聚区提质转型发展。积极引入专业开发商和运营商，实现市场化运作和公司化运营，鼓励以公有民营、民办公助、股份制等多种形式投资集聚区建设和运营，摆脱政府作为集聚区建设发展单一主体的既有格局，丰富集聚区的治理机制。支持和鼓励各类投资者采取合资、合作、独资、租赁等形式到集聚区投资创办企业园区、区中园或园中园，由企业自主招商、自我发展。引进非政府性质的公共服务机构和专业化中介服务机构，为企业提供全方位专业化服务。适应市场发展趋势，引导和支持企业参与产业集聚区公共信息、检验检测检测、技术创新、金融服务、人才培养等公共服务平台建设。规范发展技术评估、检测认证、产权交易、成果转化、生产力促进中心等中介机构。通过政府购买服务等方式，改善和提高产业集聚区公共服务的质量和水平，更好满足创新创业服务、人才服务和商务服务等需求。

（二）创新产业集聚区投融资机制

针对中小企业信贷配给、县域金融发展不足、金融创新产品缺乏、融资渠道狭窄等关键问题，健全完善集聚区中小企业融资机制，创新融资模式设计，有效缓解中小企业融资难、融资贵问题。

集群批处理融资模式。与单个游离状态的中小企业相比，中小企业集群具有显著的空间集聚、协同关联、地域根植等发展特性和优势，这就使金融机构可以有效收集和掌握中小企业的各类信息，从而减少信息的不对称性，增强企业的信用评级，降低企业融资成本，提高中小企业融资效率。鉴于此，应充分利用产业集群的发展特性，有效发挥政府的组织协调优势、银行的融资优势、行业协会的信息优势，以集群批处理中小企业贷款的方式创新融资产品开发，提高信贷资金对优势产业集群的覆盖面，以此克服单个中小企业由于融资规模小、融资频率高而导致的银行惜贷问题。

互助基金融资模式。产业集聚区集群内的中小企业在相互信任的基础

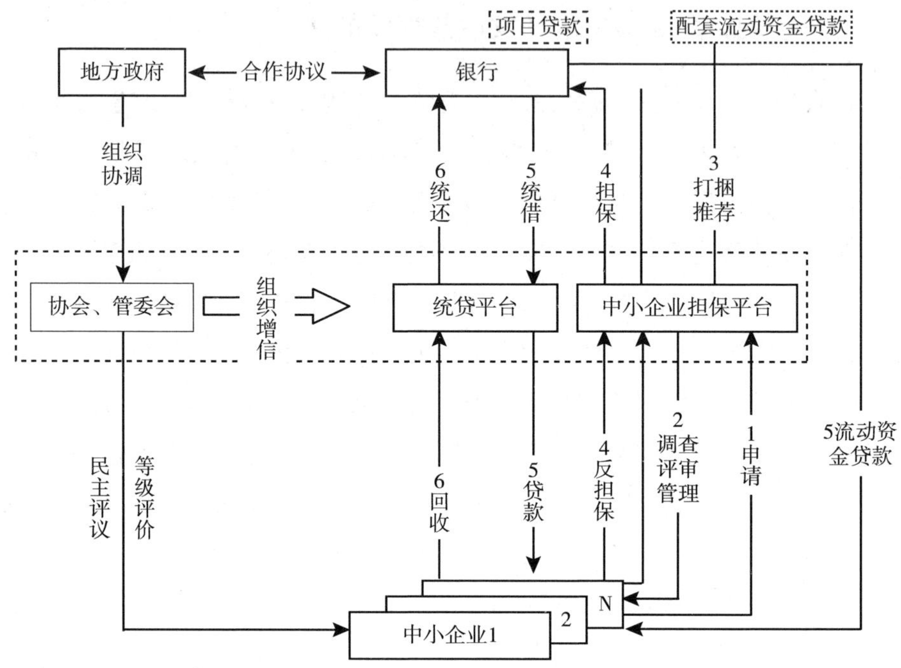

图6　产业集聚区中小企业集群批处理融资模式设计

上，自愿认购一定金额资金并设立中小企业互助基金，企业互助基金优先采取有限合伙制（Limited Partnership）模式，在运作上是开放式基金，允许组织成员的进入和退出。互助基金融资模式将互助会员视作一个整体，以此克服单个中小企业规模小、抵押质押物少以及企业银行间信息不对称等问题，提高了融资效率，降低了融资成本，实现了中小企业集群融资的规模效应。

政府引导基金融资模式。依托产业集聚区，由地方政府相关部门发起设立中小企业发展引导基金，在此基础上，引进国内外知名创业投资基金、私募股权投资基金等资本共同建立中小企业发展专业子基金，专业子基金包括创业投资（Venture Capital）子基金、私募股权投资（Private Equity）子基金以及产业投资子基金等其他子基金。通过设立政府引导基金，鼓励社会资本参与集聚区中小企业集群建设、战略性新兴产业培育以及“大众创业、万众创新”等领域，实现政府中小企业发展引导资金的放大效应，并以此

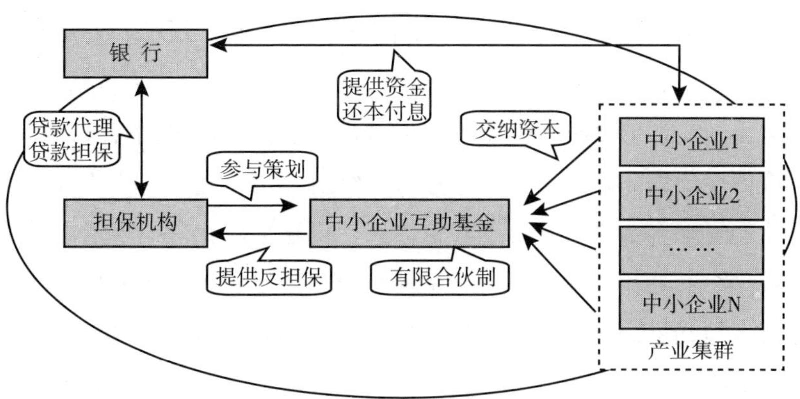

图7　产业集聚区中小企业互助基金融资模式设计

加大对中小企业孵化、创新发展的资金支持力度，推动集聚区中小企业提质转型创新发展。

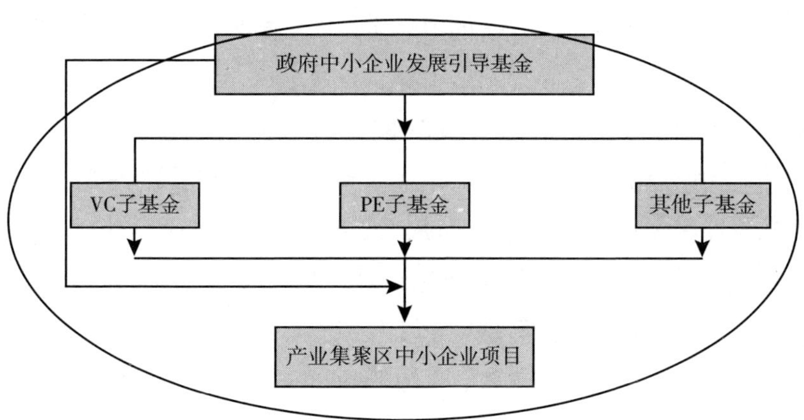

图8　产业集聚区中小企业政府引导基金融资模式设计

（三）创新产业集聚区土地开发利用机制

当前及未来一个时期，河南将处于工业化、城镇化加速推进的时期，土地资源供给不足将是长期面对的突出矛盾。对此，必须通过改革创新的办法来解决土地约束问题，努力实现土地利用效益最大化，缓解产业集聚区土地瓶颈制约。

优化土地资源要素配置。推行土地利用差别化、精细化管理，科学保障产业集聚区用地需求。探索开展企业分类综合评价，建立以亩均税收、研发创新和节能环保等为主要指标的评价体系，倒逼落后无效产能退出和低端低效企业转型。开展用地考核评价，考核结果与集聚区年度用地指标挂钩，将新增建设用地指标向节约集约用地好的集聚区倾斜，对挖潜成效明显、集约利用突出的集聚区给予指标奖励，对达不到标准的，调减下年度用地指标。

健全完善土地节约集约利用机制。强化节约集约用地，严格项目用地标准，将项目投资强度、容积率、建筑系数、绿地率、非生产设施占地比例等控制性指标纳入土地使用条件，推广实行项目用地价格与投资强度、产出强度、投资进度相挂钩，提高企业土地集约节约利用水平。针对“项目圈地”问题，探索实行新增工业用地弹性出让年期制，建立土地阶梯供应机制，对以区中园、分期实施等形式建设的项目实行一次规划、分期分批供地。

积极盘活低效资产。按照政府引导、企业主体、属地主责、依法处置的原则，综合运用市场机制、经济手段和法治办法，分类处置产业集聚区停产半停产企业和停建缓建项目。采取租赁回购、兼并重组、债务重组、破产重整、破产清算等方式，加快盘活厂房、设备、土地等资产。将城市“批而未征”土地调整用于产业集聚区建设；对“批而未供”长期闲置且符合收回条件的土地，征收土地闲置费或依法收回土地使用权。加强产业集聚区土地利用动态监管，加大闲置土地、低效用地再开发利用力度，建立常态化处置机制。

参考文献

朱跃军、姜盼：《中国产业园区：使命与实务》，中国经济出版社，2014。

胡美林：《新常态下产业集聚区中小企业融资创新研究》，《上海经济研究》2016 年第 5 期。

胡美林：《新常态下河南省产业集聚区的创新驱动发展》，《开发研究》2016 年第 6 期。

胡美林：《新常态下内陆资源型城市传统产业转型升级研究》，《区域经济评论》2015 年第 5 期。

谢润邦、胡美林：《风险资本的集聚对高新技术产业集群发展的影响分析》，《湖南大学学报》（社会科学版）2006 年第 2 期。

张捷：《中小企业的关系型借贷与银行组织结构》，《经济研究》2002 年第 6 期。

张辉：《全球价值链下地方产业集群升级模式研究》，《中国工业经济》2005 年第 9 期。

B.16
河南省加快建设现代化经济体系的对策研究

汪萌萌*

摘　要： 党的十九大报告中提出的“贯彻新发展理念，建设现代化经济体系”，是由我国经济由高速增长向高质量发展的阶段性特征所决定的，更是新常态下中国经济建设的总纲领。近年来，河南省狠抓优势，努力打好“四张牌”，三大攻坚战战果卓著，“三区一群”联动发展，“四个强省”建设成效明显。但同时，全省经济社会发展结构性长期性问题仍很突出。加快建设现代化经济体系，对于河南加快经济强省建设，决胜全面建成小康社会，并趁势而上全面推进新时代社会主义现代化建设具有重大的现实意义。

关键词： 河南　现代化　经济体系

一　加快建设现代化经济体系的重大意义

（一）加快建设现代化经济体系是河南加快经济强省建设、决胜全面建成小康社会的必然选择

党的十八大以来，河南经济发展整体来看稳中有进，经济总量多年稳居

* 汪萌萌，河南省社会科学院经济研究所研究实习员，硕士。

全国第5位，经济实力不断增强，产业体系日趋完善，为建设现代化经济体系奠定了坚实基础。截至目前，河南第一、第二、第三次产业结构接近10.7∶47.4∶41.9，分经济类型看，2017年国有控股企业和集体企业增加值增长分别是5.6%和7.3%，股份制企业与外商及中国港澳台商投资企业增长分别是8.6%和7.6%；传统产业中，采矿业增加值增长3.9%，制造业增长8.5%，电力、热力、燃气及水的生产和供应业增长4.3%，全省经济发展盘子大而质量不高，国有企业和传统行业转型发展步伐缓慢，服务业整体规模较小且方式落后、城乡区域发展不平衡，更为突出的是新业态新技术新模式对经济增长的驱动力不足，不能满足新时期河南加快经济强省建设的客观要求。因此，加快建设现代化经济体系，深入贯彻党的十九大的战略部署，是河南省强化薄弱环节，加快经济强省建设，保质保量如期全面建成小康社会、进而实现“两个一百年”奋斗目标创造的关键举措。

（二）加快建设现代化经济体系是推动经济发展动力效率变革，提高发展质量的迫切要求

改革开放以来，资源投入和投资是河南省经济发展的主要动力，但是随着中国经济进入新常态，全省经济发展动力转换迫在眉睫。2017年河南省五大主导产业增加值增长12.1%，占工业比重44.6%，同比仅提高0.3个百分点，增长动力不足；占工业比重44.2%的传统产业2017年增长2.7%，低于全省规模以上工业5.3个百分点，同比降低0.3个百分点，产业整体发展后劲不足，发展质量急需提高，新兴、高技术含量产业占规模以上工业的比重2017年仅增加了1%，科技创新驱动发展成效不明显；另外近年来河南省投资效益系数不断走低，人口红利逐渐消失，劳动力成本大幅上升，2017年由偏重产业结构衍生的环境问题日益严重，传统农村农业发展方式落后，对外贸易结构不平衡、产品质量不高和方式落后的难题没有解决，原有的成本资源和要素投入推动力明显减弱，传统发展模式的步履维艰，创新驱动转型刻不容缓。加快构建现代化经济体系，在夯实全省科技创新的基础的前提下，可以充分发挥其关键引领作用，推动经济结构调整动力转换，全

面贯彻绿色环保可持续的发展理念，推动经济由资源和投资拉动向创新驱动转型，提高经济的发展质量和效率。

（三）加快建设现代化经济体系是促进城乡协调发展，推动中部加快崛起的重要支撑

作为中国的农业大省和欠发达省份的河南，城市和农村发展二元结构明显，省内区域发展不协调不平衡的矛盾突出，城镇化水平低质量不高、城乡居民收入差距大和区域发展不平衡的问题日益严重，截至2016年底河南城镇化率仅为48.5%，低于全国近9个百分点，在50%的转折点之下，2016年河南105个县（市）的人均可支配收入的平均值为15991.93元，是全省居民人均可支配收入18443元的86.7%，低于全省平均水平13.3个百分点；2017年城镇消费品零售额达到7565.64亿元，乡村消费品零售额为616.39亿元，不到城镇消费品零售额的1/11；同时郑州、洛阳及开封等中心城市经济整体竞争力不强，难以有效带动中原城市群城市联动发展，另外，目前河南作为扶贫大省，精准扶贫、脱贫开发任务极为艰巨，迫切需要以城乡融合发展作为关键支撑。因此加快建设现代化经济体系，在夯实以中心城市群高质量联动发展基础的前提下，深刻理解大中小城市和小城镇协调发展的辩证关系、完善城乡开放融合联动发展的新格局、分批分时段逐步推动农业转移人口市民化、加快中原城市群和国家中心城市的建设步伐等举措，推动中原城市群网络化、开放化和一体化发展，同时可以在提高全省城镇化质量和水平的基础上，增强中心城市和中原城市群对周边的辐射带动能力，提高河南省城乡区域发展的协调性。

（四）加快建设现代化经济体系是完善现代市场经济体制，推进政府治理体系现代化的关键举措

河南一直坚持用改革开放破解发展难题、激发市场主体活力，近年来重点领域和关键环节改革成效明显，内陆开放高地的基础不断夯实，但是2017年上半年全省生铁、原煤、电解铝、水泥、粗钢产量同比分别下降

9.4%、3.2%、4.5%、2.5%和1.1%，供给侧结构性改革去产能力度效果有限，2017年国有控股企业增加值增长5.6%，集体企业增长7.3%，国有经济改革成效不显著，另外，河南改革开放基础薄弱、步伐缓慢、深度和广度不够，市场化程度不深、政府职能转变仍不到位，一些政府工作人员能力素质不适应新时代要求的现实没有改变，自贸区自主权限有限、生产要素价格等市场化改革力度和深度不够、产权归属不明晰、体制机制不完善仍然是阻碍全省经济社会发展的明显短板。建设现代化经济体系可以在不断完善现代化市场体系的基础上，健全产权制度，提高要素市场化配置，在增强市场机制和政府基础作用的同时，实现要素的有效配置，并且不断提高政府治理能力，增强宏观调控的科学性和准确性。

二　河南建设现代化经济体系的突破口和着力点

（一）以发展新产业为突破口，打好产业转型升级攻坚战

建设现代化经济体系必须加快以先进制造业、现代服务业为代表的新型产业的发展，以先进制造业作为建设现代工业体系的突破口，加大力度宣传并落实郑洛新中国制造2025河南行动，以创新驱动、开放带动和智能制造为战略引领，推动产业整体实现高端化、绿色化、智能化、个性化发展；抢抓机遇，加快提高制造业整体水平，提高附加值和国际竞争力、延长产业链，推动全省制造业加速高效发展。抢抓现代服务业快速发展的历史机遇，在提高供给体系的质量和效率的同时，促使服务供给更好的匹配人民多元化的需求，实现两者的联动发展。加快培育互联网金融、国际商务、文化服务等新型产业，创新改造老牌军工企业、机械制造等传统产业，增强服务供给体系对日益多元化的服务需求的适应性。提高互联网、数字经济与实体经济融合发展的深度和广度，提高“互联网+”与企业研发设计、生产、运输及销售等环节的创新融合发展的能力，鼓励发展数字经济；加快在新型个性化多元化消费、生态保护、医疗服务、交通物流、金融服务等领域挖掘新的经济热点。

（二）以强化创新为支撑点，催生发展新动力

充分发挥河南省传统比较优势，主动与先进国家和地区及“一带一路”沿线地区的对接合作，引资、引智、引技并重，鼓励省内高校“走出去”合作交流，适当向省内外高端智库、科研院所、大型跨国公司和先进研发中心等政策倾斜，扫除在豫设立科研机构或创新企业的政策及文化障碍，政府部门牵头加快搭建技术转移转化综合平台。把握好国际、国内产业结构转移调整的机遇，及时创新优化并出台引入外资的优惠政策，引导外资优先流向本省的创新能力强、发展理念新的优质产业，鼓励省内优质企业多渠道、多方式吸收和引入国内外先进经验和技术，依法合规开展技术并购，拓展国际合作研发的渠道，充分发挥本省优势领域，提高其发展范围和影响力。充分利用“互联网+”、大数据、物联网等的技术创新，开拓创新主体的创新领域，优化升级创新主体发展制度环境，尤其要通过整合利用各类创新资源，加快建设形成包括创新成果产业化、知识产权专利保护和金融支撑等服务体系平台。同时，积极缓解链条割裂及效率不高等问题，加快完善科技创新公共服务系统，以开放式创新带动科技体制改革，提高企业主体的主体地位，充分发挥市场的主导作用，实现产学研深度融合。

（三）以新型城镇化为结合点，推进城乡区域协调发展

以建设中原城市群的政策为指引，在强化大都市区和中心城市功能的基础上，稳步落实乡村振兴战略，持续推进新型城镇化，优化现代化经济体系建设的空间布局；核心带动轴带串联，疏通城市间城乡间立体交通大通道。鼓励农村高校毕业生及在城市有稳定工作的农民市民化，全面落实“三个一批人”战略，争取在推进户籍制度改革中实现突破，实现基本公共服务均衡。推进城市群融合开放发展，做好制度安排，加快实现城乡均等联动发展、社会资源共享及产业布局优化、合理分工协调发展；持续提升中原城市群整体发展水平，以百城建设提质工程为契机，推动全省城市发展的质量，充分发挥第一、第二、第三产业带动经济社会发展的功能，以中小城市特

别是县级城市为关键着力点，以基础设施和交通物流信息管道为网络，实现全省大中小城镇联动发展，提高城市群及乡镇发展的协调性。完善城乡融合发展体制机制，健全农村发展政策体系，打造和谐共赢的新型城乡关系，充分发挥城镇对乡村的带动作用，优化区域产业分工，以基础设施及公共服务均等化为抓手，提高农民的获得感，优化农村的人居环境。

（四）以“三区一群”联动发展为着力点，全面深化改革开放

充分发挥“三区一群”作为河南建设现代化经济体系、践行改革开放发展理念的载体平台，探索创新建设现代化经济体系的改革事项和开放政策，做好引领全省改革开放的排头兵。以制度改革创新为重点，提高政府的宏观调控的科学性和准确性，充分发挥市场的主导作用，提高全省市场经济运行质量和效率；持续推动“放管服”改革，加快在阻碍全省经济快速发展的行政管理低效环节实现突破；发挥好郑洛新国家自主创新示范区的带动作用，加快科技体制机制保障体系建设，实现科技创新、制度创新和体制创新融合发展，强化制度改革对科技创新的保障作用，并及时在共享平台推广经验。强化开放带动功能，发挥好国家级战略载体平台对全省开放全局的支撑和推动作用，加快融入“一带一路”建设，鼓励全省企业“走出去”“引进来”，促进口岸经济的发展，加快建设内陆开放高地的步伐。强化引领推广功能，在国家赋予的优惠政策及制度的框架下，及时推动“三区一群”改革创新经济的共享和推广，提高“三区一群”对全省经济发展的示范和推动作用。

（五）以发展现代农业为切入点，实施乡村振兴战略

以高质量、结构优、品牌化为要求，发展现代农业，由亲产量向亲质量转变。在全省推广高标准粮田建设，在持续提升粮食产量的同时提高农产品质量，加快农村现代水利设施建设，增加农业节水灌溉面积。政策扶持具有资源优势的地区发展高效种养业和绿色食品业，鼓励粮油深加工和主食产业化，推进农村三次产业融合发展。鼓励科研院所、高校及企业在农业科技方面创新研究，强化农业技术推广和成果转化。大力发展农村电商，完善农产

品线上线下统一产销体系，加快产地冷库建设及物流工程建设，优化农产品质量安全监管体系，保障农产品质量安全。加快国家政策银行及部分商业银行金融网点、业务下沉，稳步推进“两权”抵押贷款试点，强化农业保险保障作用。创新完善农村生产经营、社会服务、产业组织及乡村管理体系，提高农民组织化程度，大力培育新型农业经营主体，培养新型职业农民，鼓励多种形式的适度规模经营，实现农户种植饲养、企业生产加工和市场消费的有效衔接。

三　对策建议

（一）完善现代产业新体系

一是以高水平的科技创新作为强劲动力，切实把发展实体经济作为完善现代产业体系的重中之重，进一步深化供给侧结构性改革，整合创新资源、资本、劳动力和土地等生产要素，在促进传统制造业转型升级的同时，大力发展现代化新兴产业，鼓励企业研发部门钻研关键技术，为高端制造业和现代服务业转型升级奠定良好基础。二是以高质量的现代金融作为源头活水，提高金融服务实体的意识和能力，加快推进金融体制机制改革，不断拓宽实体经济的融资渠道，适应市场主体的现实需求，不断创新金融服务方式，完善发展供应链金融的信用考察体系；完善现有供给结构，优化现有产品结构，提高产品和服务质量，从根本上解决供给同需求不匹配的问题。三是以推进产业优化、资源重组为着力点，大力发展新型产业和新业态，激发潜在需求，创新产品和服务。四是从生产端开始统筹协调，在提高生产资源配置效率、劳动生产率和企业利润率的基础上，全面提升产业整体的素质和质量，为经济持续增长培育提供不竭动力。

（二）强化市场新保障

一是要以完善产权制度和要素市场化配置为重点，强化建设现代化经济体系的制度保障，加快实施产权保护，依法严肃查处各类侵权行为；着力完善知识产权保护制度，加快构建高效可行的产权激励制度。二是完善国有资产管理体制，着力推动国有经济合理化布局、优化结构，确保国有资产在保值的基础上实现增值；持续打好国企改革攻坚战，妥善推进低效国有企业产权明确、组织优化及管理结构合理的改革，充分发挥混合所有制经济的关键作用，依法依规清除市场中的“僵尸企业”，整合国有资产，提高国有骨干企业的质量和效率；提高对市场准入负面清单制度的理解认识，给予民营企业发展相应的政策激励。三是持续实施简政放权，加快转变政府职能，深化商事制度改革，清除市场主体进出市场的制度障碍；提高政府职能部门信息网络平台的建设，加快“一次办妥”的河南电子政务服务平台的建设步伐，完善全省社会信用体系，并以信用体系建设为核心，优化市场监管机制。四是持续推进投融资体制和财税金融体制改革，优化投资项目审批制度，加快推进“引金入豫”工程，发展直接融资。五是积极推进科技人才体制改革，着力构建有利于激发成果产生的平台载体，更深层次激发各类创新主体尤其是企业的活力，促进创新成果顺利转移转化，提升区域创新体系服务创新的效率。

（三）拓展开放新格局

一是积极促进“一带一路”国际合作，持续加快郑州—卢森堡空中丝绸之路建设，引进欧洲最新的智能终端、精密仪器、飞机及零部件制造，将郑州打造成为欧洲企业在内陆地区的总部基地，促进航空偏好型高端制造业在郑州集聚发展。二是大力发展飞机租赁业务，发挥好航空港实验区国家战略平台的优势，优化财税支持政策和提高通关效率，积极引进和培育一大批大型租赁公司，推进洲际客运航线开辟及签证便利业务常态化建设，延长中欧班列（郑州）的运营时间，提高货物贸易的质量和效率。三是全面推进河南自贸试验区的建设，管好政府的手，给予自贸区充分的自主权，加快制定实施政务、监督管理、金融支撑、法律约束、多式联运五大服务专项方案，主动筹备并积极申建自由贸易港。四是加快郑州航空港经济综合实验区建设，完善口岸功能，鼓励飞机租赁等航空经济的发展，加快货物贸易优化升级，推动产品有低端向高端转变，鼓励服务贸易创新发展，加快培育贸易新业态新模式，着力推动商业模式创新和推广应用，促进外商投资实行准入前国民待遇加负面清单的管理模式的全面实施。五是全力打造高水平的金融服务支持体系，加快建立包含信息、要素、人才，服务、监管在内的综合公共服务信息共享平台。

（四）夯实基础新支撑

一是要加快基础设施建设，升级局部、单一优势，培育综合竞争优势，构建航空运输网络，大力引进航空运力和物流集成商；加快打造数字化、便利化的即时综合信息共享平台，推进郑州机场、郑州国际陆港和河南保税物流中心的数字信息实时共享。二是加快推进创新驱动发展，以郑洛新国家自主创新示范区建设为核心载体，完善科技创新体制机制，打通产学研转换通道，营造社会包容、政府支持和产业需要的创新创业生态环境，加快中西部地区科技创新高地的建设步伐。三是完善培养、吸引、留住及激励人才的体制机制，加快实施各项重大人才工程，政府牵头、企业参与、专家讨论，主动对接中科院、“双一流”高校、央企研究机构等大院名校，争取在豫设立分支机构以及建立高端研发平台，提高郑洛新中关村双创基地和自创区创新中心的建设水平。四是创新完善现代综合教育理念，以培养高素质综合和技能型人才为目标，以计算机网络教学为手段，以社会科学为现实支撑，学术教育和技能培训相结合，完善人才培养模式，夯实全省人才培养基础。

（五）培育乡村新动能

一是要保障好农民的合法权益，稳步推进体制机制改革，激活农村宅基地、耕地、荒地及集体用地的资源要素，鼓励农民创新创业，汇聚全社会的支农助农兴农力量。二是稳步推进集体经营性资产股份合作制改革，以土地的使用权为纽带积极发展农村集体经济新形式和运行机制，加快土地确权进程，允许农民依法有偿转让土地承包权、集体收益分配权以及宅基地使用权。三是在县域范围内完善专业人才统筹流动制度，疏通高等院校、科研院所等事业单位专业技术人才到乡村和企业实习、兼职和指导的通道，大力发展现代乡村旅游，以乡情乡愁为情感纽带，加快发展多种形式的乡村体验式经济模式。四是加快推进质量兴农，产业兴村，以高质量、多元化、个性化及绿色化的社会需求为指引，促进农业产品生产的合理布局，推动农业生产高效率、高质量发展。五是积极培育引导新型农业经营业主和小农户，大力发展粮油、主食深加工，延伸农业产业链，提高农产品附加值；重点扶持在生物育种、农业智能装备具有优势的企业，促进农业技术推广和成果转化。

参考文献

河南省委：《河南省委十一次党代会工作报告》。

国务院：《十九大党代会工作报告》。

谷建全等：《贯彻新发展理念　建设河南现代化经济体系》，《河南日报》2017 年 12 月 20 日。

《建设现代化经济体系的战略部署》，《河南日报》2017 年 12 月 5 日。

《河南省委经济工作会议举行》，《河南日报》2017 年 12 月 26 日。

B.17
河南实施乡村振兴战略的总体思路与对策建议

高　璇*

摘　要： 河南实施乡村振兴战略，既是贯彻落实党的十九大精神的具体行动，也是遵循发展规律、决胜全面小康、实现中原崛起、河南振兴、富民强省的战略举措。实施乡村振兴战略，河南具有良好的基础和环境，但也存在不少困难和问题。要顺应农业农村发展趋势，立足河南实际，着力推动农业供给侧结构性改革，加快建立现代农业产业体系；着力深化农村改革，加快健全城乡融合发展体制机制和政策体系；着力拓宽农民增收渠道，加快建立农民增收长效机制；着力推动美丽乡村建设，加快构建人与自然和谐共生的新农村；着力繁荣乡村文化，加快提升农村文明程度，努力破解农业农村农民发展难题。

关键词： 乡村振兴战略　农村改革　城乡协调发展　河南

党的十九大明确提出了乡村振兴战略，实施乡村振兴战略既是遵循农业农村发展规律的内在要求，也是决胜全面小康社会、破解“三农”发展难题、缩小城乡差距的战略举措。作为传统农业大省，河南应抓住乡村振兴这

* 高璇，经济学博士，河南省社会科学院副研究员。

一战略机遇，抢占先机、赢得主动，努力将河南打造成为实施乡村振兴战略先行区、示范区。

一 河南实施乡村振兴战略的重大意义

（一）实施乡村振兴战略是决胜全面小康全面现代化的内在要求

决胜全面建成小康社会，开启社会主义现代化新征程是党的十九大向全党、全国人民发出的重要号召，是对我国发展阶段的重要判断。河南是我国传统农业大省，随着城镇化进程的不断深入，河南省农业有了较大发展，农村发展质量有了全面提升，农民生活水平有了较大提高，但与城市发展水平相比，仍然存在较大差距，农业发展质量仍较低，农村自我发展能力仍较弱，农民增收能力仍较差。河南决胜全面小康，关键在于将农村全面建成小康社会。面对城乡差距不断增大的事实，要全面建成小康社会，这就需要采取超常规措施，力图在制度设计、政策创新等方面实现突破，而乡村振兴战略恰能在制度设计上和政策支撑上给予精准供给，通过实施乡村振兴战略，可以进一步理顺城乡关系，在资源配置上优先满足农业发展，在公共服务上优先满足农村发展，在基础设施建设上优先满足农村发展，可以说，乡村振兴战略为农业农村优先发展提供了支持，为决胜全面小康提供了重要保障。农业现代化是现代化的重要组成部分，实现现代化离不开农业现代化的实现。河南是传统农业大省，农业现代化水平还较低，与城市现代化相比，还有较长的路要走，这就需要加快乡村振兴战略建设，通过优先发展农业农村，加快农业现代化进程，让农村实现人与自然和谐共生的现代化，让农村实现与城市共建共享的现代化，让农村实现持续健康发展的现代化。

（二）实施乡村振兴战略是新时代解决“三农”问题的治本之策

农业、农村、农民问题是关系国际民生的根本问题，是全面建成小康社会的关键所在，是确保社会稳定、国家富强的重要环节。作为粮食主产区和农村人口大省，河南一直致力于破解“三农”发展难题，并取得了积极成效。河南认真实施国家藏粮于地、藏粮于技战略，将科技创新作用于粮食生产，耕地单位产能持续提高，高标准粮田建设不断升级，截至2016年底，全省累计建成高标准粮田5357万亩，完成全部规划任务的84.1%；河南不断创新发展理念，积极推进农业供给侧结构性改革，着力构建农业现代化产业体系，农业产业化实现蓬勃发展，截至2016年底，河南省农业产业化集群高达207个，规模以上农产品加工企业达到7670家；河南不断探索新路径，全省农村产权制度改革成效显著，截至2016年底，家庭承包确权到户已达到80%；河南农村金融改革成效显著，2016年，全省村镇银行已达到77家，银行资产、规模居全国第一。在取得众多成绩的同时也应看到，河南“三农”问题仍没有解决，农业比较效益持续下降、农村生态环境约束和资源条件约束日益凸显、农业现代化水平仍然较低、农村二元结构矛盾依然突出等，迫切需要创新发展理念，以新理念新思路破解“三农”发展难题。乡村振兴战略是新时代解决“三农”问题的重要举措，通过实施乡村振兴战略，能够推动农业现代化进程，能够进一步促进农民增收，能够实现农村人与自然和谐相处等。可以说，实施乡村振兴战略是促进农业发展、农村繁荣、农民富裕的治本之策，有助于从根本上解决河南的“三农”问题。

（三）实施乡村振兴战略是新时代实现城乡协调发展的必然选择

改革开放四十年以来，河南省积极推进城市改革，城市发展成效显著。城市工业化进程不断加快，河南省规模以上工业增加值持续增长，工业结构持续优化，全省高成长性制造业增加值持续增长，新产业新业态引领作用不断增强；城市化进程不断加快，河南省城镇化率持续提升，截至2016年底河南省常住人口城镇化率达到48.5%，河南省城市化水平不断增强，全省城市公共服务水平不断提高；河南省城市信息化水平持续提升，信息网络基础设施建设不断升级，信息产业快速发展，信息技术不断创新。可以说，改革开放四十年为城市发展带来了前所未有的发展机遇和发展成果。相较于城市的快速发展，河南省农业农村发展相对滞后、农业现代化水平仍较低、农村基础设施建设仍较为落后、农村公共服务水平仍较低等，城乡发展呈现多方面、多角度不平衡，这些不平衡、不协调问题逐渐成为河南省经济社会发展的主要短板，这就需要加快补齐这块短板。补齐这一短板，就必须加快农业农村农民发展，不断缩小城乡差距，而通过实施乡村振兴战略，能够完善农村基础设施，能够促进农业现代化发展，能够提升农业公共服务水平。可以说，实施乡村振兴战略是新时代实现城乡协调发展的必然选择。

二　河南实施乡村振兴战略的总体思路

（一）基本思路

坚持农业农村优先发展，按照“产业兴旺、生态宜居、乡风文明、治理有效、生活富裕”的总要求，着力推动农业供给侧结构性改革，加快建立现代农业产业体系，着力深化农村改革，加快健全城乡融合发展体制机制和政策体系，着力拓宽农民增收渠道，加快建立农民增收长效机制，着力推动美丽乡村建设，加快构建人与自然和谐共生的新农村，着力繁荣乡村文化，加快提升农村文明程度，努力破解农业农村农民发展难题。

（二）发展原则

市场主导，政府推动。充分发挥市场配置资源的决定性作用，将市场机制和政府调控更加有效地结合起来，充分发挥农村比较优势和发展潜力，促进市场原动力与政策推动力的有效对接，推动农业农村协调、均衡发展。

开放带动，创新驱动。大力实施开放带动主战略，坚持以扩大开放“一举求多效”，将开放逐渐渗透到广大农村，让农业、农村、农民也能享受开放成果；坚持创新驱动发展战略，为乡村振兴战略的实施提供技术支撑。

以人为本，共建共享。着力促进基本公共服务均等化，缩小河南城乡基本公共服务水平差距，使广大农民和城市市民都能享受大体均等化的基本公共服务，确保改革发展成果由全体人民共享，促进城乡协调发展，消灭贫困，使城市市民和农民的生活如期达到小康水平。

（三）战略重点

产业兴旺。产业兴旺就是要建立现代农业产业体系。通过引导和推动更多资本、技术、人才等要素向农业农村流动，调动广大农民积极性和创造性，持续增强农业农村发展动力；通过产业融合，积极支持三次产业融合发展，继续保持农业农村经济发展活力；通过集群发展，做大做强现代农业，确保农业安全。

生态宜居。生态宜居就是要推动农村实现人与自然和谐共生的良好生态环境。通过完善基础设施建设，如改善水、电、路、气、通信等基础设施，强化农村资源环境保护；通过美丽乡村建设，将农村的绿水青山和清新清净的田园风光保护好；通过加强农村环境专项整治和生态保护，将农村打造成为环境友好的新农村。

乡风文明。乡风文明就是要进一步提高农民素质，提升农村文明程度。通过强化农村基础教育、提高医疗卫生水平等，全面提升农村公共服务水平，为文明乡村建设、文明农民建设提供坚实的基础保障；通过弘扬农耕文明、发扬农村优良传统，为文明乡村建设、文明农民建设提供重要支撑。

治理有效。治理有效就是构建和谐安定有效的新农村，让农民拥有更加充实、更有保障、更可持续的获得感、幸福感和安全感。通过加强和创新农村社会治理方式，让农村治理更有效率；通过加强基层民主和法治建设，让农村治理有法可依、有规可循；通过弘扬社会正气、严惩违法犯罪行为，让农村成为风清气正的农村。

生活富裕。生活富裕就是不断提高农民收入，让农民拥有持续稳定的收入来源，与城市市民一道实现共同富裕，满足农民对美好生活向往的需要。通过大力发展现代农业，支持和鼓励农民就业创业，不断拓宽农民增收渠道；通过健全公共服务，提高公共服务水平，不断提高农民生活质量。

三 河南实施乡村振兴战略的对策建议

（一）以产业发展支撑乡村振兴

构建现代农业产业体系，实现农业现代化是河南推动乡村振兴战略实施的重要抓手，是河南实现乡村振兴的支撑力量。一是要持续提高粮食产量，确保粮食安全。河南是我国粮食大省，粮食产量在全国居于重要地位，构建现代农业产业体系，首先就是要持续提高粮食产量，为国家粮食安全做出河南共享。继续实施藏粮于地战略，依靠耕地保护、高标准粮田建设，不断提高耕地质量，确保粮食产量；继续实施藏粮于技战略，依靠科技创新，提高农业机械化、信息化、科技化水平，确保粮食产量、质量；不断完善粮食主产区利益补偿机制，最大限度地调动农民种粮的积极性。二是要加快构建现代农业产业体系，提升农业现代化水平。加快构建农业生产体系，用现代装备武装农业装备，用现代科学技术服务农业技术，用现代生产方式作用农业生产方式，不断提高农业生产能力；加快构建农业经营体系，用现代经营理论和经营思维服务农业经营体系，积极培育新型农业经营主体，不断提高农业经营专业化、规模化、市场化程度，提高农业经营水平。三是要调整农业结构，促进三次产业融合发展。持续优化农业产品结构、产业机构和布局结构，通过延链、补链等方式，拉长农业产业链条，提升农业附加值；重视农产品品牌打造，强化质量兴农、品牌强农意识，加快推行农业标准化生产、全程化监督，将农产品质量放在首要位置，打造河南农产品品牌；加快第一、第二、第三产业融合发展，依托特色和优势，大力发展特色农业、休闲农业、观光农业、农村电子商务等，将新业态新模式融入农业发展全过程，不断优化农业结构。

（二）以深化改革推动乡村振兴

全面深化农村改革是河南推动乡村振兴战略实施的根本保障，是河南实现乡村振兴的推动力量。一是要持续深化农村土地制度改革。土地问题是农民赖以生存的根本问题，为正确处理好农民与土地的关系，更好地调动农民积极性，应积极深化农村土地制度改革，推进农村土地所有权、承包权、经营权“三权”分置，使集体所有权得到落实，农村承包权得到稳定，土地经营权得到盘活。二是要继续深化农村集体产权制度改革。农村集体经济是保障农民财产收益的重要来源，应进一步深化农村集体产权制度改革，建立归属清晰、权能完整、流转顺畅、保护严格的现代产权制度，以现代产权制度引导农村集体经济发展，保护农民合法权益，盘活农村集体资产，激发农村经济动力活力。三是要加快完善农业支持保护制度。完备的农业支持保护制度是推动农业农村发展的制度保障。加快完善农业财政补贴政策，将农业财政补贴与农业发展趋势结合起来，更加注重农业产业结构调整、资源环境保护、农业科技研发等，推动农业农村不断发展壮大；加快粮食收储制度和价格形成机制改革，将国家粮食安全摆在突出位置；加快完善农村金融保险政策，最大限度地保护农业农村农民利益；加快完善农产品贸易调控政策，促进农业持续健康发展。

（三）以美丽乡村引领乡村振兴

美丽乡村建设是河南推动乡村振兴战略实施的重要抓手，是河南实现乡村振兴的引领力量。一是加快农村基础设施建设，打造宜居环境。绿水青山、环境优美、设施完善的新农村是美丽乡村基本内容，也是乡村振兴战略的重要内容。要着力抓好农村环境综合治理，全面整治垃圾乱倒、粪便乱跑、柴草乱放、污水乱流等“五乱”现象，采取多种途径解决农村垃圾、污水等问题，确实达到美化、硬化、净化、绿化、亮化“五化”目标。要着力完善农村基础设施，通过路改、暖改、厕改、房改、水改、电改等工程建设，确保农村基础设施建设能满足农村、农民需要。要着力提升农村公共服务水平，针对“上学难”问题，进行合理规划布局，让农村孩子都能有学上。针对“就医难、就医贵”问题，要加强乡村医疗队伍建设，完善医疗卫生服务，提升医疗卫生服务能力，保障农民健康；要进一步完善医疗保障体系，形成农村居民基本医疗保险、大病保险、医疗救助、医疗商业补充保险四重保障体系，减轻农民医疗负担。针对“养老难”问题，要创新农村养老服务方式，完善农村养老服务体系，让农村老人老有所养、老有所依、老有所乐。二是推进道德风尚建设，倡导文明乡风。健康淳朴、文明和谐、秩序良好的民俗乡村是美丽乡村建设的重要内容，也是乡村振兴战略的任务所在。要大力开展文明创建活动，通过文明创建活动，引导广大农民自觉摒弃陈规陋习，让文明生活方式深入人心。要大力弘扬新风正气，通过完善村规民约，健全村民议事制度，完善村民调解制度，让农村成为风清气正的新农村；要重视乡贤文化培育，积极传承传统文化，加快形成农村爱国爱乡、崇德向善、见贤思齐的道德力量；要加快农村法治建设，持续深化农村民主协商制度、村务公开制度，严格落实“四议两公开”制度，杜绝农村腐败，确保微小权力在阳关下运行。

（四）以科技创新驱动乡村振兴

科技创新是河南推动乡村振兴战略实施的重要路径，是河南实施乡村振兴战略的驱动力量。一是加快农业基础创新。根据河南农业发展特点和未来发展方向，应加强基础研究和原始创新，注重自主创新和原创性创新，为农业现代化发展提供技术支撑；注重融合创新，将互联网、物联网、大数据、云计算等新一代信息技术应用于农业农村发展中，让农村农民充分享受现代科技成果。二是加快农业农村领域科技创新平台建设。围绕河南自主创新体系建设和河南农业现代化发展所需的科技需求，整合各方面科技创新资源，进一步加快农业科技创新平台建设，通过强化国家农业科技示范区建设，推进农业农村领域重点实验室、研发中心、技术推广中心等建设，不断优化资源配置，为农业农村领域科技创新提供平台保障。三是完善农业科技创新生态。积极倡导农业农村领域创新文化，推动农业农村领域“大众创业、万众创新”，为农业农村领域创新创业发展提供良好生态环境；积极整合民间力量，让更多私人资本参与农业农村科技创新，为农业农村科技创新增添新力量。

（五）以人才建设保障乡村振兴

人才队伍建设是河南推动乡村振兴战略实施的重要保障，是河南实施乡村战略的保障力量。一是要重视基层领导班子建设。基层领导班子是河南农村人才队伍的重要组成力量，是推动农业农村发展的主力军。要进一步巩固和建设乡村党支部，打好乡村振兴领导班子，为河南农业农村发展打下坚实的组织基础。二是要加强新型职业农民建设。新型职业农民是推进农业农村现代化建设的主导力量，是带领农民致富的骨干力量，是农村人才队伍的重要组成部分。要创新培育机制、创新培育内容，强化能力培训、素质培训，加快培育一批爱农民、懂技术、善经营的新型职业农民；要扩大试点范围，注重培训内容和模式创新，完善农村新型职业农民示范培训机制。三是要壮大创新创业人才队伍。充满生机活力的农村创新创业人才队伍是河南推进乡村振兴战略的重要力量，是农村人才队伍的生力军。要加大农村创新创业人才培养力度，全面提升农村创新创业人才生产经营、市场拓展、品牌打造、企业管理等方面能力；要加强创新创业导师队伍建设，根据农村创新创业人才建设需要，积极壮大创新创业导师队伍，为农村创新创业人才成长提供帮助；要营造良好农村创新创业环境，加快出台一系列扶持支持政策，引导和支持农村创新创业。四是要打造乡村科技人才队伍建设。农业科技人才是提升农业核心竞争力的主体力量。要加大稳定支持力度，为农业科技创新人才培养提供资金保障；要完善协同培养模式，健全协同创新组织模式，推动农业科研人才队伍水平整体提升；要健全评价激励机制，让农业科研人员更充分、更广泛享受科研成果。

参考文献

《党的十九大报告》。

《中央农村工作会议精神》。

韩长赋：《大力实施乡村振兴战略》，《人民日报》2017 年 11 月 11 日。

张晓山：《实施乡村振兴战略的几个抓手》，《人民论坛》2017 年 12 月 14 日。

B.18

河南提升“三区一群”建设水平的若干思考

袁金星*

摘　要： “三区一群”四大国家战略互为一体、相互支撑，共同构成了河南改革、开放、创新的新支柱，是引领新时代河南高质量发展的重要支撑。但从目前情况看，还存在诸如思想认识不足、统筹渠道不畅、推进手段不多等制约因素，必须从顶层设计、要素保障、放大效应、完善考评等方面多措并举，以提高“三区一群”建设水平。

关键词： “三区一群”　统筹联动　叠加效应　河南

多年以来，河南全省深入贯彻落实党中央、国务院的各项战略部署，持续探索实践河南改革开放发展的路线图，踏上了由经济大省向经济强省跨越的新征程。随着经济社会的快速发展和综合实力的稳步提升，河南在国家区域协调发展中的地位和作用日益凸显，党中央、国务院赋予了河南更多“为国家试制度”的重大历史使命，中原城市群、中国（河南）自由贸易试验区等一批国家战略规划和平台在河南落地实施，成为引领新时代河南发展的重要支撑。为了进一步放大战略叠加效应，2017 年 4 月，河南印发《关于统筹推进国家战略规划实施和战略平台建设的工作方案》，提出聚焦“三

---

* 袁金星，河南省社会科学院副研究员、硕士。

区一群”（郑州航空港经济综合实验区、郑洛新国家自主创新示范区、中国（河南）自由贸易试验区和中原城市群），构建支撑河南未来发展的改革、开放、创新三大支柱，打造带动全国发展的新增长极；陈润儿省长在《2018 年河南省政府工作报告》中也提出，要着力提升“三区一群”建设水平，强化“三区一群”引领带动作用。当前，中国发展进入新时代，“三区一群”建设将从顶层设计、发展路径、具体政策等多维度、全方位、广领域、深层次影响河南发展，因此，必须聚焦“三区一群”，新时代谋求新作为，全面提升“三区一群”建设水平，发挥“三区一群”战略牵引作用，使之成为推动河南高质量发展的强大驱动力。

一　河南“三区一群”战略形成历程

“三区一群”战略是党中央、国务院从全国发展大局出发做出的重要战略部署，在改革、开放、创新等方面赋予了河南多项“先行先试”的政策权限。“三区一群”战略在河南落地生根，既是中央对河南长期发展的肯定和信任，更是河南迎来的重大发展机遇，为新时代河南深化改革开放创新提供了完善的发展载体和实施平台。

郑州航空港经济综合实验区。河南省作为不沿海、不沿边的内陆省份，对外开放存在着先天不足。为了弥补这一突出短板，河南从 1992 年提出并实施开放带动战略，到 2003 年将开放带动升级为主战略，再到 2012 年上升为“基本省策”，持续探索扩大对外开放、发展开放型经济的新路径。2007 年 10 月，郑州航空港经济综合实验区批准设立，2013 年 3 月，国务院批复了《郑州航空港经济综合实验区发展规划（2013 ~ 2025）》，成为全国第一个以航空经济为主体的国家级战略部署，开辟了河南依靠国际航空枢纽建设推动内陆开放高地建设的新路子。其最核心的价值在于通过航空枢纽建设，进一步扩大河南交通区位优势，形成陆空衔接的现代综合交通体系，为郑州、河南乃至整个中部内陆地区融入“一带一路”建设以及连接世界打开了大门。

郑洛新国家自主创新示范区。创新是引领发展的第一动力。建设国家自主创新示范区是新时代推进自主创新、加快建设创新型国家的重大战略决策。以郑州、洛阳、新乡三市国家高新区为主体建设郑洛新国家自主创新示范区，从2014年12月上报请示，到2016年3月国务院批复，再到2016年5月正式揭牌，仅用18个月这一国家战略在河南落地。其最核心价值在探索政策创新和推动政策先行先试，破除长期制约河南科技创新发展的体制机制障碍，激发全社会创新活力和创造潜能，推动河南实现发展动力向创新驱动转变、发展方式向质量效益集约型转变、产业结构向中高端转变，为经济转型发展提供新动能。

中国（河南）自由贸易试验区。自由贸易试验区是新时代我国进一步扩大对外开放的重要载体，拥有制度创新、先行先试等政策权限。河南早在2013年就提出申建自由贸易试验区，2014年开始将上海自由贸易试验区可复制改革经验进行推广复制，2015年省政府向国务院上报了设立自由贸易试验区的请示以及相关方案，2016年8月，国务院决定设立中国（河南）自由贸易试验区，涵盖郑州、洛阳、开封三个片区。2017年3月31日，中国（河南）自由贸易试验区正式获国务院批复成立。其核心要义是通过制度创新，破除深层次的体制机制障碍，实现更高程度、更高层次的开放，推动河南全面深化改革，更好地服务国家“一带一路”倡议，辐射带动中部地区加快崛起。

中原城市群。河南城镇化率长期低于全国平均水平近10个百分点，2003年首次提出中原城市群概念，涵盖了9个省辖市，以期构筑一条经济隆起带，引领河南城镇化建设。2008年河南提出了中原城市群“一级两圈三层”总体布局，涵盖范围扩大到全省18个省辖市。2016年12月，国务院发布《关于城市群发展规划的批复》，中原城市群范围进一步扩大，不仅涵盖河南全省，还包括周围四省份的12个城市，成为国家批复的第5个跨省级行政区域城市群。其核心价值在通过推进基础设施互联互通、产业体系分工合作、公共服务共建共享等优化资源配置，释放中原地区人口、市场、资源优势，形成全国经济增长的新引擎，为传统农区加快新型城镇化探索经验。

“三区一群”四大国家战略互为一体、相互支撑，共同构成了河南改革、开放、创新的新支柱。新时代、新阶段、新目标，要求我们必须牢牢抓住机遇，努力提升“三区一群”建设水平。要加快依托“以开放倒逼改革”的自由贸易试验区，率先挖掘改革潜力、破解改革难题、形成可复制的改革经验；依托“以改革推动创新”的国家自主创新示范区，以改革破除制约科技创新的体制机制障碍，全面激发创新活力，促进以科技创新为核心的全面创新，实现新旧发展动能加快转换；依托航空港经济综合实验区，深化对内对外全面开放，将改革经验、创新成果、开放优势转化为实实在在的创新型产业集群、开放型经济和区域竞争优势，推动郑州国家中心城市建设和大都市区发展。与此同时，加快中原城市群建设，落实各项体制机制创新成果，加快复制推广步伐，形成现代化经济体系，助力中原城市群尽快建设成为全国经济发展新增长极。这既是形势所迫，更是发展所需。

二　河南提升“三区一群”建设水平面临的制约因素

提升“三区一群”建设水平，创造性地落实国家战略部署，方能真正为河南带来创新红利、开放红利、改革红利以及载体红利，产生战略实施的叠加效应、互补效应、累积效应、聚变效应等。但从当前“三区一群”建设推进情况看，还存在诸多制约因素。

1. 思想认识不足

一是对提升“三区一群”建设水平的重要性认识不足。缺乏宏观视野，对国家赋予河南“三区一群”战略的意图理解不到位；有的简单地认为只是给名分、授牌子，对国家战略赋予的先行先试、制度创新等权利不敏感、不积极；对“三区一群”能给河南带来什么、能给地方带来什么缺乏前瞻和信心，造成落实战略、推进战略、提升战略动力不强。二是对“三区一群”战略功能、定位、目标以及相互作用等认识不足。没有从有机整体的角度去理解“三区一群”战略，对“三区”在改革、开放、创新方面引领性作用理解不深，对“一群”为制度创新、政策创新、经验复制推广等提供试验平台的载体作用认识不够，没有从由“点”到“面”的角度整体看待“三区一群”，造成在建设过程中战略之间耦合度、黏合度、系统性不够。三是对政府在“三区一群”建设中的作用认识不到位。“三区一群”战略反映的是国家意志、地方需求，政府担当主导作用当仁不让，但在实施过程中存在忽视战略主题的问题，政府的主导作用应当体现在体制、机制、制度等改革、试验、复制、推广方面，而不是取代市场的基础性作用，走向传统的政府主导模式。

2. 统筹渠道不畅

一是信息渠道不畅。“三区一群”建设过程中，政府是战略的组织者、谋划者，负责制定先行先试政策、政策的复制推广，通过信息渠道将政策传递给市场主体，由市场主体具体参与、实施。而当前政策宣传、组织管理等方面因素，造成政府部门之间、政府与企业之间信息不对称、信息“孤岛”现象存在，影响了战略叠加效应的发挥。二是组织渠道不畅。“三区一群”战略赋予河南先行先试的空间大、领域多、范围广，需要各级政府之间、区域之间、部门之间、行业之间协调配合，不然就很难形成合力。目前高层决策和议事协调会议机制尚不健全，特别是核心区以外的基层政府也没有建立相应组织和机制，所以在局部地区政府主导作用发挥有限，相关工作推进不理想。三是人才渠道不畅。“三区一群”战略实施需要大量人才，特别是航空经济综合实验区、自由贸易试验区等开放领域的政策涉及口岸建设、国际贸易规则、跨境投融资等领域，专业性很强，对人才素质要求较高，而大多数园区管理体制和人事薪酬制度改革进展较慢，干部队伍老化、结构不尽合理，急需的高层次管理人才又难以引进来，造成活力不足、动力不足。

3. 推进手段不多

一是政策手段运用不够。虽然四大国家战略都从省级层面出台了相关规划、实施方案等，但是作为基层政府而言，在制度创新、政策制定等方面权限较小，造成即使有的园区被纳入“三区一群”范围，可以作为相应试点开展“先行先试”探索，但对国家战略平台赋予的政策创新权限研究不够，造成出台的相关政策措施不够给力。二是规划手段运用不足。规划的作用在于统一思想、引领指导发展。在落实推动“三区一群”发展方面，除了省级层面出台了《关于统筹推进国家战略规划实施和战略平台建设的工作方案》，未见各个省辖市包括郑州、洛阳、新乡、开封核心区范围内政府出台相关“三区一群”发展方面的规划和工作方案，反映出各地对如何落实“三区一群”战略、提升“三区一群”建设水平还缺乏整体谋划。三是市场手段运用不足。“三区一群”是河南全面深化改革的载体、平台、抓手，而市场化是全面深化改革自始至终的基本取向，市场机制应在“三区一群”建设过程中起基础性作用，各类市场主体应是“三区一群”试验成果的接受者、获益者、参与者，应走在“三区一群”建设的最前沿，但当前制度设计、机制创新方面企业的参与度不够，尚未形成制度创新、政策创新领域的供需对接、合理配置的局面。

4. 政策合力不强

一是政策推进缺乏协同性。“三区一群”国家战略从空间布局上来看，郑州、洛阳、新乡、开封是战略叠加区域或者说是核心区，但由于“三区”在河南落地时间还不长，核心区四市尚未形成成熟的政策推广经验；同时广大外围区域由于覆盖较少，部分地区认为“三区一群”战略是核心区的任务，对试验内容和进展不关注、不应用，呈现一种“旁观者”姿态，缺乏实质性的政策对接，造成核心区和外围区政策协同性不高。二是政策创新缺乏耦合性。目前，省内围绕“三区一群”战略出台的政策主要是国家相关部门授权的可复制、可推广的政策和改革措施，结合河南企业发展情况、产业转型趋向、新旧动能接续需求的先行先试政策探索明显不足，可以说国家意图落实充分但区域发展目标体现不足，为国家“试制度”多反映地方诉求少，造成政策比较零散，相互之间缺乏互动性、耦合性。三是政策传递缺乏系统性。河南作为内陆欠发达省份，传统发展理念和思维惯性较为突出，在统筹推进“三区一群”国家战略过程中，政策的移植、承接、创新等手段运用不多，尚缺少纵向传递、横向传递、多维传递的渠道，联动发展的方向、路径不明确，没有形成从点到面齐抓共进的工作局面。

三　河南提升“三区一群”建设水平的对策建议

实施“三区一群”国家战略是河南建设经济强省的重要载体，是河南推动出彩中原建设的必由之路，也是河南实现崛起、引领带动中西部地区加快发展的客观要求。因此，必须要突破固有障碍，消除区域、要素、组织等制约因素，最大限度地形成发展合力，提升建设水平，真正让“三区一群”试验成果在河南落地生根、开花结果。

1. 强化统筹推进“三区一群”建设的顶层设计

提升“三区一群”建设水平是一项系统工程，针对当前“三区一群”利益分配区域化、政策措施分散化以及组织机构条块等问题，需要从顶层设计入手，加快形成优势互补、互利共赢的统筹推进态势。一是战略联动机制。建立以省委、省政府主要领导牵头，发改、招商、工信、科技、海关、城建、航空有关单位及省辖市政府参与的领导小组，对“三区一群”建设推进情况、制度创新情况、政策复制推广情况、重大项目布局情况等进行指导、跟踪、监督及评价考核，形成省、市政府共同推进的合力。二是研究出台“三区一群”战略联动方案。要按照《关于统筹推进国家战略规划实施和战略平台建设的工作方案》，对可以进行复制推广的政策进行梳理，制定一批可以“先行先试”政策，制定路线图和时间表；同时督促核心区 4 市制定各自的行动计划，外围区各市制定年度行动计划，形成上下联动、区域协同推进的联动机制。三是加强组织学习和经验借鉴。目前国内省、市很多都肩负着诸多国家战略，江苏、天津、广东、上海等都是国家战略叠加区域，都出台了很多创造性政策，形成了一定经验。要积极组织干部到先进省市开展相关学习和交流，借鉴经验，为我所用。

2. 强化提升“三区一群”建设水平的要素保障

提升“三区一群”建设水平、发挥国家战略叠加效应，离不开强有力的要素保障，要通过强化人才、资金、土地等要素保障力度，确保“三区一群”建设上水平、上台阶。一是强化人才支撑。要加快“三区一群”叠加区域高新区、自贸区等人事薪酬制度改革，着力推进“全员聘任制、绩效考核制、薪酬激励制”，建立“身份封存、岗位管理、全员聘任、考核激励、干部能上能下、人员能进能出、待遇能高能低”的选人用人机制，全面激发人才干事创业的积极性、主动性。二是强化资金引导。创新各类扶持资金投入方式，针对不同战略、不同主题、不同区域的特点和需求，综合运用投、奖、补等多种方式，发挥政府资金在提升服务水平、鼓励企业研发、降低生产成本等方面的作用，引导金融资本和民间投资向“三区一群”建设集聚。三是强化土地保障。一方面要积极向国家有关部门汇报，尽可能争取调整高新区、自贸区范围内永久基本农田，扩大园区范围，增加建设用地投资强度；另一方面，优化园区内部企业布局，推动产业集中、集聚、集群发展，从园区内部优化土地资源配置，增加发展空间，破解“三区一群”战略实施过程中土地制约瓶颈。

3. 强化放大实施“三区一群”战略的政策效应

“三区一群”战略构筑了河南未来发展的改革开放创新支柱，必须放大“三区一群”政策集成效应，才能有效提高“三区一群”建设水平，真正驱动河南高质量发展。一是完善载体布局。进一步重视“三区一群”开放效应，除了郑州以外，要围绕“两体系一枢纽”建设做大做强口岸经济和枢纽经济，最大限度地把开放红利惠及整个中原城市群。重点支持洛阳航空口岸完善口岸功能和各类功能性口岸，优先支持洛阳、开封、新乡申建海关特殊监管区域和保税监管场所，提升中原城市群核心区的国际开放度。二是加快形成可复制推广的政策、经验。重点在陆空联运、空铁联运等领域率先形成安全便捷的海关监管模式，创新“跨境电商+保税物流”“跨境电商+内陆功能性口岸”“跨境电商+海外仓”“跨境电商+中欧班列”等运营模式；创新财政支持企业研发的方式方法，探索采用更为灵活的普惠制、基金制等支持方式；加快探索科技金融发展河南模式，扩大规模和覆盖范围，服务创新型企业和实体经济等。三是加大“三区一群”建设协同发展。充分发挥郑州、洛阳、开封和新乡核心区引领作用，扩大国家战略的地理、空间、功能叠加的优势，加强四市协同，共同释放战略叠加集成效应；发挥战略协同示范区支撑作用，全面推广“三区”可复制的制度创新成果，积极申报各类载体平台，加强与核心区战略对接，共享政策红利。

4. 强化提升“三区一群”建设水平的考评体系

完备的考评体系是落实“三区一群”战略、提高战略实施效果的重要保障。在统筹推进“三区一群”战略过程中，应着力建立相应的考核体系、评价激励体系、评价监督体系，方能形成“省统筹、市主导、部门联动”的协同推进机制。一是建立评价考核体系。加强“三区一群”战略实施成效的监测评估，制定提升“三区一群”建设水平的评价指标体系，建立相应的统计制度和监测体系，对“三区一群”相关政策实施效果分区域、分部门进行动态评估考核，并将相关考评结果纳入地方政府及相关部门年度考核体系中。二是建立评价激励体系。对核心区、外围区进行分类评价，分别对地方政府在落实整体性战略、引领性战略进行综合考核，作为省政府奖励地方政府、园区相关资金以及赋予更多政策权限的依据，激励各方积极性。三是建立评价监管体系。一方面要加快建立公共信息平台，动员国税、地税、财政、科技、工信、海关、发改等相关部门建立共享机制，实现企业信息、项目信息、政策信息等共享，避免出现政策冲突；另一方面建立督查信息共享平台，避免对同一地区、同一机构、同一事项、同一经费多头多次检查，提高办事效率。

参考文献

张长星：《统筹推进“三区一群”联动发展》，《河南日报》2017 年 7 月 24 日。

河南省政府发展研究中心课题组：《统筹推进国家战略规划实施和战略平台建设要处理好五大关系》，《河南日报》2017 年 7 月 12 日。

张占仓：《打造建设经济强省的“三区一群”架构》，《河南日报》2017 年 4 月 28 日。

秦小玲：《对接“三区一群” 共享发展红利》，《河南日报》2017 年 8 月 16 日。

中国（河南）创新发展研究院课题组：《释放战略叠加效应　奋力建设出彩中原》，光明网2017年4月10日，theorg. gmw. cn。

袁金星：《郑洛新国家自主创新示范区发展路径探析——基于国家自主创新示范区发展实践的思考》2017年第6期。

袁金星：《国家自主创新示范区创新政策应用研究》，《创新科技》2017年第3期。

袁金星：《河南加快推进大众创业万众创新的思考及建议》，《创新科技》2016年第10期。

B.19

河南加快构建协同发展的现代产业体系的思路与对策研究

李丽菲*

摘　要： 构建实体经济、科技创新、现代金融、人力资源协同发展的现代产业体系是中国特色社会主义进入新时代，为实现现代化经济体系奋斗目标而提出的重要战略举措，是弥补河南发展短板，实现“两个一百年”奋斗目标的客观要求。在未来，河南要以发展实体经济为着力点，将科技创新、现代金融、人力资源融入实体经济发展的每一个环节，形成有效组合，协同推进实体经济的发展，不断增强河南经济创新力和竞争力，同时处理好实体经济与虚拟经济的关系、扩大总量与提升质量的关系、政府与市场的关系，为河南开启全面建设社会主义现代化新征程打下坚实的物质基础。

关键词： 现代产业体系　协同发展　河南

在十九大报告中，习近平总书记提出要着力加快建设实体经济、科技创新、现代金融、人力资源协同发展的产业体系，这是中国特色社会主义进入新时代，为实现现代化经济体系奋斗目标而提出的重要战略举措。十八大以来，河南经济快速发展，稳居全国第五位，构建了比较完整的产业体系，正

* 李丽菲，河南省社会科学院经济研究所科研人员，硕士。

在由经济大省向经济强省跨越。但这一巨大经济体量是建立在发展方式落后、经济结构不合理、城乡区域发展不平衡等问题的基础上的，与现代化经济体系还有较大差距。加快构建现代产业体系，促进实体经济、科技创新、现代金融、人力资源的协同发展，既是积极响应中央号召的具体表现，也是弥补河南发展短板、实现“两个一百年”奋斗目标的客观要求。

一　构建现代产业体系的重大意义

（一）深刻内涵

现代产业体系是现代化经济体系的重要支撑，强调实体经济、科技创新、现代金融、人力资源四个要素的协同发展，其中实体经济是“肌体”，科技创新是“筋骨”，现代金融是“血液”，人力资源是“根基”，四者是现代经济体系最为重要的四大支柱。协同发展的现代产业体系打破了传统上以农业、制造业、服务业来对产业体系的划分，以实体经济作为产业体系的主体，着眼供给侧和结构性，目标是通过科技进步、资源配置优化和提高劳动者素质来提高发展质量与效益，强化了科技创新、现代金融和人力资源在支持实体经济方面的重要作用。这是从我国当前的主要矛盾、发展目标和发展要求出发的战略安排，是贯彻新发展理念，以问题为导向的新提法，具有先进性、动态性、可持续性和以人民为中心等特征。

实体经济、科技创新、现代金融、人力资源是一个相互促进、相互依赖的整体，任何一方面的短板，都会影响整个现代化产业经济体系的建设水平。实体经济是经济发展的根基，是社会生产力的集中体现，也是经济社会持续发展、赢得竞争优势的主要动力。针对近两年我国经济“脱实向虚”的现象加剧，现代化产业体系强调将经济发展的着力点放到实体经济上，突出了实体经济的重要性，这是现代化产业体系的发展目标。科技创新、现代金融和人力资源是支撑实体经济发展的三个重要方面，只有将科技、资本、人才等生产要素组合起来，与实体经济形成良性互动，协同投入实体经济，通过质量变革、效率变革、动力变革才能提升实体经济的生产力，提高实体经济质量。其中，科技创新是发展的第一动力，是调整经济结构、转变经济发展方式的内在支撑，是产业升级的持续驱动力，构建现代化产业体系离不开高水平的科技创新的支持。金融是现代经济的血液，实体经济是现代金融的根基，从服务业中将现代金融提出来纳入到产业体系中，突出了金融业要回归服务实体经济的本源，更好地满足实体经济多样化的金融需求，金融只有在为实体经济服务中才能实现自身持续健康发展。人力资源是第一生产力，是经济增长的重要源泉，当经济正进入转型期，劳动力供求结构性矛盾就会更加突出，创新型、实用型、复合型人才紧缺，必须加大人力资源培育，为产业升级、实体经济发展提供支撑。

（二）重大意义

1. 构建协同发展的现代产业体系是河南建设现代化经济体系的必然要求

从外部环境来看，世界政治经济发展正面临着百年不遇的大变局，我国经济正在由高速增长阶段向高质量发展阶段转变，转变发展方式、优化经济结构、转化增长动力迫在眉睫，建设现代化经济体系是跨越关口的迫切要求和战略目标。现代化经济体系是代表先进生产力发展方向、技术先进的经济体系，其要素及行为主体的主要特征是劳动者素质提高，科技、金融支撑能力强，建立了现代企业制度、现代大学制度、现代科研院所制度等，也就是要有实体经济、科技创新、现代金融、人才资源等经济支柱和关键要素支撑。目前，科技创新能力仍然是制约河南经济转型升级的短板，对实体经济发展的支撑力度不足，科技成果转化率低。同时，随着国家出台降准、降息等一系列政策措施，不少资金在金融体系内空转，导致脱实向虚的倾向日益凸显，河南实体经济运用金融发展成本较高。此外，由于河南人口基数的制约、软硬环境吸引力不足等原因，河南高层次人才数量不足，人才结构不合理，主要产业领域的领军人才严重缺乏，无法为河南实体经济的持续发展提供强劲动力。因此，促进实体经济、科技创新、现代金融、人力资源四个要素的协同发展是河南建设现代经济体系的重要内容之一，是河南加快经济结构转型的迫切要求。

2. 构建协同发展的现代产业体系是推动河南实现高质量发展的根本要求

在十九大报告中指出，当前我国社会主要矛盾已经转化为人民日益增长的美好生活需要和不平衡不充分的发展之间的矛盾，大众对产品和服务的需求已经从数量型需求转向质量型需求，需求结构加快升级。在生产力视角下，产业是经济体系的基础和内核，实现高质量发展就要协调、配置各种资源要素，形成适应技术进步和产业升级的协同发展的产业体系。目前，在河南的经济结构中，实体经济中低端产能过剩和高端产能不足同时并存，科技创新对实体经济转型升级支持不足，“旧金融”不能适应“新动能”发展要求，劳动力有效供给不足，实体经济与科技创新、金融发展、人力资源四个要素之间缺乏协同性，不能促进河南经济的高质量发展。构建协同发展的现代化产业体系，有利于河南顺应消费需求新趋势，发展新技术新产业新业态，提高要素质量，优化配置结构，发挥科技创新、现代金融、人力资源等生产要素协同促进实体经济增长的作用，使经济发展真正建立在依靠技术进步、资本配置优化和劳动者素质提高的轨道上，推动河南实现高质量发展。

3. 构建协同发展的现代产业体系是河南实现全面小康的迫切要求

党的十八大以来，河南坚持发挥优势，打好“四张牌”，着力转变经济发展方式、优化经济结构，转变增长动力，经济总量多年稳居全国第五位，正在由经济大省向经济强省跃进。河南已经是经济大省，但是“大而不强”的问题存在，人口多、底子薄、基础弱的基本省情仍然没有改变，科技创新能力弱、发展方式滞后、高层次人才不足的矛盾仍然比较突出，尤其是进入新常态以来，随着人口红利逐步消失，劳动力成本上升，资源约束趋近，投资效益系数不断走低，依托资源和要素投入的传统增长方式已经不适应，转变发展动力，推动经济由效率驱动替代要素驱动最终实现创新驱动迫在眉睫。河南实现全面小康，离不开实体经济的快速发展，也依赖于科技、资本、人力资源三要素的质量与效益。只有加快构建协同发展的现代化产业体系，充分发挥科技创新、现代金融、人力资源的独特作用，补齐发展短板，才能为产业升级、实现经济高质量发展提供持续驱动力，才能为河南实现全面小康打下坚实的物质基础。

二 河南构建协同发展的现代产业体系的基础与条件

（一）实体经济日益壮大

进入新常态以来，河南全省上下坚持以新发展理念为指引，大力推进供给侧结构性改革，着力发挥优势打好“四张牌”，扎实推进“三大攻坚战”，坚持“三个同步”“三个高于”的总体目标，将发展实体经济作为主攻方向，经济总体保持总体平稳、稳中有进、稳中提质的运行态势。2017 年河南全省地区生产总值达到 44988.16 亿元，稳居中部第一，增速为 7.8%，高于全国平均水平 0.9 个百分点；居民人均可支配收入 20170.03 元，比上年增长 9.4%，增速高于 GDP 1.6 个百分点；规模以上工业增加值比上年增长 8.0%，高于全国 1.4 个百分点；第三产业增加值对 GDP 增长的贡献率为 48.4%，高于第二产业 2.8 个百分点；五大主导产业增加值增长 12.1%，高于全省规模以上工业 4.1 个百分点，占工业比重为 44.6%，战略性新兴产业增长 12.1%，高于全省规模以上工业增速 4.1 个百分点；煤炭行业去产能目标顺利完成，22 家“地条钢”企业全部拆除到位，淘汰 94 家企业的 127 条生产线，生铁、电解铝等产量同比继续下降，“三去一降一补”有序推进。由此可见，河南实体经济发展迅速，结构持续优化，在经济大局中的中流砥柱作用没有改变，正在向质量更好、效益更高的阶段转化。

（二）科技创新活力强劲

随着多年的发展，科技创新与产业变革的深度融合已经成为国际发展潮流，科技创新在经济社会发展中发挥了越来越大的作用。就河南而言，依托郑洛新国家自主创新示范区，为科技创新提供源头支撑，加大科技创新投入，形成一批创新企业产业集群，培育创新引领型人才，建成了一批重大创新平台，2017 年新设立院士工作站 41 家、新增国家双创示范基地等国家级创新创业孵化载体 54 家、国家级实验室 10 家，全省专利申请量首次突破 10 万件，达到 119243 件，在水下机器人等核心技术领域处于领先水平，中心商务区被批准为国家级创新创业示范基地。但是，目前科技创新与实体经济仍不协同，这主要表现在科技创新成果的转化率较低，不能对实体经济形成足够的支撑作用，不能满足人民日益增长的多层次、多样化、高品质的消费需求，造成低端产能过剩与高端供给不足的同时存在。也就是说，目前高水平的科技供给与河南经济转型升级的需求不相适应，科技创新与实体经济两张皮的现象依然突出。

（三）现代金融

近年来，随着国家出台降准、降息等一系列政策措施，货币资本比较充足，大量资金流向房地产或在金融系统内空转，“脱实向虚”倾向凸显，实体经济中新兴产业和中小企业“融资难、融资贵”的问题依旧比较突出，资金需求得不到满足，导致金融服务实体经济能力不强，实体经济转型升级得不到金融供给的有效支持。针对经济运行中的问题，河南深化金融改革，积极推进金融去杠杆，促进工、农、中、建、交、兴业等 6 家银行与河南的企业达成总规模 1500 亿元的债转股协议，推动金融机构与豫北金铅、金龙铜管、豫联集团、神火集团等企业合作，实现转型发展，发展普惠金融，引导金融机构增加对中小微企业和“三农”的信贷规模，金融支持实体经济力度不断增强。2017 年前 11 个月河南省社会融资规模增量 6617.3 亿元，同比增加 458.9 亿元，居中部第二位，占全国社会融资规模增量的 3.6%。其中对实体经济发放本外币贷款增量 5278.4 亿元，同比增加 331.2 亿元，占社会融资规模增量的 79.8%，高于全国平均水平 7.3 个百分点。

（四）人力资源

河南是全国重要的人口大省，河南经济多年的快速增长离不开人口红利的支撑。然而，进入新常态以来，依靠资源、人口的粗放型发展模式难以为继，振兴实体经济需要大力实施创新驱动战略。创新驱动的实质是人才驱动，科技创新、现代金融都需要以高端人才作为支撑，人口“数量红利”转向“质量红利”是河南建设现代化经济体系的必然要求，实体经济转型升级的核心力量构建必然是在人才队伍基础之上。2017 年在河南省人才需求总量为 167. 71 万个，求人倍数为 1. 13，人力资源需求大于供给。在所有求职者中，高学历人才比重稳步上升，本科学历占比 34. 92%，较上年上升 4. 42 个百分点；硕士及博士人才占比为 5. 18%，较上年上升 2. 78 个百分点。仍需看到，河南的人才供需结构性矛盾突出，科研队伍大而不强，缺乏高精尖人才，并且高端人才大量流向金融行业，对以制造业为重点的实体经济支撑较少。

三　主要任务与对策建议

在新的历史方位下，河南构建现代产业体系的关键是全面贯彻新发展理念，围绕建设现代化经济体系的战略部署，通过供给侧结构性改革和政策创新，以发展实体经济为着力点，将科技创新、现代金融、人力资源融入实体经济发展的每一个环节，形成有效组合，协同推进实体经济的发展，不断增强河南经济创新力和竞争力，为决胜全面小康、开启河南全面建设社会主义现代化新征程打下坚实的物质基础。

（一）主要任务

1. 振兴实体经济

以供给侧结构性改革为重点，以提高供给体系质量为主攻方向，将发展经济的着力点放到实体经济上，提升实体经济水平。一是要将先进制造业作为现代产业体系的主攻方向，加快实施中国制造 2025 河南行动，谋划和推进一批规模大、科技含量高、带动能力强、具有支撑和引领作用的产业，推广智能制造生产模式。二是要将发展现代服务业作为建设现代产业体系的战略支撑，大力发展现代物流业、信息服务业、金融保险业、文化旅游业、健康养老及家庭服务业、商贸餐饮及房地产服务业，打造区域性乃至全国性的综合服务平台，将河南打造为丝绸之路经济带现代物流核心区、国际知名的文化旅游消费核心区和科技与信息相结合的现代金融中心。三是要以“互联网+”为构建现代产业体系的动力源泉，推动互联网经济与实体经济的深度融合，借助云计算、大数据、物联网等新一代信息技术改造提升传统产业，再造生产组织方式，重塑发展新动能，培育战略性新兴产业，激发微观主体活力。

2. 科技创新引领实体经济转型升级

深入实施创新驱动战略，以郑洛新国家自主创新示范区为突破口，推动重大科技创新取得新进展，以开放式创新和内生式发展引领实体经济转型升级。一方面，深化科研体制机制改革创新，完善基础研究体制机制，包括科技成果处置权和收益权制度，充分调动高等院校和科研单位的积极性，鼓励科研人员突破原始创新的“最后一公里”，形成有利于技术创新和成果转移转化的制度环境；另一方面，强化重点领域关键环节的技术研发，提高产业自主创新能力，加大对于基础研究与核心技术的攻关力度，促进新技术、新产品、新业态与新模式的融合创新，鼓励产学研与企业有机结合，同时以技术创新促进传统产业改造提升，推广促进节能减排和优化升级新技术的大范围应用，推动传统产业向价值链高端攀升。

3. 将金融“活水”合理引向实体经济

深化金融体制改革，提高直接融资比重，增强“金融豫军”服务河南实体经济的能力和水平，促进实体经济生产要素的自由流动和优化配置，强化金融的实体经济输血功能。一是要根据实体经济的发展需要，加快壮大“金融豫军”，补齐河南资本市场发展不足的短板，为河南打赢“四大攻坚战”、推进“三区一群”建设、完成“三去一降一补”重点任务提供金融支撑；二是要优化信贷结构，改变金融业“脱虚向实”的趋势，在税收上，对实体经济的资本收益实行低税率，对房地产等投机资本收益实行高税率，加大对河南主导产业、新兴产业等方面的支持力度；三是要推动金融业态创新，发展普惠金融，破除中小微企业、农业农村农民的融资困境，发展科技金融，促进科技资源与金融资源有机结合的新机制，实现资源优化配置，发展绿色金融，加大对于循环经济的金融支持力度，发展航空金融，拓展境外融资渠道，创新航空港、陆港的基础设施建设融资、抵押融资等金融产品。

4. 以创新型人才扶持实体经济

深化教育改革，发挥人力资源优势，提升人才培养质量，将人口优势转化为人力资源和人才优势，充分发挥人才在构建现代产业体系中的主观能动性。一是要提升人才培养质量，高度重视基础教育、高等教育、职业教育、特殊教育等教育事业，支持河南高校一流大学和一流学科建设，培育具备国际视野和创新精神的企业家、跨学科知识的复合型人才，满足实体经济对多层次人才的需求；二是要加强人才队伍建设，根据产业需要和发展需要，以更加开放、更加有效的人才政策培育高水平的创新型人才团队，进一步探索选人、引人、用人、留人新机制，优化人才评价机制和服务保障体系；三是改善就业质量，鼓励青年群体多渠道就业创业，提升劳动技能，建设知识型、技能型、创新型劳动大军，激发和保护企业家精神，全面提高人才供给体系质量。

（二）对策建议

1. 处理好实体经济与虚拟经济的关系

实体经济与虚拟经济是对立统一关系。实体经济是国民经济的根基，是虚拟经济的价值基础，为河南的经济持续发展、提供就业岗位、改善人民生活都有重要的意义。虚拟经济以实体经济的存在为基础，与实体经济保持合适的规模比例时，可以促进实体经济的正常运转和快速发展，优化资源配置，分散经营风险，但如果发展过度就会导致经济泡沫，增加经济运行的不确定性和风险，形成泡沫经济，限制实体经济的发展。因此，在构建现代产业体系的过程中，一方面要将着力点放到实体经济上，按照经济发展质量变革、效率变革、动力变革的要求，大力推进现代企业制度，发展高新技术产业，以技术产品化为特点、以市场需求为导向促进河南经济结构转型升级，为产业体系增创优势，增添动能；另一方面，要引导虚拟经济的健康适度发展，探索虚拟资本的新形势和虚拟资本交易的新技术，重点发展河南中小微企业、“三农”的金融服务，充分发挥虚拟经济对实体经济的助推作用，实现实体经济和虚拟经济的协调发展和良性循环。

2. 处理好扩大总量与提升质量的关系

经济发展既要重视“量”的扩大，又要重视“质”的提升。没有总量的扩大，经济实力就无从谈起，没有质量的提升，发展也难以为继。现代产业体系将着力点放到实体经济、科技创新、现代金融和人力资源上，凸显了质量第一、效益优先的发展原则，是在保持中高速增长的基础上，实现更高质量、更有效率、更加公平、更可持续的发展。一方面，要努力提高经济实力，突破思想观念束缚和传统发展路径，以新发展理念走转型升级、绿色发展、跨越提升新道路，以更大的气魄、更开放的思维开创新格局，不断提高经济的综合实力，构筑高端化产业体系，推动河南制造向河南创造、河南速度向河南质量、河南产品向河南品牌转变；另一方面，提高发展的平衡性、包容性和可持续性，增加公共服务供给，提高社会可承受能力，提高科技创新、现代金融和人力资源等高端生产要素对实体经济的促进作用，在中高速发展下实现结构质量效益的持续优化，做到减速不减势，减速不减效。

3. 处理好政府与市场的关系

市场与政府是互补关系，而非对立关系。在构建现代产业体系的过程中，既要有有效的市场，也要有有为的政府，既要划清政府与市场的边界，又要统筹把握有机结合，只有充分发挥市场在资源配置中的决定性作用和政府作用，才能实现产权有效激励、要素自由流动、价格反应灵活、竞争公平有序、企业优胜劣汰。一方面，要转变政府职能，创新宏观调控方式，通过实施负面清单对市场进行管理，运用积极的财政政策、稳健的货币政策以及投资、价格、产业等政策工具，通过事中事后监管、逆周期调节以及提供公共产品发挥作用；另一方面，要认识和遵循市场规律，正确把握价格在市场调节中的重要作用，实现资源的优化配置，避免政府对于企业的过多干预，切实保障市场在资源配置中的决定性作用。

参考文献

张玉卓：《加快建设协同发展的产业体系》，《学习时报》2017 年 12 月 11 日。

郝全洪：《加快建设现代化产业体系》，《学习时报》2017 年 12 月 4 日。

刘志彪：《理清六大关系，建立四位协同的现代产业体系》，《新华日报》2018 年 1 月 3 日。

赵昌文：《加快建设协同发展的产业体系》，《求是》2018 年 1 月 1 日。

河南省政府发展研究中心：《贯彻新发展理念　建设河南现代化经济体系》，《河南日报》2017 年 12 月 19 日。

B.20

河南防范化解金融风险的思路与对策

王　森*

摘　要：　党的十八大以来，我国一直把严格防控金融风险放在极其重要的位置，一再强调要牢牢守住不发生系统性风险的底线，并先后采取了一系列加强金融监管的政策措施，有效防范和化解了金融风险，有效维护了我们国家的金融安全和稳定，把握住了金融发展大势。党的十九大把防范化解重大风险作为决胜全面建成小康社会三大攻坚战的首要战役，提出金融风险是当前最突出的重大风险之一。河南省作为人口大省，更要按照党中央决策部署，做好河南金融发展和稳定工作，出台完善的金融监管条例、有序降低杠杆率水平、建立金融综合监管信息平台、建立金融突发事件应急机制，做到守土有责，形成全国一盘棋的金融风险防控格局。

关键词：　防范化解　金融风险　河南

习近平总书记指出，金融是现代经济的核心，金融活则经济活，金融稳则经济稳。金融系统安全是国家全面安全的极其重要的组成部分，是维护整个经济社会稳定发展的重要基础。防范化解金融风险，维护金融安全，是事关我们国家整个经济社会发展的一件带有战略性、全局性的重大部署。改革开放以来，我国政府一直高度重视金融安全和金融风险防范控制工作，

---

* 王森，中国工商银行河南省分行人力资源部。

进而保障金融事业的繁荣发展并取得了伟大成就。党的十八大以来，我们国家更是把严格防控金融风险放在极其重要的位置，一再强调要牢牢守住不发生系统性风险的底线，并先后采取了一系列加强金融监管的政策措施，有效防范和化解了金融风险，有效维护了我们国家的金融安全和稳定，把握住了金融发展大势。党的十九大明确提出把防范化解重大风险作为决胜全面建成小康社会三大攻坚战的首要战役，并指出金融风险是当前最突出的重大风险之一。

同时我们必须认识到，我国金融体系仍然处于风险易发高发期，一些领域风险隐患仍不容忽视，相当多机构内控机制不健全，不良资产反弹压力较大，影子银行存量仍然较高，外部冲击不确定性因素增多，总体形势依然复杂。打好防范化解金融风险攻坚战仍是头等大事，要在保持经济稳定运行的同时，积极主动化解各类风险。河南省作为人口大省，更要按照党中央决策部署，做好河南金融发展和稳定工作，做到守土有责，形成全国一盘棋的金融风险防控格局。河南金融风险防范化解应立足省情，从河南实际情况出发，主要从降低企业负债率、抑制居民杠杆率、压缩同业投资、规范交叉金融产品、整治违法违规业务、打击非法金融活动、清理规范金融控股公司、有序处置高风险机构、遏制房地产泡沫化以及配合地方政府整顿隐性债务等方面入手，深入整治市场乱象，有效控制风险引爆点，有序化解重点领域风险，坚持标本兼治，突出“质量”建设，大力弥补制度短板，建立风险防控长效机制。不断提高金融业竞争能力、抗风险能力、可持续发展能力，坚决守住不发生系统性金融风险底线。

一　河南防范化解金融风险现状

党的十八大以来，河南省委省政府高度重视金融工作，贯彻落实国家金融政策及习近平总书记系列讲话，加强党对金融工作的领导，围绕防范化解金融风险这一重大任务，坚决守住不发生系统性区域性金融风险这一底线，不断完善河南金融市场和金融监管体系，不断规范金融秩序，有效管控房地产风险保证经济和金融的良性协同发展，努力实现金融与实体经济共生共荣，为河南实现高质量发展提供了重要支撑。

2017 年 12 月，金融风险得到有效防范，全省金融运行整体平稳，突出表现在金融服务实体经济规模在扩大，河南的金融系统运行效率在提高。

12 月末，金融机构本外币各项存款余额为 60037.6 亿元，同比增长 9.2%，较上年同期回落 4.7 个百分点；较 11 月减少 489.9 亿元，同比少减 7.4 亿元；较年初增加 5056.6 亿元，同比少增 1641.1 亿元。其中，人民币各项存款（下文如无特殊注明，存贷款均为人民币口径）余额为 59068.7 亿元，同比增长 9.4%，较上年同期回落 3.9 百分点；较 11 月减少 311.4 亿元，同比少减 61.2 亿元；较年初增加 5089.7 亿元，同比少增 1258.0 亿元。住户存款、非金融企业存款增加较多，财政性存款大量减少。12 月份，住户存款增加 418.2 亿元，同比多增 153.1 亿元，主要是住户活期存款增加 433.5 亿元，同比多增 142.8 亿元；非金融企业存款增加 205.4 亿元，其中，活期存款增加 134.5 亿元；财政性存款减少 978.2 亿元，同比多减 194.9 亿元。

12 月末，金融机构本外币各项贷款余额为 42546.8 亿元，同比增长 14.6%；较年初增加 5407.2 亿元，同比多增 66.2 亿元。其中，人民币各项贷款余额为 41743.3 亿元，同比增长 14.4%；较上月增加 177.4 亿元，同比少增 134.4 亿元；较年初增加 5242.1 亿元，同比多增 173.6 亿元。

12 月份，金融机构债券投资减少 210.8 亿元，同比少增 248.6 亿元；金融机构股权及其他投资增加 74.1 亿元，同比多增 22.1 亿元。

社会融资规模是全面衡量金融支持实体经济的指标（分省市的社会融资规模数据一般在下旬统计）。1～11 月，河南省社会融资规模增量 6617.3 亿元，同比多增 458.9 亿元，居中部第二位，占全国社会融资规模增量的 3.6%。其中，对实体经济发放本外币贷款增量 5278.4 亿元，同比多增 331.2 亿元，占社会融资规模增量的 79.8%，与上年同期基本持平，高于全国平均水平 7.3 个百分点；表外融资增加 762 亿元，同比多增 531 亿元，占社会融资规模增量的 11.5%，较上年同期上升 7.8 个百分点，低于全国平均水平6.1个百分点；直接融资增加295.8亿元，同比少增483.7亿元，占社会融资规模增量的4.5%，较上年同期回落8.2个百分点，低于全国平均水平2.2个百分点。

但金融风险隐患仍不能忽视。河南省金融风险隐患主要来自三个方面：一是传统金融机构风险。一方面，企业的流动性不足给银行业金融机构带来的不良贷款风险；另一方面，证券业金融机构债券违约呈加速上升趋势，给证券业金融机构带来一定的风险。二是新型金融机构风险。党的十八大以来，河南省对于小额贷款公司、担保公司、融资租赁公司、典当行等新金融机构监管已经较为成熟，监管主体已经明确，监管文件已经出台，监管系统逐步形成，而发展迅猛的互联网金融业态是新金融机构风险主体。三是非法金融机构风险。主要表现为不具备牌照的、违法设立的线下财富管理公司、投资咨询公司等所带来的兑付、非法经营风险。

此外，当前河南省防范化解金融风险仍面临三大困境：一是金融监管履职缺乏法律依据。首先，河南金融监管还没有系统的法律、制度可循。在防范金融风险实际工作中，因为缺失上位法，地方金融监管工作推进困难。其次，现有的法律法规没有明确赋予区级政府监管职权。这就导致某些地区政府在处置金融风险过程中缺乏有效的处罚措施，存在执法依据上的空白。二是金融风险防控体制与机制有待完善。金融风险防控与完善的监管体制与机制密切相关。随着金融机构由分业经营向综合化、混业经营转变，跨境、跨业、跨市场的金融活动日益频繁，新的风险因素、新的风险种类接踵而至，现行的分业监管体制与机制越来越无法满足防范金融风险的监管要求，这就需要综合监管模式的体制与机制改革。三是金融监管缺乏全覆盖功能。地方政府对金融风险防控主要以“机构”或“组织”类型为标准，而非以“业务”或“功能”为尺度进行分类监管，容易导致监管重叠和监管空白的问题。现行的地方政府金融监管条例规定，网络借贷平台主要由辖内区金融办监管，然而涉及商业保理业务性质并不在其监管职责范围内，造成“监管重叠”或“监管空白”的两难局面，导致金融风险防控低效。

二　河南防范化解金融风险的着力点

面对新形势、新要求，河南要从出台完善的金融监管条例、有序降低杠杆率水平、建立金融综合监管信息平台、建立金融突发事件应急机制等方面着手，持续防范化解金融风险，不断提高金融服务河南省实体经济、重大发展战略、重大工程建设的能力，为决胜全面建成小康社会、开启新时代河南全面建设社会主义现代化新征程打下坚实基础。

（一）出台完善的金融监管条例

完善的金融监管法律法规是防范化解金融风险的尚方宝剑。当前，山东、天津等省市已经出台《关于建立健全地方金融监管体制的意见》，相对明确了地方政府的金融监管职责、方式和组织实施。但河南尚未出台相关的政策。因此，建议适时出台河南省地方金融监管条例。建议从以下三个层面展开：第一，出台针对各类地方金融机构监管条例。以行政法规形式明确金融监管规则，并建立公安、工商、金融等多部门间的联动执法、监管协作和信息共享机制，打击地方金融违法案件。第二，明确划分监管职责，包括对“一行三局”监管之外的地方金融组织的监管。具体分摊防范地方金融风险实际工作的主体责任，避免监管缺位、监管重复。第三，从法律法规上明确地方金融监管职责。缓解地方金融监管权责不对称问题，提升地方金融监管力量与监管效率。

（二）有序降低杠杆率水平

一要进一步推动企业去杠杆。充分发挥企业的市场主体作用，专注实业，聚焦主业，进一步巩固提升核心竞争力，通过做“减法”降低融资杠杆。鼓励经营正常的企业调整融资结构，增加运用股权融资、股债结合等融资方式，控制杠杆率水平。资金周转困难企业要通过资产重组、收缩投资、出售非主业资产等方式适度“瘦身”，避免负债率过高导致企业运转困难甚至关停倒闭。二要推动金融机构去杠杆。引导、督促地方法人金融机构及时补充资本金，降低杠杆率。鼓励城市商业银行引进民间资本，增强资本实力；进一步提高农信社、农商行的资本充足率，督促个别风险较高的行（社）引入战略投资者、减少利润分配、加快重组改制步伐。促进地方保险法人机构加强偿付能力风险管理，推动偿付能力全面达标。对杠杆偏高的金融机构，采取减少风险资产、规范同业业务、控制新增投放及表外业务过度扩张等措施，降低资产规模和业务风险级别。鼓励金融机构开展信贷资产证券化，降低资本占用。三要推动房地产去杠杆。强化房地产行业风险监测，防范房地产高杠杆风险。引导房地产开发公司加大资本金投入，避免对房地产企业过度授信、多头授信和关联授信，规范信托、基金、理财等对房地产企业的融资行为。

（三）建立金融综合监管信息平台

2017 全国金融工作会议确认监管模式是加强综合监管，突出功能监管和行为监管。这是首次在如此高规格的层面对监管模式的改变进行确认，标志着单一的“机构监管”将成为过去式，也标志着监管模式的重大转变。为此，河南应积极建立金融综合监管信息平台，争取走在全国前列。尤其应重视引用大数据、信息化、专业化的监管手段。基于大数据、云计算等科技手段，构建新金融综合监管信息平台，系统对接工商、公安、法院等部门信息平台，接入银行资金存管数据，运用科学信息监管手段适当替代行政手段，将行政手段与法律手段、经济手段和网络技术手段结合起来，实现事前风险防范，有效控制风险事件爆发。

（四）完善防范金融风险相关公证法律服务

公证在防范金融风险、保障信贷安全方面有着极其重要的作用，目前福建省已经出台为防范金融风险提供公证法律服务的指导意见，但河南省相关政策相对滞后，为此应进一步发挥公证在防范金融风险、保障信贷安全方面的职能作用，为河南防范化解金融风险提供保障。一要加强各类金融合同公证服务。对金融合同进行公证，充分发挥公证的审查、证明作用，确保合同中权利、义务、金额等内容合法、具体、明确，保证合同主体的自愿、平等，维护合同主体的合法权益。同时通过预先警示合同主体需要承担的违约成本，提高合同各方主体履约意识，预防和降低违约风险。二要协助构建征信体系，准确提供证书、资质公证服务。建议公证机构依申请对金融主体的主体身份、资信程度及相关证书、证明文件的真实性、合法性予以公证，以便有效降低交易风险，免去金融主体烦琐的查证核实程序，促进金融交易的顺利进行。三要创新交易第三方保障，开拓提存公证服务。建议公证机构可根据债权人或债务人的申请，作为保障交易活动的“第三方”，对设定支付或取回条件的债之标的物办理提存公证，以消除交易双方的不信任感，确保债务如约履行，满足金融债权双方对资金交易履约和安全需求。

（五）建立金融突发事件应急机制

首先，要完善河南省金融信息网络，以便能够及时、准确地对全省各类金融突发事件做出预测和预报及防范。我们知道在大部分金融突发事件出现以前，某些经济金融指标会表现出明显的异常。省委、省政府相关部门应进一步加强金融信息的收集、分析、监测、预报，加强指标体系的建立，并在此基础之上建立全省金融信息网络系统，为及时发现金融突发事件并防范化解创造有利条件。其次，要加强金融透明度。金融透明度越高，意味着金融法律法规越健全，意味着金融管理的秩序性越强，意味着职责划分越明确，意味着监督越清晰。只有加强金融透明度，并依靠公众、社会和市场的约束，才能加强金融的自我约束，有效防范各类金融突发事件。最后，健全全省统一、分级监测的风险预警体系。各级金融监管部门应加强对本系统及金融机构运行情况的跟踪、监测、分析，及时收集汇总苗头性问题。同时各地方政府要加强与金融监管部门的沟通，定期汇总上报，及时化解处置，力争将金融应急突发事件处置在萌芽状态。此外，应结合各新金融公司自身的信息披露和数据上报，建立新金融业态风险评估模型和指标体系，实现信息采集、量化评估、风险预警的一体化处理，提高监管的灵敏度和准确度，完善金融风险监测、预警体系。

三　河南防范化解金融风险的对策建议

河南防范化解金融风险应把重点放在防范化解政府性债务风险、防范化解互联网金融风险、防范化解非法集资风险、防范化解金融市场风险等方面。

（一）积极防范化解政府性债务风险

建立省委省政府统一领导、各部门分级负责协同联动的政府性债务风险事件应急处置工作机制，努力防范和化解财政金融风险，全面维护河南省整个经济安全和全社会稳定。具体应做到以下几点：一要拓宽财源渠道。依法加强税收征管，加大清缴欠税欠费力度，确保应收尽收。落实国有资源有偿使用制度，增加政府资源性收入。二要优化支出结构。财政重整期内，除必要的基本民生支出和政府有效运转支出外，视债务风险事件等级，本级政府其他财政支出应当保持“零增长”或者大力压减。三要处置政府资产。指定机构统一接管政府及其部门拥有的各类经营性资产、行政事业单位资产、国有股权等，结合市场情况予以变现，多渠道筹集资金偿还债务。四要加强预算审查。实施财政重整计划以后，相关市县本级政府涉及财政总预算、部门预算、重点支出和重大投资项目、政府债务等事项，在依法报本级人民代表大会或其常委会审查批准的同时，必须报上级政府备案。上级政府对下级政府报送备案的预算调整方案要加强审核评估，认为有不适当之处需要撤销批准预算的决议的，应依法按程序提请本级人民代表大会常委会审议决定。五要改进财政管理。各级政府应当实施中期财政规划管理，妥善安排财政收支预算，严格做好与化解政府性债务风险政策措施的衔接。六要预防为主，及时应对。县级以上政府要提高风险防范意识，加强对政府性债务风险的监控和预防，及时排查风险隐患，一旦发生突发债务风险事件，快速响应，妥善处置。

（二）积极防范化解互联网金融风险

一要严格准入管理。设立金融机构、从事金融活动，必须依法接受准入管理。未经相关权力部门批准或备案从事金融活动的，由金融管理部门会同工商部门予以认定和查处，情节严重的，予以取缔。工商部门根据金融管理部门的认定意见，依法吊销营业执照；涉嫌犯罪的，公安机关依法查处。二要坚持分类治理。区分不同行业、不同领域特点，分类治理，提高专项整治的科学性与有效性。尤其是针对 P2P 网络借贷平台，应重点区分主观诈骗和客观经营困难平台，抓住"涉及资金大、人数多、源头在河南"三个关键，一户一策，采取针对性处置措施，防止派生新的金融风险。三要强化资金监测。加强互联网金融从业机构资金账户及跨行清算的集中管理，对互联网金融从业机构的资金账户、股东身份、资金来源和资金运用等情况进行全面监测。严格要求互联网金融从业机构落实客户资金第三方存管制度，存管银行要加强对相关资金账户的监督。在整治过程中，特别要做好对客户资金的保护工作。四要建立举报奖惩与黑名单制度。针对互联网金融违法违规活动隐蔽性强的特点，发挥社会监督作用，建立举报制度，出台举报规则，充分利用中国互联网金融协会举报平台，鼓励通过"信用中国"网站等多渠道举报，为整治工作提供线索。建立黑名单制度，加强失信、投诉和举报信息共享。五要完善技术手段。利用互联网思维做好互联网金融监管工作。研究建立互联网金融监管技术支持系统，通过网上巡查、网站对接、数据分析等技术手段，摸清互联网金融总体情况，采集和报送相关舆情信息，及时向相关单位预警可能出现的群体性事件，及时发现互联网金融异常事件和可疑网站，提供互联网金融平台安全防护服务。

（三）积极防范化解非法集资风险

防范、打击和处置非法集资工作事关改革发展大局、经济金融稳定、人民群众财产安全、社会和谐以及党和政府的形象，必须警钟长鸣，常抓不懈。一要严格非法集资高风险行业市场准入登记。工商部门要切实加强对非法集资高风险行业的登记管理，从源头上防止非法集资问题发生。二要强化非法集资高风险行业信用监管和抽查。工商部门对非法集资高风险行业企业进行一次定向抽查。对不及时公示相关信息、不按时进行年报或公示信息隐瞒真实情况、弄虚作假，且在责令期限内拒不改正的，列入经营异常名录并通过企业信用信息公示系统向社会公示。对存在超范围经营特别是涉嫌非法集资行为的，依据职能依法予以查处或移交有关主管、监管部门进行查处，并将查处情况通过企业信用信息公示系统向社会公示；对构成犯罪的，移交公安部门立案查处，依法追究刑事责任。三要严厉打击非法集资广告违法行为。工商部门要切实加强对金融投资类广告的日常监测，对以投资咨询、投资理财、贷款中介、资金周转、信用担保等名义发布涉及信用贷款、低息或无息贷款内容的广告资讯信息，以及以代客理财、委托理财名义发布涉及承诺保底、快速回报、无风险、高收益内容等的广告资讯信息，及时介入查处。四要加强新注册企业非法集资风险提示和法规培训教育。各级工商部门在受理企业注册时，向企业统一发放《非法集资风险告知书》，告知非法集资的概念、特征、危害及相关法律、法规等，要求新注册企业签署《远离非法集资活动承诺书》。各级行业主管、监管部门要配合工商部门每年选择一定比例的新注册企业，开展企业负责人法律、法规培训，引导新注册企业守法诚信经营。

（四）积极防范化解金融市场风险

要强化监管本位，坚持打防结合，有效遏制各类证券期货违法违规活动，积极维护保险市场稳定。督促保险机构回归风险保障，服务实体经济。查处违规违法套取保费的问题，治理保险市场乱象；加强银信、银证、银担等跨领域交叉业务的监管，加强对表内外各类资管计划、信托产品和银行理财等业务的规范，避免形成资金池及嵌套投资，防止关联性、跨行业、跨市场风险的交叉感染；加强各类交易场所的审批，重点加强交易场所新增交易品种、变更交易模式和主要股东的管理。深入开展清理整顿各类交易场所“回头看”工作，重点处理商品类交易场所涉嫌非法期货交易、邮币卡类交

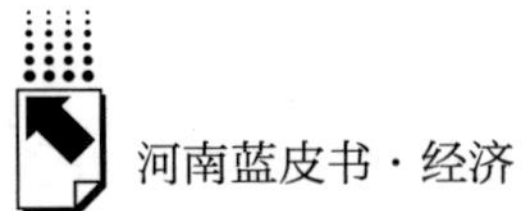

易场所集中竞价投机炒作、金融资产类交易场所违反政策规定、通过会员代理商等机构诱导大量个人投资者参与交易、交易场所利用“微盘”交易损害中小投资者利益等违法违规问题。

参考文献

李永刚：《系统性金融风险调查：英国经验及启示》，《西南民族大学学报》（人文社科版）2018 年第 3 期。

王国刚：《防控系统性金融风险》，《新理财（政府理财）》2017 年第 11 期。

郑联盛：《系统性金融风险的来源》，《经济研究参考》2017 年第 36 期。

方芳、林海涛：《系统性金融风险再认识：演化、测量与检验》，《经济理论与经济管理》2017 年第 11 期。

黄益平：《谈金融风险与金融监管》，《金融经济》2017 年第 15 期。

卜建明：《防控金融风险的着力点》，《中国金融》2017 年第 10 期。

于新东：《抓紧制定防控金融风险的系统方略》，《浙江经济》2017 年第 2 期。

孔德宏：《关于互联网金融风险规制路径研究》，《才智》2017 年第 15 期。

杨亚男：《简论企业金融风险的防范》，《经贸实践》2017 年第 23 期。

霍咪咪：《金融风险的建模与管理方式分析及研究》，《华中理工大学学报》1998 年第 6 期。

附　　录

Appendix

B.21
附录1　2011~2017年全国主要经济指标

2011~2017 年全国主要经济指标

指标	2011 年		2012 年		2013 年		2014 年		2015 年		2016 年		2017 年	
	绝对数	增速（%）	绝对数	增速（%）	绝对数	增速（%）	绝对数	增速（%）	绝对数	增速（%）	绝对数	增速（%）	绝对数	增速（%）
国内生产总值(亿元)	438853	9.3	472436.5	7.7	568845.2	7.7	636463	7.4	676708	6.9	744127	6.7	827122	6.9
第一产业(亿元)	42256.5	4.3	44178.6	4.5	56957	4	58332	4.1	60863	3.9	63671	3.3	65468	3.9

续表

指标	2011年		2012年		2013年		2014年		2015年		2016年		2017年	
	绝对数	增速(%)	绝对数	增速(%)	绝对数	增速(%)	绝对数	增速(%)	绝对数	增速(%)	绝对数	增速(%)	绝对数	增速(%)
第二产业(亿元)	206655.1	10.3	223014.5	7.9	249684.4	7.8	271392	7.3	274278	6	296236	6.1	334623	6.1
第三产业(亿元)	189941.4	8.8	205243.3	8.1	262203.8	8.3	306739	8.1	341567	8.3	384221	7.8	427032	8.0
规模以上工业增加值(亿元)	—	13.9	—	10	—	9.7	—	8.3	—	6.2	—	6	—	6.6
全社会固定资产投资(亿元)	311485.1	23.8	374694.7	20.3	447074	19.3	512761	15.3	394531	10.3	596501	8.1	641238	7
社会消费品零售总额(亿元)	183918.6	17.1	210307	14.3	237809.9	13.1	262394	12	300931	10.7	332316	10.4	366262	10.2
居民消费价格指数(以上年同期为100)	105.4	5.4	102.6	2.6	102.6	2.6	102	2	101.4	1.4	103.4	2	101.6	1.6
海关进出口总值(亿美元)	36418.6	22.4	38671.2	6.2	41589.9	7.5	43015	3.4	39569	-8	243344	-0.9	38624.4	14.2
出口总值(亿美元)	18983.8	20.3	20487.1	10.8	22090	7.8	23422.9	6	22749.5	-2.8	138409	-2	3842.1	10.8
进口总值(亿美元)	17434.7	14.9	18184.1	4.2	19499.9	7.2	19592.3	0.4	16819.5	-14.2	104936	-0.6	3122.4	18.7
地方财政总收入(亿元)	52547.1	29.4	61078.3	16.2	69011.2	12.9	75876.6	9.9	82983	9.4	—	—	—	—
城镇居民人均可支配收入(元)	21809.8	14.1	24564.7	12.6	26955.1	9.7	28844	9	31195	8.2	33616	7.8	36396	8.3
农民人均可支配收入(元)	6977.3	17.9	7916.6	13.4	8895.9	12.4	10489	11.2	11422	8.9	12363	8.2	13432	8.6

B.22

附录2　2011~2017年河南省主要经济指标

2011~2017 年河南省主要经济指标

指标	2011 年		2012 年		2013 年		2014 年		2015 年		2016 年		2017 年	
	绝对数	增速（%）	绝对数	增速（%）	绝对数	增速（%）	绝对数	增速（%）	绝对数	增速（%）	绝对数	增速（%）	绝对数	增速（%）
国内生产总值(亿元)	27232. 1	11. 6	29810. 1	10. 1	32155. 9	9	34939. 4	8. 9	37010. 3	8. 3	40160	8. 1	44988. 16	7. 8
第一产业(亿元)	3512. 1	3. 7	3772. 3	4. 5	4057	4. 3	4160. 8	4. 1	4209. 6	4. 4	4286. 3	4. 2	4339. 49	4. 3
第二产业(亿元)	15887. 4	15. 1	17020. 2	11. 7	17806. 4	10	17902. 7	9. 6	18183. 4	8	19055. 4	7. 5	21449. 99	7. 3
第三产业(亿元)	7832. 6	8. 4	9017. 6	9. 2	10290. 5	8. 8	12875. 9	9. 4	14611	10. 5	16818. 3	9. 9	19198. 68	9. 2
规模以上工业增加值(亿元)	11882. 6	19. 6	12654. 8	14. 6	13986. 5	11. 8	15553	11. 2	16890. 6	8. 6	—	8	—	8. 0
全社会固定资产投资(亿元)	16935. 9	25. 8	20558. 6	22. 5	25321. 5	23. 2	30782. 2	18	34951. 3	16. 5	39753. 9	13. 7	43890. 36	10. 4
社会消费品零售总额(亿元)	9453. 7	18. 1	10915. 6	15. 7	12426. 6	13. 8	13835. 9	12. 7	15740. 4	12. 4	17618. 4	11. 9	19666. 77	11. 6
居民消费价格指数(以去年同期为100)	105. 6	5. 6	102. 5	2. 5	102. 9	2. 9	101. 9	1. 9	101. 3	1. 3	101. 9	1. 9	101. 4	1. 4
海关进出口总值(亿美元)	326. 4	83. 1	517. 5	58. 6	599. 5	15. 9	650. 3	8. 5	749. 8	15. 3	769. 3	2. 6	828. 3	10. 9
出口总值(亿美元)	192. 4	82. 7	296. 8	54. 3	359. 9	21. 3	9393. 8	9. 7	437. 1	11	2835. 3	5. 7	502. 1	11. 8
进口总值(亿美元)	134	83. 5	220. 7	64. 9	239. 6	8. 6	256. 5	7	312. 7	21. 9	1879. 4	-1. 8	326. 2	9. 6
地方财政总收入(亿元)	2851. 2	24. 3	3282. 8	18. 5	3686. 8	12. 3	4094. 8	11	4244. 7	—	4707	5. 6	—	—
城镇居民人均可支配收入(元)	18194. 8	14. 2	20442. 6	12. 4	22398	9. 6	24391. 5	8. 9	25576	4. 9	27233	6. 5	29557. 86	8. 5
农民人均可支配收入(元)	6604	19. 6	7524. 9	13. 9	98475. 3	12. 6	9416. 1	11. 1	10853	5. 3	11697	7. 8	12719. 18	8. 7

Abstract

2017 is an important year for the implementation of the 13th five-year plan, a deepening year for supply-side structural reform. Especially in the autumn in October, the victory of the party's 19 determine Xi new era characteristic socialism ideology as the party's guiding ideology, must insist for a long time to blow the runoff into a well-off society in an all-round way, the new journey towards a modern socialist country loud horn. This year, up and down the province learn to carry out 19th CPC national congress essences, earnestly implement the party central committee and the state council and the provincial government all policy decisions, insist on maintaining stability work general tone. For new development concept, we should vigorously promote the implement various policies to the entire province economy and continue to maintain the overall positive development trend in the smooth and steady way. "Henan economic blue book" this year hosted by Henan province academy of social sciences, in order to "promote the development of high quality" as the theme, in-depth analysis systematically the main situation of Henan economy operation in 2017 and 2018, the economic development of Henan, all-round,, discusses the new ideas for leading the Henan, playing "four CARDS" and "3 big battle" measures and results. The new era of Henan economy puts forward the countermeasures and Suggestions to realize high quality development. The book is deeply integrated into a series of new ideas, new claims, new proposals and new measures proposed by the party's 19th congress, with a view to provide high quality decision-making reference basis for the provincial government and the public. The book is divided into four parts: the general report, the survey evaluation, the analysis forecast and the thematic study.

The general report of this book, written by the research group of Henan academy of social sciences, represents the basic view of the analysis and forecast of

Henan economic situation from 2017 to 2018. Always according to the report, in 2017, facing the complicated and changeable international and domestic situation and the reform and development of heavy duty, Henan adheres to xi jinping'Chinese characteristic socialism as the instruction, insists on maintaining stability work general tone, with new development concept as the leading, overall steady growth and restructuring, expands demand and promotes transformation, stressing reform and risk prevention, development and better livelihood following "overall, stability of smooth and steady positive" development momentum. At the same time, there are some new problems and challenges in 2018, Henan area GDP growth is expected at around 7.5%, industrial output growth at around 7.5%, the whole society fixed asset investment growth at around 8%, total retail sales of social consumer goods grew by 11% or so and the total import and export is expected to maintain steady growth. The consumer price index is expected at 103, which is still one of the more active areas of national economic development.

This book surveys assessment, mainly through the establishment of relevant index system and quantitative model and n 2017 the central plains economic zone 30 provincial-level economic comprehensive competitiveness and Henan's 105 county territory economy development quality comprehensive evaluation. It analysis forecast, mainly based on the current economy for the development of different areas, different industries, different industry trend analysis and forecasts for 2018, and then respectively puts forward the new age to deepen reform and opening up and speed up the development train of thought and the corresponding measures. The research of the book, in the grasp the spirit, on the basis of the party's 19th around high quality development stage of the new age of Henan economy, playing "four CARDS", building a modern economic system and strong economic province, building the "three high land", realizing "three big ascension", implementing the strategy of rejuvenating the country, and enhancing the level of "three areas, a group" construction has carried on the thorough analysis, put forward some ideas and Suggestions.

In view of the new era and new situation Henan should put forward different requirements of various departments and industries. This book invites relevant scientific research institutes, institutions of higher learning, and government departments of well-known experts and scholars to research and analysis in various fields in the steady growth promoting the reform, restructuring, bettering livelihood, preventing risks in the face of the difficult problems, and from different angles put forward the countermeasures and advice of Henan economic development towards to high quality.

Contents

Ⅰ General Report

Abstract: In 2017, facing the complicated and changeable international and domestic situation, the reform and development of heavy duty, Henan adheres to xi jinping, the Chinese characteristic socialism as the instruction, insists on maintaining stability work always tone, with new development concept as the lead, in order to improve the development quality and efficiency as the center, in order to promote the supply side structural reform as the main line, overall steady growth and restructuring, expand demand and promote transformation, stressing reform and risk prevention, better development and livelihood, economic operation continued " overall, stability of smooth and steady positive " development momentum. It is expected that annual economic growth rate would reach at 7. 8%

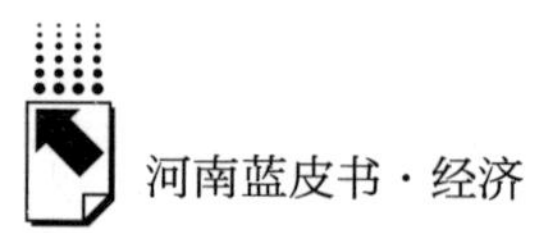

in 2018, Henan will continue to insist on maintaining stability, continued to build strong economic province, GDP growth is expected around 7.5%, industrial output growth 7.5%, the whole society fixed asset investment growth 8%, total retail sales of social consumer goods increase by about 11%. The total import and export maintained is expected steadily grow, . the consumer price index would be 103 in 2018, which is still one of the more active areas of national economic development.

Keywords: Henan; Economy Operation; High Quality Development

Ⅱ Survey and Evaluation

Abstract: The Central Plains Economic Region (CEPR) is based on the Central Plains urban agglomeration, covering Henan province and surrounding areas. By the end of 2016, the total population of the CEPR was about 164 million, GDP was about 6.14 trillion yuan, and the total economic volume was only less than the Yangtze River Delta, the Pearl River Delta and Beijing-Tianjin-Hebei. It is the fourth growth pole of the national economy. The research group sets up 27 indicators system covering 11 aspects, and evaluates the comprehensive competitiveness of the cities of CEPR in 2017. Then, the research group analyzes the ranking of citiesand development situation of typical cities. When the Chinese characteristic socialism entered new era, the construction of the CEPR should be guided with the new development concept, make efforts towards the high quality development, grasp of the national strategies superposition opportunities, accelerate the development of innovation, promote the coordinated development of city group of Central Plains urban agglomeration, and continuously improve the comprehensive competitiveness of CEPR cities.

Keywords: Central Plains Economic Region; Provincial Jurisdiction; Integrated Economic Competitiveness

B. 3 Evaluation Report on County Territory Economy Development Quality of Henan Province in 2017

Abstract: Based on the statistical basic data of 105 counties (cities) of the Henan Statistical Yearbook in 2017 and the implementation method of the evaluation and evaluation of the economic and social development targets of Henan province and county (city) , this report divides the county economic development of Henan province into the county of the development of the central city group. 55 counties (cities) with good basic conditions (more than 25 thousand yuan per capita per capita) , 17 counties (cities) and 33 agricultural districts and counties, and 33 counties and other three major categories. At the same time, 10 provincial direct counties are listed separately. According to the connotation characteristics of the county economic development quality and the internal target requirements, the scale level, development structure and development efficiency of the county economic development are made. On the basis of interest, development potential, happiness, sustainability, development, extrovert, scientific and technological innovation, and agricultural basic ability, the quality evaluation index system of county economic development is constructed, and the calculation and comparison are carried out by means of measurement and empirical means, and then the conclusion is carried out in order to promote Henan. The quality of the province's county economic development has been improved.

Keywords: County Territory Economy; Economy Development Quality; Henan

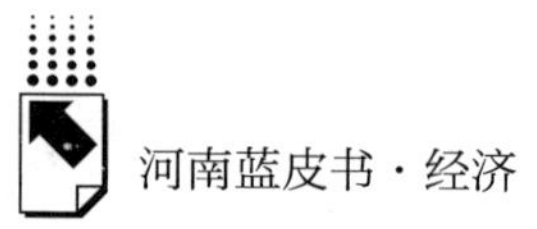

Ⅲ Analysis and Forecast

B. 4 Analysis and Prospect of Agricultural and Rural Development in Henan in 2017–2018

Chen Mingxing / 067

Abstract: In 2017, the development of Henan agriculture and rural areas presented a good situation of overall stablity, steady progress and steady improvement. It expected to achieve the main agricultural products output growth, accelerate the optimization and upgrading of the structure of agriculture, farmer income growth, deepen rural reform, agriculture and rural development entered a new stage. But at the same time, it is also facing with outstanding problems such as inefficient efficiency, poor production structure, low market competitiveness and unbalanced development of urban and rural areas. In 2018, despite the various traditional and non-traditional challenges but also highlights the superposition of favorable conditions, gradually accumulated, agricultural and rural development in the province's overall will show steady yield, quality and efficiency, promote the expansion of income and integration trend, the production of agricultural products will generally remain stable, will continue to optimize the structure of agriculture, farmers' income will continue to grow, the integration of urban and rural areas will further accelerate.

Keywords: Henan; Agricultural and Rural Areas; Agricultural Modernization

B. 5 Analysis and Prospect of Henan's Industrial Economic Operation in 2017–2018

Zhao Xisan / 081

Abstract: In 2017, Henan industry showed a steady and steady overall situation, the industrial growth continued to remain stable, the industrial structure continued to be optimized, the profit level continued to improve, the enterprise transformation effect was obvious, the quality and benefit increased synchronously, and the overall situation was better than expected. 2018 is the beginning of the opening of the nineteen spirit of the party. It is the reform and opening up 40th anniversary. The industrial economy in our province is facing good opportunities and favorable conditions. The whole will show a good trend of "smooth growth, optimization of structure, transformation and acceleration, quality promotion". The focus will be on opening up the high - end platform and cultivating and manufacturing industry. The industry innovation center, the implementation of the "three major transformation", the cultivation of the industrial Internet platform, and the promotion of entrepreneurial spirit, and other aspects, promote the Henan industry towards a new stage of high quality development.

Keywords: Industry; Transformation and Upgrading; High Quality Development; Modern Economic System; Henan

Abstract: In 2017, Henan services industry continued rapid development, scale continued to expand. Structure optimization, continually improved quality and efficiency continued to increase. With the province's industrial structure adjusted, at the economic transition stage, and maintaining the steady growth, society and people's livelihood improvement plays an important supporting role. In 2018, to deepen the comprehensive implementation of the "19th" spirit and the supply side structural reform, with "three areas, a group" leading development and growing market demand, the service industry has maintained high-speed growth. Based on the comprehensive review on the basis of the service industry development in Henan province in 2017, this paper forecasts services development key data and service industry development situation in 2018. Combined with the central economic work conference spirit, it puts forward the countermeasures to speed up the construction of a powerful province of modern service industry.

Keywords: Service Industry; Industrial Structure; Quality Efficiency; Integration Innovation; Henan

Abstract: In this study, we take the investment in fixed assets of Henan province under the background of high quality development as a perspective, and analyze the strategic significance of investment in fixed assets for upgrading Henan economy, based on this analysis, we analyze the current situation and the restricting factors in the process of investment in fixed assets of Henan province. The factors including financing channels, investment structure restrict investment in fixed assets in Henan province. Then, the basic ideas and path selection of investment in fixed assets in Henan province are proposed, and some suggestions are put forward to improve the level of investment in fixed assets in Henan province.

Keywords: Henan; Investment in Fixed Assets; Investment Efficiency; Effective Investment

Abstract: the consumption market developed steady in 2017, and its growth rate was higher than the national average level, narrowed slightly compared with the same period last year, narrowing 0. 1 percentage points compared with the same period in 2017. In the consumption pattern, Henan province continues to maintain the size and growth advantage of the central provinces, and the consumption domestic market is still concentrated in the five cities, such as Zhengzhou. In the consumption structure, catering consumption rise sharply, the growth of the fifteen commodities switch from "three up and twelve down" in last year to "ten up and five down" this year, and among them, the highest decline in auto consumption. Facing the international economic situation of many uncertainties, and the steady development of domestic economy market in China, the consumption market development in Henan province both have opportunities and challenges, and expect the scale of the consumption market in Henan will enlarge in 2018, while the growth rate slightly narrow, and the growth rate remained at around 11. 5% .

Keywords: Consumption; Consumption; Henan Province

Abstract: In 2017, the global economic situation continues to improve, robust economic recovery in the developed countries exceeding market expectations. Especially the "area" all the way pushed deeper, cross-border . E-commerce developed rapidly. To expand import and export, Henan provides a good external environment. Henan overall follows good foreign trade of import and export. Import and export products continue to optimize the structure and traditional commodities has steadily increased in use of foreign funds, . "One Belt And One Road" along the national trade became the main force. Henan foreign investment showed a trend of diversification of foreign investment, implement new as a free trade area reform, and airport construction. Combining with the domestic and international situation of Henan's foreign trade development, this paper puts forward five Suggestions on promoting the high quality development of

Henan's foreign trade: striving to improve the total factor productivity and constructing new advantages of foreign trade development; Carry out a new round of high growth enterprise cultivation project, optimize foreign trade operation main body; We will vigorously develop trade in services and optimize trade practices. Deepen the supply-side structural reform of foreign trade and optimize the commodity structure; Take the advantages of national strategic superposition, the construction of inland open highland.

Keywords: Henan; Foreign Trade; Import and Export

B. 10 2017's Henan Provincial Financial Operation Analysis and 2018's Outlook

Hu Xingwang, *Zhao Yanqing* / 143

Abstract: In 2017, the overall balance of revenue and expenditure in Henan province has been stable, which has provided strong support for the economic and social development of the whole province. But at the same time, the financial operation and management also have problems such as outstanding balance of payments, inefficient use of funds, uneven progress of reform and so on. Adhere to Xi's a new era of socialism with Chinese characteristics thoughts in 2018 as the instruction, profound grasp the new era of financial work of the new requirements, we will deepen the reform of the fiscal and taxation system in an all-round way and implement more effective fiscal policy, better the basis and important pillar role of financial governance in the country.

Keywords: Henan; Revenue and Expenditure; Sustainable Development

B. 11 Logistics Industry Operation Analysis of Henan in 2017 and Outlook in 2018

Bi Guohai, *Li Peng* / 151

Abstract: In 2017, the logistics industry in henan focused on supply-side structural reform, strengthening the transformation and development and improving the planning policy of logistics industry, the logistics industry presented a good development trend and international multi-modal transport, cold chain logistics, express logistics and e-commerce logistics developed rapidly. In 2018, the macroeconomic environment of logistics operation is generally favorable. Henan will focus on cold chain, express delivery, e-commerce logistics and multimodal transport, promote the upgrading of the demonstration logistics park, actively introduce the cultivation of leading enterprises, develop the logistics of featured industries, and accelerate the transformation and development of logistics industry.

Keywords: Henan Province; Logistics Industry; Transformation and Development

Abstract: The consumer price index in Henan province rose 1. 4% whose has gone down 0. 5 percentage points as compared with last year, and showed a moderate rising trend in 2017. At the same time, the urban consumer price index rose 1. 5% whose has gone down 0. 4 percentage points as compared with last year. The rural consumer price index rose 1. 2% whose has gone down 0. 8 percentage points as compared with last year. The prices of the "seven categories" goods and services showed "six up one down" . In each of the months, the largest increase in the consumer price index in January and December, up to 2. 3% ; the minimum increase in the consumer price index in March, only 0. 3% . In each of the months, the consumer price index in January, August and December rose widened, while those in October and November kept the same growth rate, while those in other months gains narrowed. Last year, the most significant decline in the consumer price index was in March, reaching 2. 1 percentage points. The paper expects the consumer price in Henan province will continue to show a moderate rising trend in 2018.

Keywords: Consumer Price Index; Moderate Rising; Henan

Ⅳ Monographic Studies

B. 13 Play the "Four Cards", Open a New Journey of High Quality Development *Wan Shiwei, Gao Xuan* / 170

Abstract: Emphatically exert advantages to play the "four cards", is not only the ardent expectations of xi jinping, is also the following law of development, the basic following of redefining the comprehensive well-off and opening zhongyuan more brilliant new journey. Focusing on the advantages of "four CARDS", the continuous exploration practice inhenan has laid a solid foundation, but there is still a long way to go compared with the general secretary's expectation. This requires to continue to play "four CARDS", to continue to play good optimization and upgrading of industrial structure, strengthen the development of new support, to continue to play good innovation driven development, to develop new kinetic energy, to continue to build the foundation ability construction, construction of the development of new advantages, continue to play the new urbanization and expand the development of new space.

Keywords: "Four Cards"; High Quality Development; New Journey; Henan

B. 14 Indeas and Countermeasures of Promoting High Quality Development in Henan *Xu Xianan* / 180

Abstract: The 19th Party Congress emphasized that we must firmly grasp the fundamental requirement of high quality development. Accelerating the promotion of high-quality development is an inevitable requirement for Henan to maintain sustained and healthy economic development. It is an indispensable requirement for adapting to changes in the main social contradictions and building a well-off society in an all-round way. It is an inevitable requirement for following the development of the economic laws and is a new era for building an economically strong province. Necessary. To achieve high-quality development, Henan should deepen the supply-side structural reforms, make a decisive victory and build a well-to-do society with three major challenges. Strengthen and optimize the real economy, speed up innovation to drive speed and efficiency, fully implement the strategy of rural regeneration, and accelerate the formation of a comprehensive and open new pattern.

Keywords: Henan Province; High Quality Development; Innovate; Reform

Abstract: Along with the new economic norm, the industrial agglomeration area has entered a new stage of quality and transformation. In the new period, the industrial agglomeration area is facing a series of new contradictions. Confronting the new situation request, the article puts forward specific development paths and countermeasures in the aspects of the upgrading of the cluster, the development of innovation driven, the city-industry integration, and the innovation of the mechanism.

Keywords: Industrial Agglomeration Area; Upgrading Transformation; Henan

Abstract: The party's 19th report put forward " to carry out new development idea, construct modern economic system", is the urgent request of our country economy's transformation from high speed growth stage to the stage of high quality development, is the total program of the new era of China's economic construction. In recent years, Henan province has played the "four CARDS" according to its advantages, and the three major battles have been achieved, and the development of the "three districts and one group" has been coordinated, and the construction of the "four strong provinces" has achieved remarkable results. At the same time, the structural long-term problems of economic and social development in the whole province are still outstanding. To speed up the construction of modern economic system, to accelerate the construction of economic strong province, Henan has to build a well-off modernized economic system in an all-round way, and on comprehensively advancing towards a new era of socialist modernization is of great practical significance.

Keywords: Henan; Modern; Economic System

Abstract: The implementation of Rural Revitalization Strategy in Henan, is not only a specific action of carriing out the nineteen spirits of the party, but also a strategic of following the law of development, winning the well-off society in an all-round way, realizing the rise of Central Plains, the revitalization of Henan, the enriching of Henan. The implementation of the strategy of rural revitalization, Henan has a good foundation and environment, but there are many difficulties and problems. To conform to the trend of the development of agriculture and rural areas, based on the reality of Henan, efforts to promote agricultural supply side structural reform, accelerate the establishment of modern agricultural industrial system, deepen rural reform, accelerate the healthy development of institutional mechanisms and policy system of urban and rural integration, efforts to broaden the channels of farmers' income, accelerate the establishment of a long-term mechanism to increase farmers' income, to promote the construction of the beautiful countryside, accelerate the construction of the new rural harmonious coexistence between man and nature, to speed up the prosperity of the rural culture, rural civilization, efforts to solve the problem in the development of Agriculture and rural farmers.

Keywords: The Strategy of Rural Revitalization; Rural Reform; Coordinated Development of Urban and Rural Areas; Henan

Abstract: The four national strategies of "three areas and a group" are mutually integrated and mutually supportive. They constitute a new pillar of Henan's reform, opening up and innovation. They are also important supports for the high-quality development of Henan in the new era. But as things stand, there exist such as ideological understanding insufficiency, the overall channel impeded, propulsion means few constraints, such as the top design, the elements should be from security and amplification effect, perfecting the evaluation measures simultaneously, to improve the level of "three areas, a group of" construction.

Keywords: "Three Area and One Agglomeration"; Coordinate Linkage; Superposition Effect; Henan

Abstract: The modern industrial system which coordinated development of real economy, science and technology innovation, modern finance, human resources is an important measure to realize the goal of modern economic system,

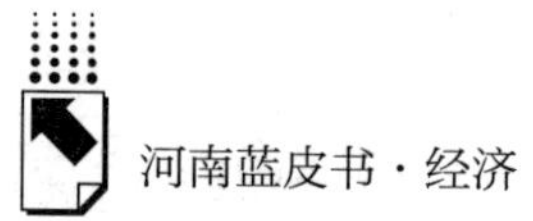

and it is an objective requirement to make up for the development of the short board in Henan and realize the two centenary goals. In the future, Henan should focus on developing the real economy and integrating science and technology innovation, modern finance and human resources into every link of the real economy, and improve economic innovation and competitiveness. At the same time, Henan should deal with the relationship between the real economy and the virtual economy, the total quantity and the quality of improvement, the government and the market, which lay a solid material foundation for the comprehensive construction of socialist modernization in Henan.

Keywords: Modern Industrial System; Coordinated Development; Henan

Abstract: Since the party's eighteen big, our country repeatedly stressed the need to prevent and control the financial risk to a more important position, firmly hold not a systemic risk to the bottom line, take a series of measures to strengthen financial supervision, prevent and defuse financial risks and maintain financial security and stability, protect the development trend. The party's nineteen prevention and resolution of major risks as the first battle to win the three major battle for building a moderately prosperous society in all aspects, and put forward that financial risk is one of the most significant risks at present. Henan Province, as a populous province, more to be deployed in accordance with the Party Central Committee decision, make Henan financial development and stability, the introduction of a sound financial regulations, in order to reduce leverage level, establish a comprehensive financial regulatory information platform, establish emergency mechanism of financial emergencies, do selves, the formation of financial risk prevention and control pattern of the whole country.

Keywords: Preventive Measures; Financial Risk; Henan

皮书起源

“皮书”起源于十七、十八世纪的英国，主要指官方或社会组织正式发表的重要文件或报告，多以“白皮书”命名。在中国，“皮书”这一概念被社会广泛接受，并被成功运作、发展成为一种全新的出版形态，则源于中国社会科学院社会科学文献出版社。

皮书定义

皮书是对中国与世界发展状况和热点问题进行年度监测，以专业的角度、专家的视野和实证研究方法，针对某一领域或区域现状与发展态势展开分析和预测，具备原创性、实证性、专业性、连续性、前沿性、时效性等特点的公开出版物，由一系列权威研究报告组成。

皮书作者

皮书系列的作者以中国社会科学院、著名高校、地方社会科学院的研究人员为主，多为国内一流研究机构的权威专家学者，他们的看法和观点代表了学界对中国与世界的现实和未来最高水平的解读与分析。

皮书荣誉

皮书系列已成为社会科学文献出版社的著名图书品牌和中国社会科学院的知名学术品牌。2016 年，皮书系列正式列入“十三五”国家重点出版规划项目；2013~2018 年，重点皮书列入中国社会科学院承担的国家哲学社会科学创新工程项目；2018 年，59 种院外皮书使用“中国社会科学院创新工程学术出版项目”标识。

S基本子库
SUB DATABASE

中国社会发展数据库（下设 12 个子库）

全面整合国内外中国社会发展研究成果，汇聚独家统计数据、深度分析报告，涉及社会、人口、政治、教育、法律等 12 个领域，为了解中国社会发展动态、跟踪社会核心热点、分析社会发展趋势提供一站式资源搜索和数据分析与挖掘服务。

中国经济发展数据库（下设 12 个子库）

基于“皮书系列”中涉及中国经济发展的研究资料构建，内容涵盖宏观经济、农业经济、工业经济、产业经济等 12 个重点经济领域，为实时掌控经济运行态势、把握经济发展规律、洞察经济形势、进行经济决策提供参考和依据。

中国行业发展数据库（下设 17 个子库）

以中国国民经济行业分类为依据，覆盖金融业、旅游、医疗卫生、交通运输、能源矿产等 100 多个行业，跟踪分析国民经济相关行业市场运行状况和政策导向，汇集行业发展前沿资讯，为投资、从业及各种经济决策提供理论基础和实践指导。

中国区域发展数据库（下设 6 个子库）

对中国特定区域内的经济、社会、文化等领域现状与发展情况进行深度分析和预测，研究层级至县及县以下行政区，涉及地区、区域经济体、城市、农村等不同维度。为地方经济社会宏观态势研究、发展经验研究、案例分析提供数据服务。

中国文化传媒数据库（下设 18 个子库）

汇聚文化传媒领域专家观点、热点资讯，梳理国内外中国文化发展相关学术研究成果、一手统计数据，涵盖文化产业、新闻传播、电影娱乐、文学艺术、群众文化等 18 个重点研究领域。为文化传媒研究提供相关数据、研究报告和综合分析服务。

世界经济与国际关系数据库（下设 6 个子库）

立足“皮书系列”世界经济、国际关系相关学术资源，整合世界经济、国际政治、世界文化与科技、全球性问题、国际组织与国际法、区域研究 6 大领域研究成果，为世界经济与国际关系研究提供全方位数据分析，为决策和形势研判提供参考。

法律声明